中共中央党校（国家行政学院）应急管理培训中心 组织编写

重大风险防范化解研究

马宝成　主编

社会科学文献出版社
SOCIAL SCIENCES ACADEMIC PRESS (CHINA)

目 录

第一编 防范化解重大风险经验研究

全面总结党的百年防范化解重大风险历史经验 不断提高应对
　风险挑战的能力水平 ·· 李　季　003
牢记初心使命，强化责任担当，增强中央企业风险防范
　和应急处置能力 ··· 庄树新　008
从党的百年成就和历史经验中汲取奋进力量，推进新时代
　防灾减灾救灾事业高质量发展 ······································· 周学文　011
百年来中国共产党领导自然灾害防治历程及基本经验
　·· 武艳敏　杨吉涛　014
总结历史经验，切实维护社会安全 ··································· 全　勇　027
党领导应急管理百年制度史的三重维度及制度变迁
　路径研究 ·· 李　明　陈　琛　033
后疫情时代海外项目风险识别与管控 ··············· 双春亮　江海波　043

第二编 应急管理现代化研究

强国安民的重大战略举措
　——加快通航和应急救援体系建设的思考和建议 ············ 刘大响　059
中国应急管理现代化的挑战与机遇 ··································· 薛　澜　066
中国共产党风险与危机管理机制研究 ······ 宋劲松　卢　萌　夏　霆　071
总体国家安全观下的安全生产转型：从"兜底结构"到
　"牵引结构" ··· 张海波　082

第三编　统筹发展和安全研究

深入学习贯彻习近平生态文明思想，严守生态环境安全底线
……………………………………………………………… 翟　青　089
试论统筹发展和安全思想的脉络、内涵与着力点 ……… 张　伟　093
从国际视野看"双碳"目标下中国经济面临的风险 ……… 董小君　105
发挥信息科技优势，推进智慧应急管理 ………………… 张　茹　110
坚持总体国家安全观，构建大安全格局 ………………… 李雪峰　116
金融风险防范中的寻租理论分析
　　——以永煤债券违约为例 …………………………… 任国征　122
中国系统性金融风险的监测和度量
　　——基于马尔科夫区制转移模型 …………………… 赵　林　133
中国中西部南北旅游大通道构建的风险预防研究 ……… 赵临龙　145
统筹发展和安全视域下风险治理共同体构建研究 ……… 刘雅静　154
基于风险演化的城市社区安全融合治理研究 ……… 赵　秋　李　颖　164

第四编　应急管理学科建设研究

构建安全文化教育体系的思考与实践 …………………… 范维澄　177
应急管理专业人才培养与学科建设
　　——来自应急管理本科专业高校联盟的探索 ……… 雷晓康　182

第五编　应急管理科技产业支撑研究

矿山水灾应急管理 ………………………………………… 武　强　189
数智时代的城市安全与应急 ……………………………… 杜跃进　193
充分利用移动开放平台打造智慧应急数字化社会动员平台
……………………………………………………………… 冯宇彦　203
数字变革背景下的风险治理 ……………………………… 钟雯彬　207
对应急物流能力建设的思考 ……………… 徐　东　王　磊　吴　量　214
智能技术引发的社会风险及其责任治理 ………………… 李文君　226

第一编
防范化解重大风险经验研究

全面总结党的百年防范化解重大风险历史经验 不断提高应对风险挑战的能力水平[*]

李 季[**]

在全国上下深入学习贯彻党的十九届六中全会精神之际，由中共中央党校（国家行政学院）、公安部、国家卫生健康委、应急管理部、国务院国资委联合主办的中国应急管理创新论坛（2021），今天在这里隆重举行。这次论坛以"百年党史中的重大风险防范化解"为主题，目的就是要在中国共产党成立100周年、党的十九届六中全会刚刚闭幕不久的重大时刻，全面系统地总结中国共产党领导中国人民防范化解风险挑战的光辉历程和宝贵经验，进一步提升新时代防范化解重大风险的能力和水平。

防范化解重大风险，维护国家安全和社会稳定，是世界各国在实现现代化过程中必须面对和解决的一个重大现实问题。党的百年奋斗史，是一部敢于斗争、善于斗争，勇于战胜一切风险挑战的历史。习近平总书记指出："我们党一步步走过来，很重要的一条就是不断总结经验、提高本领，不断提高应对风险、迎接挑战、化险为夷的能力水平。"[①] 党的十九届六中全会通过的《中共中央关于党的百年奋斗重大成就和历史经验的决议》指出："一百年来，党坚持性质宗旨，坚持理想信念，坚守初心使命，勇于自我革命，在生死斗争和艰苦奋斗中经受住各种风险考验、付出巨大牺牲，锤炼出鲜明政治品格，形成了以伟大建党精神为源头的精神谱系。"[②] 与西方许多政党显著不同的是，中国共产党是在国家民族危难中诞生的，也是在不断应对风险挑战中生存发展的，防范化解重大风险伴随着中国共

---

[*] 本文根据作者在"中国应急管理创新论坛（2021）"上的致辞整理。
[**] 李季，中共中央党校（国家行政学院）原副校（院）长。
[①] 《习近平谈治国理政》第4卷，外文出版社，2022，第512~513页。
[②] 《中共中央关于党的百年奋斗重大成就和历史经验的决议》，《人民日报》2021年11月17日，第3版。

产党成长壮大的全过程，贯穿于中国革命、建设、改革的各个时期。

在领导中国人民进行革命、建设、改革和开创新时代的百年历程中，中国共产党坚持底线思维、增强忧患意识，做好战略谋划，辩证认识和准确把握国内外大势，敢于斗争、善于斗争，着力防范化解各类重大风险，着力破解突出矛盾和问题，保持经济持续健康发展和社会大局稳定，积累了成功应对风险挑战的丰富经验。概括起来，主要表现在以下几个方面。

第一，始终坚持党的领导，为成功应对各种风险挑战提供根本保证。办好中国的事情，关键在党。习近平总书记指出："我们党历经千锤百炼而朝气蓬勃，一个很重要的原因就是我们始终坚持党要管党、全面从严治党，不断应对好自身在各个历史时期面临的风险考验，确保我们党在世界形势深刻变化的历史进程中始终走在时代前列，在应对国内外各种风险挑战的历史进程中始终成为全国人民的主心骨！"① 正是在党的集中统一领导下，我们迎来了从站起来、富起来到强起来的伟大飞跃，创造了世所罕见的社会长期稳定奇迹。一百年来，我们党在奋进的道路上战胜了一系列重大风险挑战。特别是党的十八大以来，面对复杂的国际形势、复杂敏感的周边环境、艰巨繁重的改革发展稳定任务，以习近平同志为核心的党中央准确把握历史大势，带领全党全国各族人民冷静观察、沉着应对，开展了许多具有新的历史特点的伟大斗争，经受住了来自政治、经济、意识形态、自然界等方面的风险挑战考验，为党和国家兴旺发达、长治久安提供了有力保证。事实充分证明，坚持党的集中统一领导是我们成功应对各种风险挑战的根本保证。

第二，始终发挥制度优势，有力有序有效管控各种重大风险。习近平总书记指出："衡量一个国家的制度是否成功、是否优越，一个重要方面就是看其在重大风险挑战面前，能不能号令四面、组织八方共同应对。"② 中国共产党领导的中国特色社会主义制度具有非凡的组织动员能力、统筹协调能力、贯彻执行能力，能够坚持全国上下一盘棋，充分发挥集中力量办大事、办难事、办急事的独特优势，这是我们长期以来抵御风险挑战、管控重大局势的根本保证。我们应变局、平风波、战洪水、防非典、抗地震、化危机，创造了世所罕见的经济快速发展奇迹和社会长期稳定奇迹。

---

① 《习近平谈治国理政》第 4 卷，外文出版社，2022，第 13 页。
② 《习近平谈治国理政》第 4 卷，外文出版社，2022，第 102 页。

第三,始终坚持群众路线,不断筑牢风险防控的人民防线。人民立场是我们党的根本政治立场,坚持人民至上是中国共产党百年奋斗的重要历史经验。群众路线是我们党的生命线和根本工作路线,是中国革命、建设、改革的一大法宝。坚持以人民为中心,一切为了人民、一切依靠人民,坚持专门工作与群众路线相结合,打好防范化解重大风险的人民战争,也是我们党应对各种风险挑战的重要制度优势。党的十八大以来,我们进一步贯彻党的群众路线,加强国家安全人民防线建设,深入开展全民国家安全教育日活动,增强全民国家安全意识,汇聚起维护国家安全的强大力量。

第四,始终增强忧患意识,清醒认识前进道路上的各种风险挑战。中国共产党在内忧外患中诞生,在磨难挫折中成长,在战胜风险挑战中壮大,始终有着强烈的忧患意识、风险意识。1945年,抗战即将胜利,在党的七大上,毛泽东同志在指出中国共产党将有光明未来的同时,告诫全党要"准备吃亏""准备困难",并列举了可能出现的"十七条困难",强调"要在最坏的可能性上建立我们的政策"。① 邓小平同志多次指出,改革"是天翻地覆的事业,是伟大的实验,是一场革命",必然要"冒风险",而且"要冒很大风险"。② 历史使命越光荣,奋斗目标越宏伟,执政环境越复杂,我们就越要增强忧患意识。党的十八大以来,习近平总书记多次告诫全党要时刻牢记"安而不忘危,存而不忘亡,治而不忘乱"③。我们坚持统筹两个大局,对各种重大风险挑战始终保持高度警惕,既高度警惕"黑天鹅"事件,又切实防范"灰犀牛"事件,特别是重点防控那些可能迟滞或中断中华民族伟大复兴进程的全局性风险,把国家发展建立在更加安全、更为可靠的基础之上。

第五,始终坚持底线思维,切实做好应对风险挑战的各项准备。有备才能无患。毛泽东同志多次强调要从最坏的可能性来部署工作。他指出:"不论任何工作,我们都要从最坏的可能性来想,来部署。"④ "总要估计到有两种可能性。除了好的可能性,还有一种坏的可能性。"⑤ 邓小平同志提

---

① 《毛泽东文集》第3卷,人民出版社,1996,第388页。
② 《邓小平文选》第3卷,人民出版社,1993,第156页。
③ 《习近平关于总体国家安全观论述摘编》,中央文献出版社,2018,第6页。
④ 《毛泽东文集》第6卷,人民出版社,1999,第404页。
⑤ 《毛泽东文集》第7卷,人民出版社,1999,第190页。

出了"稳定压倒一切"的基本观点,指出"中国的问题,压倒一切的是需要稳定"。① "没有安定团结的政治环境,没有稳定的社会秩序,什么事也干不成。"② 以江泽民同志为主要代表的共产党人提出了改革是动力、发展是目标、稳定是前提的改革、发展、稳定"三位一体"论。以胡锦涛同志为主要代表的共产党人将稳定升华为构建社会主义和谐社会与和谐世界安宁。党的十八大以来,习近平总书记多次强调要善于运用底线思维,凡事从最坏处准备,努力争取最好的结果,做到有备无患、遇事不慌,牢牢把握主动权。党的十九大把"统筹发展和安全,增强忧患意识,做到居安思危"③ 列为我们党治国理政的一个重大原则,把"增强驾驭风险本领"作为增强执政本领八个方面之一,把"防范化解重大风险"摆在三大攻坚战的首位。党的十九届五中全会,将"统筹发展和安全"列为"十四五"时期我国经济社会发展指导思想的重要内容和经济社会发展必须遵循的原则。党的十九届六中全会把"坚持底线思维、未雨绸缪"作为治国理政必须坚持的内容。

　　加强应急管理体系和能力建设,防范风险挑战、应对突发事件,是推进国家治理体系和能力现代化的重要内容,是中共中央党校(国家行政学院)干部教育培训的重要特色。新冠肺炎疫情发生后,中共中央党校(国家行政学院院)校(院)委把防范风险挑战、应对突发事件摆在更加突出的位置,制定了《加强应对突发事件教育培训实施意见》,开设了相应的培训课程,编写了专门的培训教材,设立相关重大研究课题,努力为维护国家安全和社会安定贡献智慧和力量。第一个百年目标实现之后,我们开启全面建设社会主义现代化国家的新征程,党团结带领全国人民又踏上了实现第二个百年奋斗目标的新的赶考之路。我们要继续深入学习习近平新时代中国特色社会主义思想,特别是学习贯彻习近平总书记关于防范风险挑战、应对突发事件的重要论述,紧紧围绕中央防范风险挑战、应对突发事件的战略部署,抓住学术基础、实践导向、国际视野和历史唯物四个着力点开展教育培训、科学研究和国际交流合作,加强学科建设,发挥引领示范作用,为不断完善我国应急管理体系体制制度,不断提高我国防范化

---

① 《邓小平文选》第 3 卷,人民出版社,1993,第 286 页。
② 《邓小平文选》第 3 卷,人民出版社,1993,第 331 页。
③ 习近平:《决胜全面建成小康社会 夺取新时代中国特色社会主义伟大胜利——在中国共产党第十九次全国代表大会上的报告》,人民出版社,2017,第 24 页。

解重大风险能力水平做出更大贡献。

防范风险挑战、应对突发事件,是人类和世界各国永恒的主题。党的十九届六中全会指出,全党"必须保持越是艰险越向前的英雄气概,敢于斗争、善于斗争,逢山开道、遇水架桥,做到难不住、压不垮,推动中国特色社会主义事业航船劈波斩浪、一往无前"[①]。这次论坛,为我们分享党的百年防范化解重大风险经验、统筹新时代发展和安全、研讨提升应急管理能力水平提供了一个难得的机会。真诚希望各位代表围绕论坛主题,敞开思路,深入交流、深入研讨,为进一步防范化解重大风险、有效维护国家安全和社会安宁做出积极贡献。

---

① 《中共中央关于党的百年奋斗重大成就和历史经验的决议》,《人民日报》2021年11月17日,第3版。

牢记初心使命，强化责任担当，增强中央企业风险防范和应急处置能力[*]

庄树新[**]

全党上下深入学习贯彻习近平总书记中央讲话精神和党的十九届六中全会精神，全面系统总结党的百年奋斗重大成就和历史经验，中共中央党校（国家行政学院）"以百年党史中的重大风险防范化解"为主题举办此次论坛，恰逢其时，恰乘其势。根据论坛安排，我简要介绍一下国资央企风险防范和应急处置相关工作情况。

一　国有企业的重要地位

国有企业特别是中央企业在国家防范化解重大风险、处置重特大突发事件过程中，充分发挥了顶梁柱、压舱石的作用。国有企业由党而建，跟党创业，为党奋斗，始终坚定不移听党话，跟党走。在新民主主义革命时期、社会主义革命时期、改革开放和社会主义现代化建设新时期，国有企业、中央企业在改革发展的同时，认真履行政治责任和社会责任，防范化解重大风险，应急处置能力不断提升，在汶川地震、利比亚撤侨等重大突发事件应对过程中发挥了重要作用。

中国特色社会主义进入新时代，以习近平同志为核心的党中央坚持底线思维，坚持稳中求进，有效防范处理各种风险，有力应对化解各种挑战。国资委和中央企业坚决抓好贯彻落实，不断完善管理，强基固本，提高应对风险、迎接挑战和化险为夷的能力和水平，持续推进应急管理体系和能力现代化。

一是应急管理体系逐渐完善。国资委始终高度重视中央企业应急管理

---

[*] 本文根据作者在"中国应急管理创新论坛（2021）"上的主题演讲整理。
[**] 庄树新，国务院国有资产监督管理委员会副秘书长。

工作，专门印发《中央企业应急管理暂行办法》，督促企业不断完善应急管理体系，持续改进应急管理工作，要求企业坚持"人民至上，生命至上，安全第一，预防为主"原则，强化安全生产监管，督促企业落实主体责任，坚决防控各类风险隐患。

二是应急力量建设稳步加强。国资委指导中央企业不断加大投入，加强应急队伍建设。国家有关部门依托中央企业在石油石化、煤炭、非煤矿山、危化品等领域建立了66支国家级专业救援队伍，成为社会应急救援的重要支撑。利用中央企业人才技术的优势组建专家库，为应急工作提供智力支持。武警水电部队转隶组建中国安能公司后，挂牌成立国家自然灾害工程应急救援中心，这是中央企业在全国重特大突发事件的抢险救援过程中地位作用的进一步凸显。

三是应急实战能力得到检验。近年来面对各种突发事件，国资委和中央企业坚决贯彻落实党中央国务院有关决策部署，全力开展应急抢险，经受了实践的检验，圆满完成各项任务。

二 当前的风险形势

当前世界百年未有之大变局加速演进，各种社会矛盾交织叠加，可以预见和难以预见的风险明显增多，应急管理工作面临诸多挑战。

一是生产企业超负荷运转带来的风险不容忽视。党的十八大以来，中央企业快速发展，资产总额连续突破50万亿元、60万亿元两个大关，2020年末已经达到了70万亿元，2021年到现在接近75万亿元。特别是2021年1~10月，我们央企实现净利润1.6万亿元，同比增长54%。中央企业效益快速向好的同时需要高度警觉企业尤其是煤炭、油气、电力等领域的企业生产超负荷运转和事故反弹风险。

二是重点行业、重点领域安全风险不容忽视。危险事故增多，基础端的事件时有发生，建筑施工、矿山、危险化学品等高危行业事故多发。中央企业固有安全风险高，部分企业安全管理基础依然薄弱，事故因素依然存在，稍有疏忽都有可能产生严重后果。

三是极端自然灾害风险不容忽视。近年来，极端天气增多，自然灾害频发，特别是2021年"7·20"郑州特大暴雨提醒我们，风险灾害防范一刻也不能放松，防大汛、抗大洪、抢大险、救大灾的任务十分艰巨。

三　国资委和中央企业的应对策略

一是进一步完善应急管理机制，加强应急管理工作的组织领导。完善牵头管理分工负责的应急管理机制，做到责任明确，沟通顺畅，运转高效，处置有力。

二是进一步强化应急协调联动，加强部门之间的协调配合。建立企业与政府之间的协调联动机制，系统配置和共享应急资源，实现应急联动倍增效应。

三是进一步提升应急救援能力，积极整合应急资源，优化应急力量配置，推动形成专长兼备、反应迅速、上下联动、平战结合的应急力量体系，努力为更大的突发事件应对处置提供有力支撑。

四是进一步强化信息技术保障。借助于互联网、大数据等现代信息技术，构建完善应急指挥系统，推进"5G+安全生产"应用实践，加快机器化换人、自动化减人，提升企业本质安全水平。

国资委和中央企业将深入贯彻落实习近平总书记关于防范化解重大风险、应对突发事件重要论述精神，继续发挥好国家队主力军的作用，推动中央企业应急管理体系和能力现代化，为实现中华民族伟大复兴中国梦做出新的更大的贡献。

从党的百年成就和历史经验中汲取奋进力量，推进新时代防灾减灾救灾事业高质量发展[*]

周学文[**]

一百年来，在革命、建设、改革各个历史时期，党领导下的防灾减灾救灾工作始终坚持以人民为中心，适应不同时期党和国家中心工作的需要，以保障人民群众生命财产安全为根本，以防范化解重大安全风险为主线，制定实施了一系列方针政策，谱写了防灾减灾救灾事业发展的光辉篇章。

新民主主义革命时期，我们党在中央苏区、陕甘宁边区等地组织军民广泛开展生产自救、赈济灾荒、兴修水利，在紧张的军事斗争中积极发动群众应对1939年大洪水、1940年大旱和1942~1943年的严重干旱等自然灾害，使人民群众在战乱频繁中摆脱灾荒带来的深重苦难。

社会主义革命和建设时期，伴随着新中国的成立，防灾减灾救灾工作在恢复经济、发展生产的过程中逐步加强。先后设立内务部、水利部、中央救灾委员会、中央防汛总指挥部、国家地震局等机构，加强救灾工作的组织领导，确立、调整、优化救灾工作方针，制定实施救济安置、以工代赈、生产自救等措施，领导人民除水患、兴水利，系统治理长江、黄河、淮河、海河等大江大河，江河堤岸年久失修、水患频繁的状况逐步得到改变。我们党团结带领人民以战天斗地的大无畏精神经受了三年困难时期考验，成功应对1954年严重水灾、1966年邢台大地震、1976年唐山大地震等重特大自然灾害。

改革开放和社会主义现代化建设时期，我们党坚持解放思想、实事求是，在改革中推进防灾减灾救灾体制机制和能力建设，实现了从单灾种为

---

[*] 本文根据作者在"中国应急管理创新论坛（2021）"上的主题演讲整理。
[**] 周学文，应急管理部副部长。

主、分级分部门管理的体制，向多灾种综合管理转变。1987年国务院、中央军委批准成立中央森林防火总指挥部，1989年成立了中国国际减灾十年委员会，2000年成立国务院抗震救灾指挥部，颁布实施《水法》《防洪法》《地质灾害防治条例》《防汛条例》等法律法规，建立了法规制度体系。1998年长江大水后，党中央作出灾后重建、整治江湖、兴修水利的重大战略部署，加强防灾减灾工程建设，组织兴建了一大批防震减灾、防风防潮、生态保护等工程。针对2003年"非典"疫情防控暴露的短板不足，党中央作出全面加强应急管理工作的重大决策，将防灾减灾救灾纳入应急管理范畴，自上而下全面推进"一案三制"建设。2006年国务院颁布《国家突发公共事件总体应急预案》，印发《关于全面加强应急管理工作的意见》。2007年11月颁布实施《突发事件应对法》，我国防灾减灾救灾事业沿着法治化、规范化轨道快速发展。党领导人民成功战胜长江和嫩江、松花江流域的严重洪涝以及汶川特大地震等自然灾害，彰显了党领导抵御风险和驾驭复杂局面的能力。

中国特色社会主义进入新时代，以习近平同志为核心的党中央对防灾减灾救灾提出一系列新理念新战略新要求，坚持人民至上、生命至上，强化"两个坚持、三个转变"，突出灾害风险管理和综合减灾，印发实施防灾减灾救灾体制机制改革意见，部署实施自然灾害防治重点工程，防灾减灾救灾体系和能力现代化建设取得新成效。党的十九届三中全会作出深化党和国家机构改革的决定，组建应急管理部，整合11个部门的13项职能，进一步强化了防灾减灾救灾综合统筹职能、防抗救一体化管理、综合力量和专业力量协同行动。2018年机构改革以来，成功应对2018年金沙江和雅鲁藏布江四次堰塞湖险情、2019年"利奇马"超强台风，2020年长江淮河太湖流域重大洪涝灾害，2021年河南特大暴雨、云南漾濞和青海玛多连续地震等一系列重特大自然灾害。

一百年来，我们党领导防灾减灾救灾事业在实践中不断探索、在探索中不断创新、在创新中不断发展，取得的历史经验弥足珍贵。在全面建设社会主义现代化国家新征程中，我们一定要进一步坚持和完善相关制度。

一是突出政治引领，加强党的全面领导。要增强"四个意识"、坚定"四个自信"、做到"两个维护"，把对党忠诚作为第一位的政治要求，在防灾减灾救灾实践中充分发挥各级党组织的战斗堡垒作用和党员的先锋模范作用，确保党始终总揽全局、协调各方，不断增强事业发展的凝聚力和向心力。

　　二是突出人民至上，做好防大灾抢大险的准备。在防灾减灾救灾事业发展中，始终坚持以人民为中心的发展思想，始终把人民生命安全和身体健康放在第一位，始终保持党同人民群众的血肉联系。着眼应对重特大灾害，做好抢险救援队伍准备、物资准备、预案准备。

　　三是突出关口前移，加强重大安全风险管控防范。把抗洪和防洪、抗震和防震、灭火和防火以及治标和治本统一起来，建立与风险区划相适应的国土空间利用规划体系，统筹实施自然灾害防治重点工程建设，提高重大关键基础设施抗灾设防标准，尽最大可能将重大灾害风险化解在萌芽之时、成灾之前。

　　四是突出责任落实，推进综合防灾减灾法治建设。建立健全党政同责、一岗双责的防灾减灾救灾责任制，推进防抗救各方的责任落实落地。运用法治思维和法治方式，强化防灾减灾救灾的整体谋划和顶层设计，深入推进防灾减灾救灾体制机制改革。推进自然灾害防治、应急救援组织等法律法规制修订，健全隐患排查、预警响应、应急指挥、社会参与、调查评估等标准规范。

　　五是突出科技支撑，加强精准防范应对。加强新技术手段的应用，提高多灾种和灾害链综合监测、风险早期识别和预报预警能力。强化适应复杂环境和极端条件下抢险救援现代化、智能化装备研发应用，加快建设国家级产学研一体的研发基地体系，培育一批破解关键问题和科技难题的重点实验室，培养一批防灾减灾救灾高层次专业人才，更好地支撑防灾减灾救灾工作实践。

　　六是突出基层基础，筑牢人民防线。实施基层应急能力提升计划，健全完善乡镇街道应急管理组织体系。要加强基层防灾减灾救灾人员培训，提升灾害风险早期处置能力。广泛开展防灾减灾宣传教育，提高群众风险防范意识和自救互救技能。完善公众参与的机制和措施，规范引导社会力量有序参与防灾减灾救灾工作，筑牢防灾减灾救灾的人民防线。

百年来中国共产党领导自然灾害防治历程及基本经验[*]

武艳敏　杨吉涛[**]

中国是自然灾害最为严重的国家之一，曾被称为"饥荒的中国"。[①] 中国共产党成立之后，结合中国国情灾情特点，结合不同时期社会主要矛盾变化，围绕党和国家中心工作，服务大局，不断优化调整自然灾害防治方针政策和思路，出台相应防治举措，攻坚克难，取得了令世界惊叹的自然灾害防治成就，也为世界各国应对自然灾害提供了中国智慧和中国方案。

一　百年来中国共产党领导下的自然灾害防治历程

1. 新民主主义革命时期：艰苦奋斗"破旧立新"

这一时期，中国积贫积弱，自然灾害防治经济基础薄弱，技术手段落后，中国共产党立足中国以农立国的国情，立足中国抗灾脆弱性的现实，运用马克思主义立场、观点和方法，直达要害，从制度层面分析天灾原因和解决方案。早在20世纪20~30年代，毛泽东就指出："农民问题本来包括两个方面的问题：即帝国主义、军阀、地主阶级等人为的压迫问题，与水旱天灾、病害虫害、技术拙劣、生产减缩等天然的压迫问题。"[②] 对于两大问题之间的关联，尤其是自然灾害发生的原因，中国共产党一针见血地

---

[*]　基金项目：国家社会科学基金重大项目"中国共产党领导应对重大自然灾害百年史研究（1921－2021）"（20&ZD020）；国家社会科学基金一般项目"民主革命时期中国共产党灾荒应对机制研究"（17BZS021）；河南省哲学社会科学重大项目"百年来中国共产党领导应对疫情的历史考察及经验研究（1921~2021）"（2021-JCZD-18）；河南省高等学校哲学社会科学创新团队建设计划资助"中国共产党领导下的人民治黄史"（2022-CXTD-09）。

[**]　武艳敏，历史学博士，郑州大学特聘教授，博士生导师，郑州大学马克思主义学院近现代河南与中国研究中心研究员；杨吉涛，中国石油大学博士研究生，黄河科学学院教师。

① 〔美〕马罗立：《饥荒的中国》，吴鹏飞译，民智书局，1929。

② 《毛泽东文集》第1卷，人民出版社，1993，第40页。

指出连年水旱、虫荒和物价高涨"不是什么天灾命运,实在是政治不良"①,"只有推翻帝国主义国民党的统治,建立苏维埃政权,这一灾荒的问题才能得到根本的解决"②。

基于对灾荒根本解决途径的明确认识,中国共产党身体力行,将解决灾荒问题与宣传发动民众投身到党领导的革命事业紧密结合起来。1931年中华苏维埃临时中央政府成立后,内务部下辖之社会保证科成为中国共产党第一个负责灾荒救济的机构。国共第二次合作之后,主管机构为各级民政部门。群众性救荒团体先后成立互救会、救灾会和中国解放区救济总(分)会。灾荒严重之际,也因地制宜成立各灾种、各地域的救济(灾)委员会。大体初步形成了党政军、社会和群众合力防治自然灾害的格局。鉴于水旱灾害是威胁传统农业社会的两大"杀手",1934年,毛泽东明确提出"水利是农业的命脉"③,中国共产党以战天斗地的革命乐观主义精神,立足当时人力、物力资源,身体力行培固堤圩、整治河道、兴修水利,找到了既有别于历代政府又极具中国特色的积极救灾方式——生产救灾,广大军民齐心协力取得了战胜包括1931年江淮大水、1938年花园口决堤、1942~1943年中原特大旱蝗灾害、1947~1949年东北鼠疫等重特大灾害在内的胜利,成绩之大,甚至连国民党方面也不无感慨:"共军百万易抵挡,就怕整党和救荒"④。

总之,这一时期由于局部执政和环境、资源有限,中国共产党与人民大众同甘共苦、休戚与共,围绕推翻"三座大山"、取得民族独立和人民解放这一中心任务,以救治灾荒工作服务大局,在结束了国家蒙辱、人民蒙难、文明蒙尘历史的同时,也终结了导致由灾而荒的封建制度,为新中国成立后自然灾害防治打开了崭新局面。

2. 社会主义革命和建设时期:擘画蓝图"奠基立业"

这一时期,新中国成立,百废待兴,万象更新。由灾而荒的制度问题得到历史性地解决,作为立志为绝大多数人谋利益的中国共产党高度重视灾害防治工作,将救灾看成重要的政治任务,是"关系几百万人的生死问

---

① 《湖北的农民运动》,《中国农民》第1卷4期,1926年4月1日。
② 《建党以来重要文献选编(1921~1949)》第8册,中央文献出版社,2011,第494页。
③ 《毛泽东选集》第1卷,人民出版社,1991,第132页。
④ 华东生产救灾委员会编《华东的生产救灾工作》,上海人民出版社,1951,第117页。

题""决不能对这个问题采取漠不关心的官僚主义的态度"。① 代行临时宪法作用的《共同纲领》明确规定：人民政府"应注意兴修水利，防洪防旱，恢复和发展畜力，增加肥料，改良农具和种子，防止病虫害，救济灾荒"②，从法律层面将救灾看成党和政府的职责所在。在战火中获得新生的新中国刚刚成立，就开始构建初步的自然灾害防治体系，明确了全国救灾主管机构，制定了救灾根本方针和江河治理规划，颁布了相关救灾规范，开展了全国动员运动式救灾举措，大体形成了具有中国特色的自然灾害防治体制机制。

内务部1949~1968年是全国主管救灾的行政机构，1950~1958年还成立了具有应急协调作用的中央救灾委员会，这为救灾工作提供了坚实组织保证。中国共产党在继承新民主主义革命时期行之有效的生产救灾方针基础上，明确了"生产自救，节约度荒，群众互助，辅之以政府必要的救济"的根本方针，之后也因应形势，尤其是随着农业合作化运动，集体经济力量的强大和救灾能力的增强，将方针调整为"依靠群众，依靠集体，生产自救为主，辅之以国家必要的救济"③，这一方针一直延续到改革开放之后的1983年，救灾方针的确定为自然灾害防治提供了基本遵循。编制了以防洪为主要内容的《关于治淮方略的初步报告》（1951）及"71年淮河规划"、《关于根治黄河水害和开发黄河水利的综合规划的决议》（1955）、《荆江分洪工程计划》（1952）、《海河流域规划》（1957）及《海河流域防洪规划报告》（1963）等大江大河治理规划，为防治洪水、干旱等灾害规划蓝图，图谋将来。

值得一提的还有，伴随着1966年邢台地震的发生，周恩来提出"自力更生、奋发图强、发展生产、重建家园"④ 的抗震救灾十六字方针，同时提出要重视地震科学研究，"预防为主""政治挂帅""土洋结合"⑤ 等指示，这些思想后来在1972年第二次地震工作会议提出的"在党的一元

---

① 《中央人民政府政务院关于生产救灾的指示》，载《生产救灾》，新华书店，1950，第4页。
② 《建党以来重要文献选编（1921~1949）》第26册，中央文献出版社，2011，第765页。
③ 民政部法规办公室编《中华人民共和国民政工作文件汇编：1949~1999（中）》，中国法制出版社，2001，第1337页。
④ 方樟顺主编《周恩来与防震减灾》，中央文献出版社，1995，序言第1页，正文第16页。
⑤ 方樟顺主编《周恩来与防震减灾》，中央文献出版社，1995，序言第1页，正文第27、42页。

化领导下，以预防为主，专群结合、土洋结合，多兵种联合作战"① 工作方针中得到充分体现；新中国针对世界性难题之一的地震工作开始起步，1971 年成立国家地震局（1998 年更名为中国地震局），负责全国地震工作，地震预报开拓性工作开始起步，年度全国地震形势会商制度开始建立，并提出我国地震活动已处于高潮时段的战略预判，这就为防震减震工作开展提供了根本指导和总体思路。在具体救灾规范方面，适应新形势针对生产救灾及如何做好救灾工作、报灾要求、救灾费用管理使用等出台了诸如《关于生产救灾的指示》《关于统一灾情计算标准的通知》《抚恤、救济事业费管理使用办法》等法律法规，为救灾工作的开展提供了法律保证。在经济困难、物质基础薄弱的条件下，党和政府以"有困难、有办法、有希望"的辩证分析和气定神闲，也拉开了治标与治本相结合的自然灾害防治大幕，根治了海河问题，修建了荆江分洪主体工程、三门峡水利枢纽工程、治淮工程等战略性骨干工程，较好地治理了淮河、黄河和长江，并由点及面组织抗旱大军，打井、疏浚河道，防洪灌溉体系基本形成；在"普遍护林、重点造林"方针指导下，植树造林、防沙、群众性造林运动有计划、有步骤开展；以除四害为中心的爱国卫生运动有序推进……这些努力和举措为自然灾害防治尤其是影响中国至大的水旱灾害防治奠定了工程性基础；地震预报取得重大突破，对 1975 年海城地震成功预报，开了人类短临地震预报成功的先河，被美国地震专家称为"世界上重大的科学成就之一"。

总之，这一时期，自然灾害防治体系机制初步构建，灾害防治工作取得长足进展，救灾实践波澜壮阔，救灾成效彰显，取得了应对诸如 1954 年江淮大水、1959 年黄河大水、1966 年邢台地震、1976 年唐山大地震等重特大灾害的救灾奇迹。

3. 改革开放和社会主义现代化建设时期：快速发展"建章立制"

这一时期，以党的十一届三中全会为标志，党和国家工作重心由之前"以阶级斗争为中心"转到"以社会经济建设为中心"，包括自然灾害防治在内的各项工作逐步走向正规、稳步发展，在不断总结经验的基础上，面对日益复杂的灾害形势，自然灾害防治体系不断完善，体制机制更加灵活，基本形成了"统一领导、综合协调、分类管理、分级负责、属地管理

---

① 马宗晋等：《中国九大地震》，地震出版社，1982，第 2 页。

为主"的灾害管理体制，形成协调有序、运转高效的运行机制。

1978年组建民政局，成为全国救灾救济主管机构，扭转了自1968年"文化大革命"期间主管救灾工作的机构——内务部被撤销后救灾工作一度趋于停滞的被动局面。灾害应急管理机构也自1958年中央救灾委员会取消后，适应国际减灾大需求，于1989年设立中国"国际减灾十年"委员会，后于2000年更名为"中国国际减灾委员会"，2005年为使其名实相副，更名为"国家减灾委员会"；其间还成立有国务院抗震救灾指挥部、国家森林防火指挥部等议事协调机构，这些机构基本属于部际协调、议事协调，在指导全国防灾减灾、加强国际社会减灾合作方面曾发挥重要作用。特别值得一提的是，伴随着2003年"非典"疫情，基于对未来风险复杂性、跨界性和不确定性的警醒意识，以综合性为特征的现代应急管理体制建设开始起步，2005年成立国务院应急管理办公室，担负应急值守、信息汇总和综合协调职责，以"一案三制"建设为核心，发挥统筹枢纽作用，初步构建了综合性应急管理制度的体制架构，为未来灾害风险防范指明了努力方向。为适应农村家庭联产承包责任制经济体制改革新形势，1983年第八次全国民政会议将救灾工作方针在之前的基础上改革为"依靠群众，依靠集体，生产自救，互助互济，辅之以国家必要的救济和扶持"，2006年第十二次全国民政工作会议将救灾工作方针再次修为："政府主导，分级管理，社会互助，生产自救。""社会互助"在指导方针里边首次排在"生产自救"之前，表明救灾工作更加强调社会化，更加侧重于社会主义大家庭间的"互助互济"，注重调动地方积极性和主动性。

大江大河治理规划不断修订完善，《长江流域综合利用规划简要报告》（1990）、《关于进一步治理淮河和太湖的决定》（1991修订）、《黄河治理开发规划纲要》（1997）及《黄河近期重点治理开发规划》（2002）等相继出台，规划在承继历史侧重防洪基础上，开始注重水利的开发利用，表明中国的灾害治理已朝"变害为利"化危为机方向转变，灾害治理主动性提升。自然灾害防治工作法制化进程加快，针对专门性灾种防治的基本法如《中华人民共和国森林法》（1984年通过，1998年第一次修正、2009年第二次修正、2019年第三次修正）、《中华人民共和国防震减灾法》（1997年通过，2008年修订）、《中华人民共和国防洪法》（1997年公布，2009年修改，2015年修改，2016年修改）、《中华人民共和国气象法》（2000）等相继出台；1999年，有助于社会广泛参与救助的《中华人民共和国公益事业捐赠法》公布实施；2003年，为应对"非典"疫情，《突发公共卫生事件应急条例》火线出台；2007年，灾害应急管理领域的基本大法——《中华人民共和国突发事件应对法》通过实施；汶川大地震后，对震后恢复重建给予指导的《汶川地震灾害后恢复重建条例》出台；等等。上述法规为自然灾害防治依法开展、依规实施提供了制度保障，为灾难来临时井然有序的灾害救助及灾前灾后的自然灾害防治提供了基本遵循。

党和国家一如既往高度重视自然灾害防治工作，随着综合国力稳步提升，科技进步加速，与国际接轨的小浪底工程完成截留（1997）和全面竣工（1999），基本建成了黄河下游防洪工程体系。长江三峡工程截留（1997）和南水北调工程自2002年批复同意后稳步开工，有利于实现中国水资源南北调配、东西互济的合理配置格局，有利于防洪抗旱自然灾害防治工作更好地发展，气象事业在天气监测及预报方面取得重大突破，有效发挥了气象自然灾害防治预警和第一道防线作用。

总之，这一时期，自然灾害防治体系更为完善完备，尤为突出的是灾害应急管理体制建设成绩显著，法制制度建设突飞猛进，自然灾害防治法制框架基本确定，体制机制在总结经验中不断调适，更加高效，自然灾害防治成就辉煌。

4. 中国特色社会主义新时代：高质量发展"理念更新"

进入新时代以来，在对人与自然关系认识深化的基础上，中国共产党提出"人与自然和谐共生"新理念，进而带来诸如自然灾害防治管理体制等诸多领域内的重大变革，自然灾害防治进入高质量发展新阶段，自然灾害防治体系和防治能力朝着现代化方向迈进，自然灾害防治体制机制更加科学合理，运转快捷高能。

自1978年一直担负主管救灾工作职责的民政部，根据党的十九届三中全会《中共中央关于深化党和国家机构改革的决定》相关会议精神，不再担负这一职责，其救灾职责由2018年组建的专业化较强的政府部门——应急管理部主隶。原属于国务院办公厅的应急管理职责也被划转到应急管理部。该机构下辖国家防汛抗旱总指挥部、国务院抗震救灾指挥部、国家森林草原防灭火指挥部、国家减灾委员会、国务院安全生产委员会5个议事机构，这一机构既担负平时灾害的减防工作，也负责突发灾害事件的应急应对，应急管理理念也由非常态转向常态，之前临灾后经常设置的非常设应急指挥部一般不再设立。原来"属地管理为主"原则不变，各级政府间垂直关系加强，使政令更加畅达，这一机构是中国特色应急管理体制历史上的里程碑，初步解决了之前应急办与专门职能部门以及高层次议事协调机构关系不清、职责交叉的尴尬困境，规避了以往协调指挥借助高层次领导威权的问题，走上依靠制度进行统一协调的科学道路。

为满足新时代人民对安全、环境等在内相关需求提高的新要求新期待，中共中央、国务院出台了《关于推进防灾减灾救灾体制机制改革的意见》(2016)，对未来自然灾害防治提出了"以防为主、防抗救相结合，坚持常态减灾和非常态减灾相统一"的总要求，对未来自然灾害防治的基本原则、努力方向、建设重点等做出了总体规划和部署。大江大河、气象建设等高质量规划治理纷纷出台，如编制完成了《全面气象现代化发展纲要（2015—2030年）》《长江流域综合规划（2012～2030年）》《长江岸线保护和开发利用总体规划》以及重要支流（湖泊）综合规划、《黄河流域生态保护和高质量发展规划纲要》等，这些规划或纲要为防治水旱灾害、化害为利擘画了蓝图，指明了方向。

灾害治理的法制化进程在补短板、强弱项基础上向纵深推进。慈善方面的基础性、综合性法律——《中华人民共和国慈善法》2016年颁布实施，《慈善组织互联网公开募捐信息平台基本技术规范》《慈善组织互联网公开募捐信息平台基本管理规范》两项行业标准发布，我国首部志愿服务专门行政法规《志愿服务条例》公布。这为社会力量广泛参与自然灾害防治提供了制度保障。中国首部流域法律——《中华人民共和国长江保护法》2021年全面实施，前述相关法规在"人与自然和谐共生"全新理念下不断修订完善，所有这些法律法规为切实提高自然灾害防治工作法治化、规范化、现代化水平，全面提升全社会抵御自然灾害的综合防范能力保驾护航。

基于习近平总书记提出"同自然灾害抗争是人类生存发展的永恒课题"[①]的重大判断，这一时期自然灾害防治工作强化了风险意识，强化了注重灾害救助向注重灾情预防转变，强化了从应对单一灾种向综合减灾转变，强化了减少灾害损失向减轻灾害风险转变。2021年6月开始，我国首次开展全国性综合性灾害风险摸底，为进一步做好防灾减灾救灾工作奠定

---

① 习近平：《同自然灾害抗争是人类生存发展的永恒课题》，央视网，http://news.cctv.com/2016/08/06/ARTIKsXZeD9gdRhWq4l7wSKj160806.shtml。

了重要基础。应急预案体系建设中更加重视专项预案的"龙头"作用,部门预案与专项预案的界限被清晰界分;应急管理工作重点由之前的信息、舆情向预案、队伍和装备扩展和深化,公安消防、武警森林部队组建成国家消防综合性应急救援队伍,完善了军地协调联动制度,大大提升了应急救援能力。

总之,这一时期,自然灾害防治强调风险意识,强调资源整合,强调综合减灾,强调科技支撑,强调社会参与,强调信息共享,在经验总结和认识深化基础上,推进了灾害防治体系和灾害防治能力现代化进程,基本上探索出了一条具有中国特色的自然灾害防治道路,取得了令世界瞩目的自然灾害防治成就。

二 百年来自然灾害防治的基本经验

中国共产党在领导中国革命、建设、改革、复兴过程中,探索出了一条具有中国特色的自然灾害防治道路,取得了弥足珍贵的经验,为未来自然灾害防治工作积累了宝贵财富,也为未来自然灾害防治工作提供了基本遵循。

1. 必须牢固树立人民至上的理念

人民性是马克思主义最鲜明的品格,也是中国特色自然灾害防治道路最鲜亮的底色。全心全意为人民服务,是我们党一切行动的根本出发点和落脚点,是我们党领导自然灾害防治的价值追求。中国共产党除了国家、民族、人民的利益,没有任何自己的特殊利益。百年来中国共产党带领中国人民进行的一切奋斗、一切牺牲、一切创造,归结起来就是一个主题:实现中华民族伟大复兴。中国共产党在围绕这一主题努力前行的过程中,始终把影响人民生存安全、影响社会稳定、影响人民幸福生活的灾荒救助、灾害应对作为重要工作加以考虑和认真对待,并为这一问题的根治和治理做出了历史性贡献。新民主主义革命时期,中国共产党领导人民浴血奋战,百折不挠,致力于推翻帝国主义和封建主义,从根本上打破了灾荒发生的根本制度桎梏;社会主义革命和建设时期,中国共产党领导人民进行三大改造,确立社会主义制度,选择走社会主义道路,为自然灾害防治提供了政治前提和根本制度保证;改革开放时期,中国共产党解放思想,锐意进取,带领中国人民走出了中国特色社会主义道路,为自然灾害防治提供了坚实的物质基础、法制保障和技术支撑;党的十八大以来的新时代，中国共产党自信自强，守正创新，创造了新时代中国特色社会主义的伟大成就，取得了自然灾害防治的伟大胜利，为中国自然灾害防治积累了宝贵经验，也为世界各国自然灾害防治贡献了中国方案。人民是中国共产党执政的最大底气，民心是最大的政治，自然灾害治理是关涉民生民心的重要内容，中国共产党在带领中国人民实现中华民族伟大复兴的征程中，在未来自然灾害防治道路上必须坚守人民立场。

2. 必须坚持中国共产党的领导

中国共产党领导是中国特色社会主义最本质的特征，是实现中华民族伟大复兴的根本保证，是风雨来袭时中国人民最可靠的主心骨。百年来我们成功应对了一次次的灾害大考，取得了令世人刮目相看的成绩，一切皆根源于中国共产党的领导。中国共产党一经成立，就明确"党的根本政治目的是实行社会革命"，致力于"改良人民生活"，提出要"兴修水利，防洪抗旱"，要推翻封建制度，根治导致灾荒的制度因素，这为自然灾害防治标定方向、指明前途。在推进自然灾害防治过程中，从新民主主义革命时期，开荒造田、兴修水利到明确生产救灾基本方针，从社会主义革命和建设时期，"一定要把淮河修好""要把黄河的事情办好"，到一步步明确生产自救为核心并与时俱进，到今天"以防为主、防抗救相结合"的基本方针，中国共产党为自然灾害防治统筹谋划，"总揽全局"。从毛泽东"组织起来"发动群众，动员党政军民开展大生产运动，到习近平"举国抗疫"保卫武汉，中国共产党为自然灾害防治调控力量，"协调各方"。百年的自然灾害防治进程雄辩地证明，中国共产党以"自觉地认定自己是人民群众在特定的历史时期为完成特定的历史任务的一种工具"[①]的执政观，赢得了广大人民群众的政治认同、思想认同和情感认同，也成为灾害来袭时能够领导和动员群众形成"一方有难，八方支援"全社会力量应对灾害保障人民权益的忠实"守护者"、实现人民利益的可靠"领路人"，未来应对无法避免的灾害风险挑战必须充分发挥中国共产党"定海神针"的作用，坚持和加强中国共产党的全面领导。

3. 必须广泛组织动员人民群众

伟大成就离不开伟大力量，伟大力量源于伟大人民。中国共产党之所以能经受住一个又一个严峻的天灾大考，取得一个又一个应对自然灾害的

---

① 《建国以来重要文献选编》第 9 册，中央文献出版社，1994，第 124 页。

辉煌成就，克"敌"制胜的密码就是把历史创造主体的人民群众组织动员起来，汇聚成了战胜天灾的磅礴伟力。依靠广大人民群众，中国共产党取得了一个又一个抗击自然灾害的胜利：1942～1943年特大旱蝗灾害是在汪洋大海的人民剿蝗运动和大生产运动中取得的；民国被破坏殆尽的义仓是在英雄张清益首创下次第设立的；防治水旱灾害诸如治淮、治黄大型的水利骨干工程以及遍布的农田灌溉系统是成百上千人民群众积极参与用汗水挥洒写就的；1976年唐山大地震后抗震救灾及迅速恢复重建的奇迹是人民创造的；1998年抗击长江特大洪水是军民齐心合力完成的；2003年抗击非典疫情是全民动员各自为战又协同配合下取胜的；2008年汶川大地震的抗震救灾及灾后重建是举国动员守望相助成就的……中国共产党执政的根基在人民，力量在人民，防范化解未来自然灾害的风险挑战必须继续依靠人民。

4. 必须发扬伟大斗争精神

敢于斗争、敢于胜利是中国共产党人鲜明的政治品格，是中国共产党人不可战胜的强大精神力量。"同困难作斗争，是物质的角力，也是精神的对垒。"① 一百年来，中国共产党带领中国人民取得的防治自然灾害各项成就无一不是在斗争中创造和取得的。开荒造田，"烂泥湾"变成陕北"好江南""一手拿枪，一手拿锄"，黄河平稳归故，靠的是自力更生、艰苦奋斗的斗争精神；战胜新中国成立后频发的如1949、1954、1958、1975年那样严重的水灾，靠的是"与水争田，与灾争粮"顽强拼搏的斗争精神，战胜如1966、1975、1976年那样严重的地震灾害，靠的是不畏艰险、百折不挠的斗争精神；取得抗击如1991、1998年那样的特大洪水的胜利靠的是不怕困难、顽强拼搏，坚韧不拔、敢于胜利的斗争精神；成功应对2003年非典、2008年汶川特大地震靠的是排除万难、披荆斩棘的斗争精神。

百年来在自然灾害防治中取得的每一个胜利，都是靠着坚强的意志和敢于斗争的精神取得的。未来发展过程中，我们还将面临更多"娄山关""腊子口"类严峻恶劣的自然环境，还将面临许多"灰犀牛""黑天鹅"类可预测与不可预测的风险挑战，中国共产党人必须继续发扬伟大斗争精神。

---

① 习近平：《在全国抗击新冠肺炎疫情表彰大会上的讲话》，人民出版社，2020，第16页。

5. 必须坚持系统思维与底线思维，科学防治

马克思主义是我们立党立国的根本指导思想，也是我们赢得优势、主动和未来的行动指南。一百年来，在中国共产党领导下自然灾害防治史走过的历程，也见证了马克思主义科学方法指导下自然灾害防治事业取得辉煌成就真理的力量。"不谋万世者，不足谋一时；不谋全局者，不足谋一域"①，中国共产党一经成立，就注重治标治本相结合，注重系统思维。首先明确了从社会形态和根本制度层面为灾荒根治努力的总体方向，并根据不同阶段社会主要矛盾，立足当时历史条件和认识水平制定自然灾害防治目标、政策方针、行动计划、实施方案。新民主主义革命时期，局部执政，生存压力巨大，财力有限，主要是宣传引导发动人民群众去推翻招致灾荒的封建主义、帝国主义，也力所能及地通过生产救灾开荒造田、兴修小规模水利设施改良水利，防治水旱灾害。1949年取得全国性执政地位后，在全国开始编制大江大河治理规划，出台了《关于治理淮河的决定》，明确了"蓄泄兼筹，以达根治之目的"的治理淮河方针；以立法形式通过了中国历史上第一部全面、系统、完整的黄河综合规划《关于根治黄河水害和开发黄河水利的综合规划的决议》；提出了《关于治理长江计划基本方案的报告》，编制完成1959年版《长江流域综合利用规划要点报告》，并在20世纪70年代和80年代进一步明确了"蓄泄兼筹，以泄为主"的防洪治理方针和部署……党的十八大以来，伴随"五位一体"总体布局和"四个全面"战略布局等四梁八柱式的国家战略安排，自然灾害防治顶层设计也进一步完善优化，更加科学，《黄河流域生态保护和高质量发展规划纲要》《长江流域综合规划（2012~2030年）》等相继出台颁布，从整体性、长期性、基本性上为自然灾害防治特别是防范洪涝灾害进行了系统规划和总体设计。

自然灾害具有偶发性、突发性特征，中国共产党领导防治自然灾害过程中充分把握这一特点，居安思危，处处以大概率思维应对小概率事件。党的七大召开之时，毛泽东就将"天灾流行，赤地千里"作为大好局势中可能会遭遇的极大困难之一，提醒全党"要在最坏的可能性上建立我们的政策"②，之后的领导人基本都具有底线思维，常怀忧患之心的理性自觉和

---

① 《十六大以来重要文献选编》下，中央文献出版社，2008，第480页。
② 《建党以来重要文献选编（1921~1949）》第22册，中央文献出版社，2011，第500页。

警醒意识。邓小平曾讲"我们要把工作的基点放在出现较大的风险上,准备好对策。这样,即使出现了大的风险,天也不会塌下来。"① 习近平总书记多次强调:"坚持底线思维,维护大局稳定……所以,凡事要从坏处准备,努力争取最好结果,做到有备无患。"②

正是依靠马克思主义这一强大的思想武器,中国共产党带领全国人民将自然灾害防治顶层设计、统筹谋划的系统思维与防祸未萌、图患将来的底线思维紧密结合,成功应对化解了包括自然灾害在内的一系列风险挑战,未来前行道路上,并非都是鲜花铺就,还会荆棘丛生,困难重重,中国共产党必须用好马克思主义这一看家本领和思想武器,保持战略定力,做好系统筹谋,坚持底线思维,以钉钉子的精神,常抓不懈,久久为功推进自然灾害防治工作。

6. 必须注重发扬社会互助互济精神

团结互助、扶危济困是中华民族的传统美德,也是中国在自然灾害来袭时成功应对的重要法宝。"团结是铁,团结是钢,团结就是力量。"③ 一百年来,中国共产党坚定共产主义远大理想和中国特色社会主义共同理想,高扬社会主义核心价值主旋律,将"一方有难,八方支援"的精神发扬光大,彰显了灾难来临时社会各界同舟共济、守望相助团结的力量。团结互助,共克时艰,体现在自然灾害防治的每一环节、每一过程。减防环节,注重互助合作,提高生产力,从新民主主义革命时期江西的劳动互助社和耕田队到陕北变工队,再到华北、华东和东北各地互助组,到社会主义革命和建设时期更广泛的生产互助组、生产合作社,再到改革开放和社会主义现代化建设新时期的发展互助储金会、储粮会、结对子、救灾扶贫互助试点,到中国特色社会主义新时代的精准扶贫、挂钩扶持、对口支援。救灾环节,积极探索社会互助形式,众志成城,抗击自然灾害。新民主主义革命时期,从苏区根据地开展节衣缩食"二两米运动"、陕甘宁边区开展"一两米运动"、华北人民政府的"一两米救灾运动",以及整个"捐助寒衣代金运动",到新中国成立后,各地广泛开展的"一碗米""一两米""一把菜"运动,以及许多单位设置的互助会,又到改革开放后,

---

① 《邓小平文选》第 3 卷,人民出版社,1993,第 267 页。
② 《习近平关于社会主义经济建设论述摘编》,中央文献出版社,2017,第 318~319 页。
③ 《习近平总书记在出席庆祝中华人民共和国成立 70 周年系列活动时的讲话》,人民出版社,2019,第 7 页。

尤其是1991年以救助华东水灾为标志，社会互助互济达到空前规模，1996年开始建立经常性社会捐助制度，全社会救灾捐赠互助互济活动不断深入发展，到2006年第十二次全国民政会议救灾工作方针调整，"社会互助"首次排在了"生产自救"前面，标志着随着社会互助互济实践广泛开展，作为自然灾害防治体系重要环节的社会互助已固化为制度化的理论成果，并指导未来自然灾害防治朝着高质量社会化方向发展。

面对自然灾害必将伴随人类社会发展始终的客观现实，基于中国共产党在面对自然灾害大考中通过弘扬社会主义新风尚，带领中国人民举国同心，互助互济凝聚磅礴力量交出圆满答卷之历史事实，未来应对自然灾害风险必须用好这一经实践检验行之有效的重要法宝，必须注重将社会互助互济精神进一步发扬光大。

总结历史经验，切实维护社会安全

全 勇[*]

社会安全主要内容包括预防和应对直接威胁社会公共秩序和人民群众生命财产安全的社会治安、交通安全、生活安全、生产安全、公共卫生、暴力恐怖事件、自然灾害、网络安全以及大规模群体性事件等。

社会安全工作涉及生产、工作、生活的方方面面，与人民群众息息相关，直接关系人民群众的幸福感。社会安全是国家安全的重要内容，是国家改革与发展的重要保障，必须抓紧抓好。

一 党在维护社会稳定中积累的丰富经验

中国共产党在长期执政实践中，为维护社会安全进行了艰辛的探索，积累了丰富的经验。这是我们的宝贵财富，必须认真加以总结。

1. 以坚持党的全面领导为根本保证

党领导一切的思想，使国家有了维护社会安全的根本保证。

在维护社会安全的过程中，党是凝聚人心的旗帜。党没有自己的私利，能从最广大人民的利益出发，提出奋斗目标、协调各方利益、处理各种社会矛盾，因而成为领导中国人民团结奋斗的核心力量。只有中国共产党才能把全国人民的思想统一起来、力量凝聚起来，从而确保国家的统一和社会的稳定。只有坚持共产党的领导，才能有一个稳定的社会主义中国。

在维护社会安全的过程中，中国共产党是抵御风浪的中流砥柱。坚持中国共产党的领导是四项基本原则的核心。没有中国共产党的领导，肯定会天下大乱、四分五裂。每当资产阶级自由化思潮出现时，社会安全稳定都会受到冲击；每次都是因为有党的正确领导，才化险为夷，确保社会主义制度的稳定发展。

---

[*] 全勇，太和智库高级研究员。

在维护社会安全的过程中，中国共产党是稳定航向的压舱石。历史表明，执政团队的频繁更迭和政策的朝令夕改，是导致社会动荡的重要因素。维护社会稳定必须毫不动摇地坚持一条正确的基本路线。中国共产党的长期执政，以及稳定的基本路线，为社会安全提供了可靠保证。

2. 以正确处理人民内部矛盾为主要方略

中国共产党从最广大人民的根本利益出发，十分注意正确引导和处理各种矛盾，以保证整个社会的协调发展。长期以来，党把正确区分和处理人民内部矛盾作为社会主义国家政治生活的主要内容；用民主的方法和"团结—批评—团结"的公式，从政治上处理人民内部矛盾；依据发展生产，统筹安排，兼顾国家、集体和个人三者利益的原则解决经济领域中的矛盾，按照"百花齐放，百家争鸣"的方针处理科学文化上的问题；采取加强民族团结、帮助各少数民族发展经济文化的方针处理民族关系中的矛盾；采取"长期共存，互相监督"的方针处理与民主党派的关系。

随着改革的日益深化，社会利益格局调整涉及各个领域、各个层次，长期积累的矛盾必然会凸显，有时甚至还比较尖锐。必须把正确处理人民内部矛盾作为维护社会安全的主要方略，恰当运用经济的、行政的、法律的手段，不断扩大民主，畅通广大群众参与管理国家事务、经济事务和其他社会事务的渠道，依法调节各种社会关系，维护人民群众的合法权益，及时化解不安定因素，有力地促进了社会安全稳定。

3. 以营造良好国际环境为必要条件

在经济全球化时代，世界的和平稳定与每个国家的社会稳定密切相关。改革开放使中国与外部世界之间联系日益紧密，许多国际因素将影响我国的社会安全。正因为如此，我们党深入研究保持国际和国内环境稳定之间的内在联系，将国际上的和平环境和国内安定团结的政治局面一起，作为实现中国发展战略目标的两个基本条件，加以高度重视。

改革开放之后，我们党在科学判断时代主题和国际形势的基础上，提出将"反对霸权主义、维护世界和平"[①] 作为重要的国际任务，作出为发展营造和平国际环境的相关制度安排，推动建立稳定、和平、安全、共赢的国际新秩序。不断提高应对国际局势和处理国际事务的能力，努力为国家发展营造良好的国际环境，维护稳定大局，确保国家能够抓住重要战略

---

① 《改革开放三十年重要文献选编》上，中央文献出版社，2008，第283页。

机遇期，跟上全球化的步伐，努力发展经济，提升综合国力。

4. 以积极应对突发事件为现实途径

各种突发事件以其不确定性和强大的扩散能力，严重破坏国家政治和经济秩序，给人民生命和财产安全带来严重威胁的事件，直接考验着执政党化解各种风险、维护社会安全的能力。我们党的执政能力在应对和处置突发事件中得到了检验，突出表现在以下几个方面。

一是把突发事件应对能力作为执政能力建设的重要方面，不断健全完善党的领导体制和工作机制，提高应对突发事件的效能。充分发挥基层党组织、党员在维稳处突行动中的先锋堡垒作用和排头兵作用。

二是按照规律办事，依靠科技指导。树立风险意识，事前通过科学预测防患于未然；事中合理调度使用各种科技力量和设备，及时恰当应对；事后以实事求是的态度，作出科学总结。

三是发挥社会主义制度优越性，积极应对突发事件。动员所有的力量和社会资源去应对突发事件，特别是地震、恐怖袭击、海啸台风和其他可能频繁面临的危机所带来的挑战和破坏，维护社会安全稳定。

四是坚持依法执政，规范突发事件的应对行动。既注重运用好已有的法律，也注意根据情况变化，及时制定新的法律法规。

5. 以坚持社会综合治理为基本保障

20世纪60年代初，浙江省诸暨市枫桥镇干部群众创造了"发动和依靠群众，坚持矛盾不上交，就地解决。实现捕人少，治安好"的"枫桥经验"。在毛泽东作出批示后，"枫桥经验"得到推广并不断发展。现已形成了具有鲜明时代特色的"党政动手，依靠群众，预防纠纷，化解矛盾，维护稳定，促进发展"的枫桥新经验，成为开展社会综合治理、积极维护社会安全的典范。

党的十一届三中全会以后，当代中国开始从传统社会向现代社会转型。伴随各项改革的深化和对外开放的扩大，中国在经济基础和上层建筑各个领域发生了一系列重大变革，对经济、政治、道德、文化、法律等各个层面产生了极其深刻的影响。社会治安问题呈现严峻的态势，犯罪率一度迅速提升，不仅严重降低了人民群众的安全感，也严重影响到了改革开放和社会主义现代化建设大业的顺利推进。建立于社会转型初期的社会治安综合治理体系，在维护社会治安稳定中发挥了重要作用。

进入21世纪，作为社会治安综合治理的新举措，在全国范围内开展了声势浩大的平安建设，就是以一定行政区域和基层单位为范围，全面加强社会治安综合治理，建设平安地区和平安单位，实现社会稳定和人民安居乐业。平安建设是构建社会主义和谐社会的保障工程，是维护广大人民群众根本利益的民心工程，是提高党执政能力、巩固党执政地位的基础工程。

二　科学统筹城乡社会安全稳定工作

贯彻落实党的十九大报告提出的平安中国建设任务，要坚持源头治理，有效防范、化解、管控各类风险；要大力提高政府应急管理能力，积极构建立体化、多层次的社会治安防控体系；要坚持综合治理，实现社会治理的系统化、科学化、智能化、法治化；要坚持依法治理，发挥好法治的引领与保障作用，用法治思维与法治方法处理社会矛盾和问题。

1. 抓住重点，确保城市安全稳定

城市汇聚了国家建设力量的精英、集中了国家建设成就的精华，代表了国家发展的方向。没有城市的安全感，就没有国家的安全感，就没有人民群众的获得感和幸福感。

近年来，我国建立了大量的城市社区，由于其粗放型的集聚建设和社区安全建设理论的滞后性，许多建成的社区中存在大量安全隐患和问题。今后，在进行城市设计时，需要在社区公共空间等设计中引入综合安全视角。对影响社区居民行为安全、防卫安全、防灾安全的空间要素进行分析，并进一步提出社区公共空间行为安全设计策略、社区公共空间防卫安全设计策略、社区公共空间防灾安全设计策略。

一流城市要有一流治理。提高城市管理水平，要在科学化、精细化、智能化上下功夫。落实这一指示，在思想观念上要真正把安全发展作为一种方式，把安全作为一种状态，积极主动地适应新型城镇化发展要求和人民群众生产生活需要，以城市管理现代化为指向，坚持以人为本、源头治理、权责一致、协调创新的原则，理顺管理体制，创新管理机制。通过不断加强城市风险的源头治理（如制定中心城区安全生产禁止和限制类产业目录）、过程管控（如完善城市重大危险源辨识、申报、登记、监管制度），提升应急方案的可操作性，加强区域城市间的合作治理和各个领域之间的综合治理，构建起中国特色城市安全发展保障体系，使城市成为人民群众安居乐业的美好家园。

2. 关注痛点，解决农村安全难题

"务农重本，国之大纲。"① 党的十八大以来，党中央坚持把解决好"三农"问题作为全党工作的重中之重，贯彻新发展理念，勇于推动"三农"工作理论创新、实践创新、制度创新。党的十九大正式提出实施乡村振兴战略，并将之列入决胜全面建成小康社会需要坚定实施的七大战略之一。此后，习近平总书记多次强调乡村振兴战略，并从不同层面对推动这一重要战略的落实提出具体要求。

近年来，我国农村地区的安全问题日渐复杂，所带来的后果也越来越严重，直接影响了农村生活秩序、社会治安乃至乡村振兴战略的落实。农村各种安全问题出现的原因，既有预警排解机制和安全信息系统不健全、政府主体责任缺失的问题，也有心理和教育问题。应该在找准原因的基础上逐一加以解决。

第一，必须加大对留守儿童的保护力度。儿童是国家和民族的未来。保护儿童就是捍卫国家安全、托起民族的希望。留守儿童由于在成长的过程中缺少父母的关爱和指导，容易引发生活、教育、情感、心理等方面的问题。农村留守儿童安全问题层出不穷，已经成为社会的一个痛点。对农村留守儿童造成伤害的情况很复杂，除了比较常见的交通安全问题和游玩安全问题外，还有劣质药品造成的身体伤害、不法分子造成的拐卖或侵犯等。产生问题的原因既有家庭教育与监护的缺位、学校安全意识教育的缺少，也有相关制度机制的缺失。积极应对可能发生的各种安全事件和事故灾难，应有针对性地提高家庭对留守儿童的监护质量，加强学校安全教育普及与管理，完善有关法律，加快户籍制度改革，依托社区营造安全的环境，等等。特别要通过开展安全教育，让农村留守儿童最大限度地掌握足够的安全知识，以增强其安全意识。

第二，必须加强农村食品安全监管。民以食为天，食以安为先。我国作为一个传统农业大国，农村人口众多，与城市相比，农村食品安全监管亦处于十分薄弱的地带。在全国食品安全总体向好的情况下，农村仍然可见假冒伪劣食品横行、城市淘汰产品下乡、环境污染和农业投入使用不当等问题，严重威胁到广大农村消费者的生命财产安全。

解决农村食品安全监管困境的对策，即构建农村食品的全程追踪监管

---

① 《习近平谈治国理政》第4卷，外文出版社，2022，第193页。

体系，将食品安全监管工作覆盖食品"生产—流通—消费"的全过程；积极推动政府、食品产销者、消费者等社会各界力量参与农村食品安全监管工作，从不同的视角监督管理农村食品安全工作，构建农村食品安全的全方位监管视角；通过整合农村食品安全监管的基层执法机构，构建农村食品安全信息共享平台等协作机制；有效整合政府、食品产销者、消费者等社会力量，构建农村食品安全监管的无缝隙监管网络。

第三，必须切实提高农村饮水质量。饮水安全问题不仅是公共卫生问题，也是一个影响我国社会发展的重要问题。农村饮水安全问题表现在农村用水的各个环节。首先，水源被污染。污染问题既包括远处的工矿企业向河流排放的废水，也有附近乡镇企业生产过程中产生的废水废物；既有农业生产中大量施用化肥和农药，也有村民对生活废水随意处理、垃圾乱堆乱放等对水源造成的安全隐患。其次，由于人员和经费不足，农村饮水工程"重建轻管"的情况也十分普遍。一些地方的农村饮水安全工程交付应用后疏于管理。比如建成的自来水管道破损不维修，水量漏失严重，建后服务很难到位。还有饮水工程的水质检测不及时等问题。最后，农村饮用水安全制度并没有随着经济的发展而得到同步的完善和落实。现行的饮用水法律保护制度大部分是针对城市集中式饮用水方式进行制定的，并没有涵盖农村的分散式供水地区。农村饮用水监管，既缺少法律依据，也缺少专门人员。解决农村饮用水安全问题，就要针对上述问题采取相应措施，特别是要加强对农民的环保和卫生教育，形成人人关心、人人参与饮水安全工作的局面。

党领导应急管理百年制度史的三重维度及制度变迁路径研究

李 明 陈 琛[*]

一 问题的提出

党的十九届六中全会通过的《中共中央关于党的百年奋斗重大成就和历史经验的决议》提出了"总结党的重大历史事件和重要经验教训",尤其是要"提高全党斗争本领和应对风险挑战能力"的要求。[①] 应急管理是党领导人民进行伟大斗争的重要组成部分,也正是应急管理取得的伟大成就,才使中华民族不断化危机为机遇,为实现伟大复兴奠定坚实基础。党的百年应急管理史也是不断总结斗争经验、升华理论、完善制度、形成优势,成功应对重大风险挑战的历史。中国特色社会主义进入新时代,我国步入开启全面建设社会主义现代化国家新征程、向第二个百年奋斗目标进军的新发展阶段。在此背景下,进行党领导下的应急管理历史脉络梳理和经验总结,为新时代、新征程提供思想指导和路径指引具有重要的理论意义和时代价值。

与此同时,国际国内环境的深刻变化,整个世界面临"百年未有之大变局",重大风险形式复杂,作为政策工具的应急管理面临更加严峻的挑战,及时总结、提炼和认识党领导应急管理经验的现实需求和未来走向,成为一项迫切任务。当前,经济和社会发展、科技进步、气候环境、城市化、地缘政治等各方面的传统威胁和新兴风险层出不穷,系统性风险问题更加凸显,如何进一步加强党的领导,提升应急管理工作质效,需要在总

---

[*] 李明,中共中央党校(国家行政学院)应急管理教研部教授;陈琛,中共中央党校(国家行政学院)研究生院博士研究生。
[①] 《中共中央关于党的百年奋斗重大成就和历史经验的决议》,《人民日报》2021年11月17日。

结历史经验的基础上进行系统思考，为应急管理各项工作的部署及落实提供价值观指导和方法论支撑，全面推进应急管理现代化。

当前，党百年奋斗的历史经验和成就内涵方面的研究成果丰硕，其内容涉及应急管理制度的理论创新、法治体系、结构模式、体制建设、机制设计等多个向度。那么，党的领导是如何在应急管理事业的发展和推进中发挥作用的，在此过程中取得了哪些成就，如何认识党领导应急管理的制度史，应急管理体系和能力现代化的制度优势优化路径是什么，构成本文的分析重点。

二　应急管理制度史的三重维度分析框架

坚持党的领导是党百年奋斗历史最重要的经验，其根源在于党是先进生产力的代表，是能够发挥领导核心作用的最高政治领导力量。党的领导经验在于围绕党的政治路线和政治目标，维护党中央权威和集中统一领导，结合党的路线体系，加强党的领导制度体系建设等方面。[1] 在中国特色应急管理体系形成和发展中，党的领导发挥了关键枢纽作用，也是中国应急管理体系和能力现代化的主要推动力量。党的应急管理思想与实践互动结合，继承中国传统应急管理思想，逐步形成了一系列具有当代中国特色的应急管理制度，是中国特色社会主义制度体系的具体化。

中国共产党的百年应急管理史是党领导人民进行灾害防治、防范和化解重大风险的历史，党的领导在此过程中发挥着核心作用，是取得一切成就的关键所在。这一过程体现为党从应急管理理念出发，通过应急管理体系构建进行力量资源的整合与配置，并强化体系中的各要素，提升应急管理能力，为理念贯彻和体系运转提供支撑。价值理念、体系构建、能力建设是党领导过程中的核心要素，推动着应急管理工作的深入发展。在此过程中，价值理念发挥着引领作用，是党领导的内核层，由此产生的经验存在于精神层面，是取得历史成就的精神实质，是制度设计的内核；体系构建是党进行组织统筹来凝聚力量、调配资源的过程，是党领导的中枢层，在此方面的经验成就体现为应急管理体系的不断完善、力量的不断充实，构成党领导下应急管理的运转框架，是制度实现的依托；能力建设体现

---

[1] 王可卿：《中国共产党坚持和加强党的领导的百年历程、主要成就与基本经验》，《湖南社会科学》2022年第1期。

为实践中应急管理的保障力和反应质效,是党领导的外显层,其所取得的经验成就外化为应急管理实践中各要素的优化完善,是制度走向实践的要素保障(见图1)。据此,本文将构建党领导的"价值—体系—能力"分析框架,对党领导下应急管理事业取得的成就进行解构,并分析其启示意义。

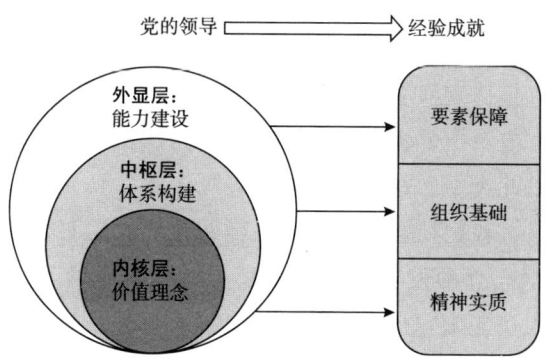

图1 党的领导在应急管理发展中的作用机制

三 党领导应急管理事业发展的作用机制与优势建构分析

在应急管理事业发展的进程中,党领导人民成功应对了一系列重特大突发事件,维护了人民生命财产安全和社会稳定繁荣。在此过程中形成的经验和成就体现在多个层面,并在党领导应急事业发展的过程中发挥着不同作用。

(一) 内核层:应急管理百年成就的精神实质

在党的领导过程中,价值理念发挥着引领作用,决定着应急管理的发展方向,也是各项工作部署开展的基本依据和思想基础,为应急管理体系和能力的建设提供价值认同和基本遵循。同时,思想引领也是党的领导的重要内容,为党进行相关工作的组织统筹、协调调度提供价值支撑。特别是在应急管理领域,突发事件的突发性、危害性、紧急性等特征对思想凝聚和价值认同提出了更高要求。应急管理体制机制的高效运转要以思想和价值的统一为前提,应急准备和监测预警、事件应对过程中的统一指挥和协同合作、灾后恢复与重建等各环节的工作也要以此为基础。党在应急管理领域领导的价值判断和理念目标为应急管理的发展提供愿景,其所取得的成就体现为应急管理理念思想的发展成熟，在应急管理事业推进中居于核心地位。在此方面，党的领导成就主要体现在如下方面。

1. 以人民为中心

以人民为中心是党一切工作的基本出发点和落脚点，是党的领导的价值核心，是应急管理事业发展成就的根源。在1942年发生的罕见旱灾中，晋察冀抗日根据地食物短缺，聂荣臻司令员签发《树叶训令》，命令全区所有部队到远离村庄的无人区采摘树叶充饥，将村庄周围15里以内的树叶让给老百姓，直接体现了灾害应对中党的宗旨意识。① 新中国成立后发生的历次突发事件应对中，党和国家领导人都强调保护人民群众生命财产安全的重要性，以此为中心开展应急管理各项工作。特别是中国特色社会主义进入新时代后，我国社会主要矛盾已经转化为人民日益增长的美好生活需要和不平衡不充分的发展之间的矛盾。对此，党的十九届五中全会指出，要"坚持人民至上、生命至上，把保护人民生命安全摆在首位，全面提高公共安全保障能力"②。同时，以人民为中心也是习近平总书记关于应急管理重要论述的精神内核，是贯穿于应急管理工作全程的主线和基本原则。明确以人民为中心的价值追求，是坚持和加强党的领导的思想基础，为党领导力、组织力、行动力的提升提供价值层面的导向和原则。

2. 统筹发展和安全

党的百年奋斗创造了经济快速发展和社会长期稳定两大奇迹，统筹发展和安全的价值理念逐步明确并不断发展。新中国成立初期，周恩来同志确定了"防止水患，兴修水利，以达到大量发展生产的目的"的水利建设基本方针，防灾减灾救灾工作在恢复经济、发展生产的过程中逐步得到加强。改革开放以来，处理好改革发展稳定的关系得到高度重视，将维护国家安全和社会安定作为党和国家的基础性工作来抓，为改革开放和社会主义现代化建设营造了良好安全环境，是党的领导的重要经验。党的十八大以来，统筹发展和安全理论逐步确立，并作为"十四五"规划的重要内容，设专章作出部署。习近平总书记在主持中央政治局会议，审议《国家安全战略（2021—2025年）》时指出要"坚持安全发展，推动高质量发展和高水平安全动态平衡"。统筹发展和安全是党领导过程中的重要辩证法

---

① 玉峰：《晋察冀军区的"树叶训令"》，《中国老区建设》2015年第9期。
② 《十九大以来重要文献选编》（中），中央文献出版社，2021，第813页。

和方法论，决定了应急管理工作的基本定位和目标，成为党领导应急管理工作的基本准则。

3. 底线思维与忧患意识

忧患意识深深植根于中华传统文化中，"安而不忘危，治而不忘乱""未雨绸缪"等便是这种价值理念的体现。中国共产党成长成熟的复杂严峻环境使得忧患意识和底线思维成为其领导价值的重要内涵，在应急管理的过程中体现为对预防准备的高度重视，是"关口前移"工作部署的思想基础。新中国成立后，在谈到农业机械化问题时毛泽东同志指出："此事应与备战、备荒、为人民联系起来……遇了荒年，地方无粮棉油等储蓄，仰赖外省接济，总不是长久之计"①。在总结应对各类突发事件经验的基础上，2016年7月28日，习近平总书记在唐山考察时提出了"两个坚持，三个转变"的应急管理制度建设方针，即"要坚持以防为主、防抗救相结合的方针，坚持常态减灾和非常态救灾相统一，努力实现从注重灾后救助向注重灾前预防转变，从应对单一灾种向综合减灾转变，从减少灾害损失向减轻灾害风险转变，全面提高全社会抵御自然灾害的综合防范能力"②。以预防为主的价值理念为应急管理工作的进一步发展推进提供了着力点，是党领导应急管理工作取得实际成效的重要思想经验。

（二）中枢层：应急管理百年成就的组织基础

党的领导要依托一定的组织体系发挥作用。这一体系构成应急管理运转的基本框架，决定着应急管理的力量来源、资源配置及行为方式，是党的领导价值理念实现的组织保障，也是应急管理能力建设的依据。一般而言，这种组织体系外化为应急管理的组织结构性制度，体现为应对危机的管理制度体系中对组成机构的规定以及机构之间职责划分和相互关系的规定。③ 同时，应急管理的参与主体和力量来源也对应急管理体系的发展产生影响，决定着体制机制建设的方向。在党领导应急事业发展历程中，各项体制机制不断完善成熟，在为各项工作开展提供坚实组织保障的同时，形成了党的领导在组织方面的成就和经验。

---

① 《毛泽东文集》第8卷，人民出版社，1999，第428页。
② 《习近平关于总体国家安全观论述摘编》，中央文献出版社，2018，第140页。
③ 高小平、刘一弘：《中国应急管理制度创新：国家治理现代化视角》，中国人民大学出版社，2020，第4页。

1. 应急管理的群众路线

应急管理体系的建设首先表现为力量来源。"一切为了群众，一切依靠群众，从群众中来，到群众中去"的群众路线是党的生命线，在党领导人民防灾减灾抗灾中发挥着重要作用。在 1931 年江淮大洪水应对过程中，党发动和组织群众抢险救灾，在发挥群众力量和组织优势的同时，增强了人民群众的主体意识，强化了对中国共产党领导的坚定选择。1934 年 3 月，新成立的中央防疫委员会要求广泛深入开展卫生运动，把卫生运动变成群众运动之一，将群众性的卫生运动日常化、制度化，开了群众性爱国卫生运动的先河。[①] 1976 年唐山大地震、2008 年汶川地震等巨灾发生后，通过群众及地方的积极参与，人员安置救援、灾后恢复重建等问题在较短时间内得到有效解决，"一方有难，八方支援"在实践中得到充分体现，彰显了党在组织和号召群众方面的巨大优势。群众路线在应急管理工作部署中不断发展深化，2013 年四川芦山地震后，习近平总书记提出："探索出一条中央统筹指导、地方作为主体、灾区群众广泛参与的恢复重建新路子。"[②] 同时，随着信息网络技术迅速发展和行政管理体制改革不断推进，社会参与的体制机制建设不断完善，[③] 公众参与在应急管理中发挥着更大的作用。

2. 应急管理体系不断改革完善

新中国成立初期，中央人民政府成立内务部，承担救灾职能，先后成立了中央救灾委员会、中央防汛总指挥部、国家地震局等机构，对救灾工作进行丰富和强化。1949 年 10 月，察哈尔省察北专区暴发鼠疫，党中央成立中央防疫委员会，确立了应对鼠疫的领导机制，统筹进行跨区域、跨系统的资源整合调配，并形成了封控、防疫、宣教"三位一体"的防疫体系，建立了公共卫生防疫机构。这些做法和经验在后续应对吸虫病、疟疾、天花等疫病的过程中得到延续和完善，逐渐发展成为我国公共卫生应急管理制度的经典模式。2003 年"非典"疫情防控中暴露出的短板和不足，推进党中央作出全面加强应急管理工作的重大决策，以"一案三制"为基本框架的体系建设全面推进。随着全球化进程迅速发展，突发事件的

[①] 赵朝峰：《中国共产党救治灾荒史研究》，北京师范大学出版社，2012，第 14 页。
[②] 《四川省"4·20"芦山强烈地震灾后恢复重建总结表彰大会举行》，中国共产党新闻网，http://cpc.people.com.cn/big5/n1/2016/0722/c117005-28577910.html。
[③] 朱婉菁、高小平：《公众参与逻辑下的应急管理制度变迁》，《浙江学刊》2019 年第 5 期。

"跨界"性越来越强,[①] 系统性风险显著提升,对应急管理工作提出新的要求。在 2018 年机构改革中,新组建的应急管理部整合了原国家安全生产监督管理总局的职责,国务院办公厅的应急管理职责,公安部的消防管理职责,民政部的救灾职责,国土资源部的地质灾害防治、水利部的水旱灾害防治、农业部的草原防火、国家林业局的森林防火相关职责,中国地震局的震灾应急救援职责以及国家防汛抗旱总指挥部、国家减灾委员会、国务院抗震救灾指挥部、国家森林防火指挥部的职责,为防范化解重特大安全风险、健全公共安全体系、整合优化应急力量和资源,提供了组织支持,统一指挥、专常兼备、反应灵敏、上下联动的中国特色应急管理体制基本形成。在机制建设方面,中央、省、市、县四级贯通的应急指挥信息网不断健全,联防联控、群防群控、协同联动机制不断完善,成为党领导应急管理事业的重要成就和经验。

(三) 外显层:应急管理百年成就的能力保障

党领导的价值理念为应急管理提供方向指引和原则标准,体系建设提供了应急管理的基本框架,能力建设则是党领导应急管理开展的着力点,构成应急管理工作的主要内容。应急管理能力是国家治理能力的重要组成部分,是常态管理能力的延伸,[②] 为贯彻党领导的价值理念、实现组织体系运转提供重要保障。由于与具体的工作任务和实践高度相关,应急管理能力处于党的领导的外显层,是客观的应急管理要素集合。这些要素一方面体现为应急管理工作开展所依托的硬件建设和人力保障,另一方面表现为相关制度所规定的任务要求,决定着应急管理的工作内涵和基本范畴。

1. 深入推进制度规范建设

充分发挥制度作用,建立与应急管理体制机制相适应的制度体系,是党领导应急管理发展的重要经验,体现为制度和政策赋能,为应急管理整体性治理提供合法性支持。[③] 在此方面的成就首先体现为应急管理的法治化进程不断推进。以《中华人民共和国突发事件应对法》为基础,以自然

[①] Boin A, Rhinard M, "Managing Transboundary Crises: What Role for the European Union?", *International Studies Review* 2(2008):1-26.
[②] 韩自强:《应急管理能力:多层次结构与发展路径》,《中国行政管理》2020 年第 3 期。
[③] 张玉磊:《构建新时代中国特色应急管理制度体系:基于"理念、结构、程序、保障"四维分析框架》,《天津行政学院学报》2022 年第 2 期。

灾害、安全生产、城市安全、传染病防治、环境治理、核应急等各行业领域单行法律、法规、规章和规范性文件为支撑的应急管理法律体系初步形成。应急预案建设不断推进，全国修订各类应急预案780余万件，形成了以《国家突发事件总体应急预案》为龙头，各级各类应急预案为支撑的国家应急预案体系。与此同时，应急管理工作的配套制度不断充实完善。信息公开、干部问责、志愿者参与等方面制度的建立及其内容的不断丰富，为党领导应急管理工作提供了有效支撑，成为压实责任、激发活力的有效手段。

2. 高度重视应急保障

保障能力是应急管理的"硬实力"，是各项工作有效开展的物质基础。在党领导应急事业发展的过程中，对保障能力的持续提升高度重视，工程项目、装备设施、人才队伍等方面的建设不断推进。在工程建设方面，毛泽东同志高度重视水利工程建设在防灾减灾中的作用，指出"一切大型水利工程，由国家负责兴修，治理危害严重的河流。一切小型水利工程，例如打井、开渠、挖塘、筑坝和各种水土保持工作，均由农业生产合作社有计划地大量地负责兴修，必要的时候由国家予以协助。通过上述这些工作，要求在七年内（从一九五六年开始）基本上消灭普通的水灾和旱灾"[①]。随着现实需求的发展和工作的深化，防洪工程、地震易发区房屋设施加固工程、生物安全实验室、矿井救生舱、区域应急指挥中心等重大工程建设不断推进。当前，全国建成应急避难场所1.3万余座，总面积约4.7亿平方米，可容纳约1.5亿人。应急管理宣传教育和全国综合减灾示范创建工作深入开展，基层应急能力不断提升。现代化应急产业、应急科技的发展为应急管理提供了有力抓手，减灾卫星、无人机、救援机器人、遥感技术、大数据技术等的广泛应用，在灾害预防预警、灾情信息获取传播、救灾物资的运输调配、应急决策指挥等各方面发挥着重要作用。[②] 应急管理队伍建设不断加强，构建了以国家综合性消防救援队伍为主力、以专业救援队伍为协同、以军队应急力量为突击、以社会力量为辅助的应急救援力量体系。同时，在应急储备上坚持中央储备和地方储备相补充、政府储备和社会储备相结合、实物储备和产能储备相衔接，"中央—省—市

---

① 《毛泽东年谱（一九四九——一九七六）》第2卷，中央文献出版社，2013，第507页。
② 黄萍：《邓小平防灾减灾思想刍议》，《毛泽东思想研究》2014年第4期。

—县—乡"五级应急物资储备体系不断健全。

四 党领导应急管理体系和能力现代化现实路径

中国共产党的领导是中国特色社会主义最本质的特征，是中国应急管理制度的最大优势。在新时代，以坚持和加强党的集中统一领导为核心，不断增强党在应急管理思想上的引领力，推进应急管理领域治理体系及治理能力的现代化具有重要现实意义。

（一）坚持以人民为中心的价值目标

以人民为中心是党的根本宗旨，也是应急管理各项工作部署开展的根本出发点和落脚点，是防灾减灾救灾中需要秉承的基本原则和主线。对此，一方面要在预防准备、监测预警、处置救援、恢复重建的应急管理各环节中，秉承将人民生命放在首位的价值理念，特别是在灾害发生后要将抢救生命作为首要任务，另一方面要以对人民极端负责的态度担当作为，综合提升防灾减灾救灾能力，为人民安全筑牢屏障。

（二）增强应急管理工作的统筹性

从思维层面讲，增强应急管理工作的统筹性体现为立足于统筹发展和安全。发展和安全是一体之两翼，将安全发展贯穿经济社会发展的各领域和全过程，是新发展阶段、新发展理念、新发展格局的重要内涵和实践要求，是应急管理各项工作的基本立足点。从布局层面讲，增强应急管理工作的统筹性体现为以总体国家安全观为统领，提升综合性防灾减灾能力，防范和化解系统性风险。为此，要坚持以防为主、防灾抗灾救灾相结合，注重社会系统的关联性分析，进行各方面工作的统筹部署安排，并开展相关领域及区域合作，最大限度地降低灾害网形成的概率。

（三）推动社会力量的积极有效参与

群众路线是党的生命线和根本工作路线，也是全面加强党的领导的重要路径，是应急管理事业发展的不竭动力。在此过程中，要不断完善党领导下的基层应急管理体系，实现属地管理和群众参与的良性互动。要善于组织群众、动员群众、凝聚群众、服务群众，推动应急管理知识进企业、进农村、进社区、进学校、进家庭，开展形式丰富的实践演练活动，激发公众兴趣，增强培训效果，切实提高群众应急能力。要完善公众参与机制和措施，规范引导社会力量有序参与应急管理工作，筑牢应急管理的人民防线。

（四）推进应急管理制度化法治化建设

作为共同遵守的行为准则，制度对应急管理相关主体的相互关系及权利责任做出规定，提供了可预见的、明确而稳定的运行框架，能够有效缓解突发事件对社会造成影响冲击，是应急管理各项工作有序开展的必要依托。运用制度威力防范和化解重大风险，是实现党的领导的重要方式和基本经验。为此，要全面加强应急管理制度建设，坚持依靠法治手段统筹应急管理各方关系、明确应急管理各方责任、规范应急管理各方行为。一方面，要不断完善应急管理法规体系，形成涵盖应急管理各领域、各环节的法律法规和标准规章。另一方面，要建立健全党政同责、一岗双责的责任制链条，构建优化协调联动体系，运用制度和法治力量推进应急管理体系和能力现代化。

（五）促进科技赋能应急管理

随着社会系统的关联性、复杂性、系统性显著提升，现代社会的孕灾环境发生变化，科学应急日益成为党领导应急工作的重要支撑。在新时代的应急管理工作中，要重点加强多灾种、多事件链的综合监测，进行早期识别、先期预警能力的技术攻关，推进大数据、物联网、人工智能、卫星遥感、雷达监测、基因工程等科技的研发应用，加快建设国家级产学研一体的基地，促进科技成果转化，提升应急管理决策及行动的精准性。同时，要加强应急管理学科建设，培养一批应急管理专业人才，为党领导下应急管理事业的发展提供技术支撑和人才保障。

后疫情时代海外项目风险识别与管控

双春亮　江海波[*]

新冠疫情及其衍生风险放大了存量安全风险威胁，产生了新的增量安全风险威胁。当前，百年变局加速演进、中美博弈白热相持，世界被动"脱钩"和主动"筑墙"尝试愈加频繁。后疫情时代，中资企业海外项目外部环境更趋复杂严峻，不确定性因素陡增，一些国家和地区出现政治动荡、经济下滑和民生危机，民粹主义和民族主义浪潮持续发酵，多重矛盾、风险变量与疫情衍生风险交织叠加，热点此起彼伏，暴力恐怖活动时有发生，世界格局、国际秩序、全球治理正在深度调整，共建"一带一路"面临严峻挑战。加强境外项目风险识别与管控问题研究，加快构建与我国海外项目拓展布局和快速发展相适应的安全保障体系，提升境外项目风险评估、监测预警和突发事件应急处置能力，有效防范、化解、应对"一带一路"重大风险，具有十分重要的理论和现实意义。

一　后疫情时代海外项目面临严峻风险挑战

习近平总书记提出"一带一路"倡议以来，中资企业贯彻落实党中央、国务院决策部署，始终坚持服务国家战略，不断加快"走出去"步伐，积极投身共建"一带一路"，在基础设施建设、能源资源开发、国际产能合作、创新能力开放合作等领域，承担了一大批具有示范性和带动性的重大项目和工程，逐步形成了面向全球的贸易、投融资、生产和服务网络，成为推动"一带一路"从理念转化为行动、从愿景转变为现实的重要力量，为我国改革开放事业和国家外交大局做出了重要贡献。截至2020年底，中国2.8万家境内投资者在全球189个国家（地区）设立对外直接投

---

[*] 双春亮，中国人民警察大学国际执法合作学院副院长、副教授；江海波，中国人民警察大学涉外安保学院讲师。

资企业4.5万家,其中,"一带一路"沿线国家设立海外企业超过1.1万家。全球80%以上国家(地区)都有我国的投资,年末海外企业资产总额达7.9万亿美元。2020年我国对外直接投资1537.1亿美元,同比增长12.3%,流量规模首次位居全球第一。①

在肯定成绩的同时,我们更要清醒地认识到,随着"走出去"战略深入推进和"一带一路"倡议全面实施,我国海外利益拓展的规模与速度前所未有。随之而来的是,各国利益碰撞与融合矛盾不断升级,我国海外利益面临的安全风险呈现点多面广、长期化、复杂化、严峻化趋势。当前海外项目面临的风险与挑战前所未有,做好安全保障工作的重要性与紧迫性前所未有。党中央、国务院高度重视境外项目安全保障工作,习近平总书记多次作出重要指示批示。党的十九届四中全会提出:"构建海外利益保护和风险预警防范体系,保障重大项目和人员机构安全。"② 2021年11月19日,习近平总书记在第三次"一带一路"建设座谈会上强调:"要探索建立境外项目风险的全天候预警评估综合服务平台,及时预警、定期评估。要加强海外利益保护、国际反恐、安全保障等机制的协同协作"③。

1. 外部环境日趋复杂严峻

中资企业国际竞争力和影响力的不断提升,加深了西方国家对中国的焦虑戒惧,在国际市场上加快对中资企业的围追堵截遏制,对一些境外项目进行无端臆测、指责和攻击,企图对冲打压"一带一路"建设。

2. 疫情衍生各类安全风险叠加上升

部分国家因疫情冲击,经济失速、失业率陡升、物价上涨,社会不稳定因素增多、政治风险累积、安全风险突出,中国境外项目许多为自建营地,地理位置偏远,易成为攻击和哄抢对象。许多国家疫情与各类矛盾交织,社会治安恶化,甚至存在社会动荡、暴恐袭击迹象,极有可能波及中方项目和人员。

一是地缘政治安全风险显著上升。疫情导致的社会民生问题恶化叠加地缘政治紧张等多重因素,加剧了国际和地区安全形势问题。一些国家与地区原有的政治矛盾和社会问题更加凸显,民族与种族冲突加剧,各类传统安全问题和非传统安全问题相互交织,部分地区的地缘政治冲突持续升

---

① 商务部、国家统计局、国家外汇管理局:《2020年度中国对外直接投资统计公报》。
② 《十九大以来重要文献选编》(中),中央文献出版社,2021,第294页。
③ 《习近平谈治国理政》第4卷,外文出版社,2022,第497页。

级，全球形势的不稳定性不确定性增加。例如，埃塞俄比亚内战前景不明，各国纷纷撤侨；马里、几内亚、苏丹相继发生军事政变，国内政局持续动荡之中；南非因举行地方选举引发国内政治暴力事件频发；中非共和国政局脆弱，长期面临反政府武装冲突风险。

二是恐怖袭击等风险变量叠加。国际恐怖主义袭击活动是中国海外利益面临的最直接、最现实的安全风险。中东、北非等地区是国际暴恐活动的重灾区，南亚地区恐怖主义活动也很频繁，严重威胁中国在这些地区的境外项目安全。部分国家与地区疫情蔓延与恐怖主义升温形成叠加效应，恐怖分子、有组织犯罪分子等在疫情掩护下重建、复苏或在局部地区借机反弹。

3. 境外项目国际化经营环境恶化

受疫情影响，宏观经济不确定性因素增多，主要国际组织纷纷下调全年经济增速预测，一些国家"保护主义"政策和"脱钩"思想兴起，投资和贸易摩擦加剧。美国对中国加征关税仍在实施，部分国家推进供应链多元化，增加了中国产业链外迁风险。美国强化对中资企业投资并购的限制，欧盟也出台强化投资审查的法案，限制我国企业对其投资，企业在相关国家高新技术企业投资被驳回的比例越来越高，中资企业境外项目利益受损，"一带一路"互联互通成本和产业链供应链风险增加。新兴经济体资本外流、汇率变化甚至货币贬值压力加大，投资收益条件发生了巨大变化。各国的有限资源将优先保障民生项目。中国企业一些长期跟踪的项目招投标进度、签约进度放缓，境外项目开拓难度进一步提升。一些发展中国家财政雪上加霜，以新增借债+EPC模式大搞基建的时代一去不复返，必将对对外投资合作造成影响。一些国家出于自身生存原因，对已有项目改变合作模式，或强行没收部分股权（国有化），加剧了投资者的担忧。同时，疫情造成全球金融市场剧烈动荡，基础设施项目的投融资难度加大，各国资本、人员、物资等流动性大幅下降，尤其是"一带一路"沿线部分国家的汇率持续波动，债务风险大增。企业投资运营风险增大，境外项目正常运转经营受到不同程度影响。部分国家经营环境恶化，不排除出现"黑天鹅"事件。

4. 海外项目内部安全稳定不确定增多

受疫情所在国家和地区封关、封城、断航等影响，部分境外项目的中方员工因长时间得不到轮换，心理和身体处于满负荷、超负荷状态，造成情绪焦虑、恐慌等不稳定情况,甚至出现涉疫群体性事件,影响"一带一路"倡议稳步实施,损害了中国的国家形象。这是对中国海外项目的一种考验,疫情背景下许多平时隐性的、不被关注的矛盾,可能激化、扩大化,可能成为引发群体性事件的"催化剂""导火索",需引起高度重视,工作中一定要注意方式方法。

5. 其他流行疾病风险加剧

"一带一路"沿线多为欠发达国家,非洲、亚洲、南美洲等地区的医疗卫生条件和疾控体系建设质量参差不齐,疫情进入长期化、常态化阶段,上述地区公共卫生系统承受巨大压力,导致其他传染病流行风险升高,中国在外项目和人员健康安全将面临巨大威胁。海外项目要加大对疟疾、登革热、埃博拉出血热等常见传染病的防控力度,统筹考虑各类流行病防治能力的提升,增强疾病防控救治基础能力,将"人民至上、生命至上"的理念落到实处。

二 海外项目风险防控评估指标体系的初步构想

构建海外项目风险防控体系意义重大,影响深远。构建海外项目风险防控体系是贯彻习近平总书记总体国家安全观的重要举措,海外利益安全是国家安全的重要组成部分,重要性日益凸显。构建海外项目风险防控体系是保障我们"一带一路"走深走实的客观需要,"一带一路"沿线的国家大多分布在高风险地区,治安环境较差,我们承建的许多项目都要深入偏远地区,远离城市,远离当地军警部门或超出安保辐射范围,极易遭受袭击。构建海外项目风险防控体系是中资企业走向世界,成为世界一流企业的内生需求。

目前,中国海外安全风险防控体系建设处于起步阶段,企业、研究院、高等学校、智库正在积极开展研究,目的是研究构建与我国"一带一路"海外利益拓展相匹配的、对接国际安防规范性建设标准的海外安全风险防控和人才培养体系,构建风险评估、监测预警、应急处置"三位一体"的海外安全工作架构,提出海外安全保障的中国方案,为企业"走出去"提供安全风险防控的示范,建立"中国标准""中国规范"。基于对当前海外项目风险的分析研究,初步提出了项目风险评估可能涉及的一级指标、二级指标和观测点。

1. 突发公共卫生事件风险

（1）员工感染：项目所在国或地区发生传染病疫情，面临员工感染或暴发聚集性疫情风险，对项目员工生命健康造成影响。

（2）疫情诊治（检测、救治等）：项目所在国或地区卫生条件落后，发生传染病疫情，无法实现应检尽检、及时隔离防护和有效医疗救治，对项目员工生命健康造成影响。

（3）物资保供（生产、生活等物资）。

（4）员工轮岗：疫情导致员工长时间得不到轮换，超负荷工作，给员工身心健康和安全生产带来隐患。

（5）员工心理（恐慌、焦虑等）：疫情及衍生风险等给项目员工身心健康造成负面影响，出现心理焦虑恐慌等现象。

应对措施：落实日常防控，做好"常态化防控"、项目分区域防控、人员防控工作；做好有序接回及人员轮换工作；落实物资供应机制，做好防疫物资、生产物资、生活物资的保障工作；建立完善医疗保障机制，做好平台接入、医务室和急救站建设、药品储备、治疗康复工作；建立应急响应机制，做好分类分级防控与突发事件响应；做好应急处置工作；做好疫情衍生风险防控等工作。

2. 政治风险

（1）政权更迭：项目所在国存在政权更迭等事项，且该事项对项目造成影响。

（2）政局动荡（动乱、冲突、战争等）：项目所在国存在动乱、冲突、战争等事项，且该事项对项目造成影响。

（3）地缘政治（大国博弈、周边国家关系等）：因大国博弈、项目所在国与周边国家关系紧张等，对项目造成影响。

（4）对华政策变化：项目所在国对华政策发生变化，且该变化对项目造成负面影响。

（5）廉洁风险（所在国腐败行为影响项目正常运营）：项目所在国腐败行为或以反腐为名对项目造成影响。

应对措施：实施全面客观的政治风险评估，建立有效的监控预警系统；完善风险防范机制，购买相关保险服务；建立现代化管理，完善企业制度建设；加强与所在国各界的经济利益联系并提升融洽度，重视企业本地化建设，融入所在国当地社会；提高企业公共外交能力，树立良好国家形象；在经营上保持对母公司的依赖，注重投资分散化与融资多元化；等等。

3. 社会安全风险（不含安全生产）

（1）恐怖袭击（无差别、针对性）：项目所在地区为恐怖活动频发地区，且恐怖活动威胁到项目运营和员工人身安全。

（2）绑架：绑架是海外项目员工面临的一种常见的人身安全风险，是世界各国公认的最严重的刑事犯罪之一，是海外项目的一个重大安全隐患。

（3）抢劫：海外项目员工面临的最常见的人身安全风险，可能造成严重人身伤害和重大财产损失。

（4）枪击：遭遇无特定目标随机射击，或遭到有针对性的目标枪击。

（5）交通事故：对员工造成人身损害，给企业带来经济损失，影响项目顺利进行。

（6）个人不良行为：海外项目员工违背日常行为准则或公共道德规范的不良行为。

（7）信息泄密：项目核心商业秘密、人员信息、行程安排和营地安防规划设计、装备技术指标等信息泄露，对项目和人员安全造成危害。

（8）其他（刑事、治安风险）：项目所在地区的社会治安较差，刑事犯罪等多发，对项目造成影响。

应对措施：建立安全管理体系，建设风险管控长效机制；完善规章制度和技术规范，提升现场安保标准；加强情报信息收集分析，提高预警预防能力；严格安全培训，提高员工应对能力；实施风险分级管理，增强源头控制能力；加强应急管理，提升突发事件应急处置能力；加强项目实体防范与技术防范等。

4. 社会及民意风险

（1）舆情干扰（负面评价）：国际、项目所在国或地区的舆情民意，对项目造成重大影响。

（2）社区/部落干扰：项目所在地区的社区/部落民众通过静坐、抗议等方式，干扰项目，导致项目无法正常开展。

（3）宗教文化/民族矛盾：项目所在国或地区存在宗教/民族矛盾，且该矛盾对项目造成影响。

（4）主流民意诉求：项目所在国主流民意诉求对项目造成负面影响。

（5）群体性事件：项目所在地区罢工、游行等群体性事件频发，且对项目造成影响。

（6）履行社会责任：项目因未有效履行社会责任，造成负面影响。

应对措施：加大社区公益投入，努力建设和谐社区；了解所在国的文化宗教习俗，做好属地化经营；履行社会责任，设立专项投资基金；做好企业公益宣传工作；与当地政府部门、官方媒体建立良好的沟通协调机制。

5. 项目运营风险（经济风险）

（1）制裁（国家、企业、个人）：因项目所在国、项目相关企业或个人受到制裁或由于第三国长臂管辖权对项目造成影响。

（2）所在国经济动荡（财政状况恶化、高通胀、汇率波动、外汇储备不足、外汇管制、上下游生产要素价格波动）：项目所在国存在经济动荡等事项，且该事项对项目造成影响。

（3）债务风险：项目所在国主权债务负债率和债务率超过国际公认警戒线，且对项目或项目的中方融资造成影响。项目主权负债引起国际舆论关注，且对项目或项目的中方融资造成影响。

（4）项目运营未达到可研预期：项目运营关键要素偏离可研预期较大，对项目造成影响。

（5）企业合规经营：项目因未严格遵守有关法律法规、国际条约、监管规定、行业准则、商业惯例等，对项目造成影响。

（6）生态环境风险（所在国环保法规规制、项目对所在地生态环境的影响）：项目所在国在污染物泄漏（危险化学品、油气等）、三废污染物超标、环保敏感地区（生态保护区、文化遗产等）等方面的环境保护相关法律法规和政策要求对项目产生影响。

应对措施：建立合同，转移经济风险，使本地所有者或本地第三方机构来承担部分或全部风险；充分关注我国及东道国的相关政策和外部市场环境变化对利率和汇率的影响，降低金融性风险；加强财务监管，强化责任追究制度，建立完善的激励机制；定期监测流动性状况，合理安排流动资金；了解所在国环保法规，做好项目生态环保风险防控。

6. 法律风险

（1）法治环境恶化：项目所在国法治环境逐渐恶化，且对项目造成负面影响。

（2）重大法律制度变更（劳工政策、税收政策）：项目所在国重大法律制度发生变更,且对项目造成负面影响。

(3)执法中立性:项目所在国更侧重于针对外国企业或中国企业开展某项执法(例如,对本国企业不开展反垄断执法,仅针对中国企业开展反垄断执法),或在外国企业与本国企业的诉讼事件中,通常做出对本国企业有利的判决,且该执法特点对项目造成影响。

应对措施:建立国别法律风险评估体系,及时评估和更新投资国的法律制度和执行情况,建立法律法规信息收集识别更新机制;健全企业法律合规工作体系,配齐、配强法律合规工作人员,制定并完善法律合规工作制度,建立"一岗双责"的绩效考评和问责机制,将法律风险防范职责落实到各个岗位。

7. 其他风险

(1)自然灾害:项目所在国或地区因洪涝、台风、地震、地质灾害等自然灾害,对项目造成影响。

(2)其他风险:项目存在前述未涵盖的风险。

应对措施:项目设计时要秉承安全理念设计,避开自然灾害易发的危险区;做好相关风险监测与预警工作;建立完善应急处置机制。

三 海外项目安保工作评价指标体系

面对国际国内环境重大变化,习近平总书记统筹"两个大局",对关系党和国家事业发展的重大问题发表了一系列重要讲话,作出了一系列重要指示批示,提出了一系列新思想新论断新战略,特别是多次对"走出去"企业提出明确要求,为我们做好各项工作进一步指明了方向,提供了根本遵循。针对境外项目安全工作缺乏整体谋划设计、风险识别与管控体系建设滞后等问题,要坚持以习近平新时代中国特色社会主义思想和总体国家安全观为指导,贯彻落实党中央、国务院关于加强海外项目安全保障工作的重要指示批示精神和系列决策部署,不断增强大局意识、忧患意识、风险意识和责任意识,以确保海外人员和机构安全为目标,强化底线思维,坚持"以人为本、预防为主"的指导思想,科学构建海外项目安保工作评价指标体系,坚持以评价促进防范体系建设、以评价提升防范能力水平、以评价保障防范措施落地,指导海外项目科学合理、因地制宜地采取物防、技防、人防等风险防范措施,提升安全风险管理水平和突发事件应急处置能力,最大限度地降低危险发生的可能性和危害造成的损失,确保海外项目和人员安全。

1. 海外项目安保工作评价原则

海外项目安防评价工作，应坚持主体性、目标性、多样性、动态性、发展性和实证性六项主要工作原则。

（1）主体性原则：注重以项目自我对照排查、自我进行检查、自我改进防范措施，体现海外项目在安防评价中的主体地位和责任。

（2）目标性原则：注重以促进海外项目防范体系建设、提升防范能力水平、保障人员和财产安全为目标导向，关注防范措施落地与目标实现。

（3）多样性原则：注重海外项目类型的多样性、国别（区域）的差异性和风险的多元化，鼓励项目因地制宜、精准施策，做到"一项目一策"。

（4）动态性原则：注重海外项目所在国别（区域）风险动态变化，特别是涉及我国的项目风险上升时，及时动态调整风险防控级别，增强相应防范措施。

（5）发展性原则：注重项目内部风险防范体系的构建和长效机制的建立，关注风险监测预警、应急处置能力的持续提升。

（6）实证性原则：注重依据项目现实情况作出评价判断，以真实数据作为评价依据，实际求是、客观公正得出评价结论。

2. 海外项目安保工作评价要点

安防评价工作的核心是为确保海外项目安保工作目标，围绕这个目标对项目"面临的安全风险"与"采取的相应措施"的"适配度"状况进行科学评价。安防评价的四个重点维度如下。

（1）项目采取安全风险防范措施与国别（区域）风险类别特别是高风险类型的匹配度；

（2）项目防范体系建设各类资源条件的保障度；

（3）项目安防体系运行的有效度；

（4）项目安全风险防范措施与目标的达成度。

3. 安保工作评价主要内容

主要包括海外项目安全管理体系、人力防范、实体防范、技术防范四个方面的内容情况及风险防范体系运行情况等。

（1）安全管理体系。海外项目安全管理体系是为保障海外项目机构人员和经营活动安全，进行的组织、管理、制度等活动而形成的有机整体。

一是安全管理组织责任体系。安全管理组织责任体系包括安全管理组织架构与安全工作责任制。

二是安全管理制度体系。海外项目安全管理制度体系包括法规性文件、上级单位政策性文件、项目安全管理程序性文件、计划作业文件。

三是安全管理工作流程。海外项目安全管理工作流程一般包括体系建设、规划计划、运行控制及效果反馈修正等，形成完整闭环。

四是安全管理措施。海外项目应针对中方外派人员选拔和培训、当地员工聘用和管理、不同风险环境下人员安全采取相应管理措施落实人员安全。

五是安全管理保障体系。安全管理保障体系包括安全教育培训演练机制、安全文化培育、检查审核制度、后勤保障机制、情报信息保障、安保协作机制、考核奖惩制度、保险制度。

（2）人力防范。应根据生活、办公、生产场所面积、重要性、地理位置、工作人员数量、重要部位分布等情况及安全风险评估结果配备安保力量，明确正常情况下安保人员数量。不同风险等级采取不同的人力防范措施。

一是专业安保管理人。根据海外项目规模及员工数量配置专业资质的安保管理人。

二是安保力量。海外项目安保力量应配备适当的装备（制服、对讲机、手电筒、口哨、电台、钢叉、防割手套、盾牌、警棍等），有内外安保力量的衔接机制。

三是武装力量。高风险与极高风险地区，安保人员应配备武器，可聘请当地军警武装护卫，并做好安保岗位配置。

四是社会关系。海外项目均应与所在国使领馆、营地周界外围社区（部落）、警局、医院及救援机构建立联系和沟通渠道，指定专人负责建立电话、传真等24小时沟通联系机制。

（3）实体防范。实体防范包括实体防护设施、机动车阻挡装置、防爆设施、卫星电话、避难场所等。不同的风险等级采取不同的实体防范措施。

一是安防照明。周界照明，应使得保安和巡逻人员能够发现试图攀登、破坏周界的人员；检查站照明是为了给人员、车辆的检查提供充足的照明。

二是机动车阻挡装置。海外项目应在距离营区入口100米、50米、25

米处设置一连串的车辆减速带，迫使入侵车辆在接触营区前被迫减速；利用防冲撞隔离路障，在门口设置 S 型查控区域；利用电子遥控路障防止车辆冲撞。

三是防爆设施。高风险与极高风险地区海外项目应配备防弹车辆、防弹背心等，尤其要注意高风险以上地区的通勤防爆。

四是实体防护设施。海外项目应根据本身的实际情况，做好相应的实体防护设施建设。

五是应急通信。高风险与极高风险海外项目应常备对讲机、卫星电话或海事卫星电话，制作应急通信联络卡，并随时更新。

六是应急逃生出口。高风险与极高风险地区海外项目应安装应急出口，供营地内的人员和车辆在遇到突发紧急事件时撤离，应急出口应当隐蔽，平时处于关闭状态，紧急时能够快速打开，应急门的钥匙应放在容易取用的地方。

七是避难场所。海外项目应设专门的能容纳所有员工的避难所或内部集合点。

八是警示标志。海外项目周界应按适当的间隔沿围栏、围墙设置相关安全标志（如非请勿入/CCTV/警报系统等），限制区应在显眼位置设置"限制区非请勿入"标志。

九是房屋、门、窗等建筑安全。

（4）技术防范。技术防范包括入侵报警系统、视频监控系统、出入口控制系统、电子巡查系统、停车库（场）安全管理系统及其他子系统等。不同风险等级采取不同的技术防范措施。

一是入侵报警系统。海外项目在高风险与极高风险地区应设置入侵报警系统，包括入侵探测器、紧急报警装置、报警控制器、终端图形显示装置等。

二是视频监控系统。

三是出入口控制系统。海外项目在出入口，水、气、电、通信、空调控制区域出入口，危险物品库出入口，重要部位、监控中心出入口等地均应设置双垂臂式栏栅、安全防护门等出入控制门禁系统。

四是电子巡查系统。海外项目营地均应在出入口、周界、重要部位等地设置电子巡查系统。电子巡查系统是对巡查人员的巡查路线、方式和过程进行管理和控制的电子系统。

五是应急公共广播系统。在高风险与极高风险地区的海外项目应在场院、办公区、生产区、宿舍区等地安装应急广播系统。

六是停车场（库）安全管理系统。高风险与极高风险地区海外项目应在停车场（库）设置安全管理系统，对进出车辆进行登录、监控和管理。

七是防爆安全检查子系统。极高风险地区海外项目应当在区域出入口、重要部位设置金属探测仪、X 射线安全检查装置，配置危险违禁物品查验装置。

八是跟踪、定位系统。在高风险与极高风险地区，海外项目应使用跟踪、定位系统，能够快速反应，及时确定车辆/人员的位置和状态。

九是智能应急管理系统。高风险与极高风险地区海外项目均应配备智能应急管理系统，例如智能声防系统，在营区重要出入通道或重要场所周边区域设置声防系统，实现"监测、预警、响应"三位一体动态管控，实现平战结合、专常兼备，提高风险防范和应急处置能力，构筑营区周边"24 小时 + 全天候"的安全和保卫防线。中风险与低风险地区有条件的海外项目也应装备。

4. 海外项目安保工作评价方法

海外项目评价主要针对海外项目安防体系建设评价与海外项目风险评估，依据国际国内相关标准要求，结合海外企业项目实践，计算公式介绍如下：

$$E = T + R$$

其中：

"E"是海外项目评价总分值（0 ~ 10 分，满分为 10 分）。

"T"是海外项目安保评价单项分值（0 ~ 5 分，满分为 5 分）。

"R"是海外项目风险评估单项分值（0 ~ 5 分，满分为 5 分）。

海外项目等级评定分为四个等级：优秀、良好、合格、不合格。

当 $8 < E \leq 10$，海外项目评价为优秀；

当 $6 < E \leq 8$，海外项目评价为良好；

当 $4 < E \leq 6$，海外项目评价为合格；

当 $2 \leq E \leq 4$，海外项目评价为不合格。

（1）海外项目安保评价，主要针对安全管理体系、人力防范、实体防范、技术防范等海外项目安防建设的子要素进行评价分析，借鉴 EFE 矩阵评价分析技术，结合海外项目实践，通过对海外安防子要素进行评估并赋予各子项权重，加权计算出海外项目安防体系评价分值，采用以下计算公式：

$$T = S_i \times w_i \sum_{i=1}^{n}$$

其中，S 是子项风险等级，W 是子项权重，i = 1，2，3，4。

（2）海外项目风险评估，主要针对海外项目遭遇的风险等级即事件后果与海外项目风险发生的可能性进行量化计算。海外项目的风险值（R）等于海外项目风险等级分值（C）与潜在威胁事件发生可能性分值（P）的乘积：

$$R = C \times P$$

R 表示海外项目的风险值，C 表示海外项目风险等级分值，即事件一旦发生将造成的后果，P 表示潜在威胁事件发生的可能性（海外项目风险等级即事件的后果通常是指事件发生时所造成的人员伤亡、经济损失、环境污染以及社会影响等，潜在威胁事件发生的可能性通常表现为威胁事件的可信度、目标的可见性/标志性、目标的可接近性、风险防范管理体系的完善性及目标的抗风险能力的综合结果）。

5. 海外项目安保工作评价反馈机制与成果应用

（1）反馈机制。建立和完善反馈机制，形成海外项目安保工作评价的闭环管理，逐步形成全面、全员、全过程、全体系的海外项目安保工作评价反馈机制。

一是受评海外项目反馈。海外项目安保工作的评价结论及改进建议，应及时告知被评价对象。根据海外项目安全风险等级和类型的实际情况，设置整改期限，一般为 1~3 个月，到期后，进行复评。同时，根据国家（地区）安全形势，不定期组织"回头看"，检查项目安保工作整改落实情况。

二是国内隶属母公司反馈。海外项目安保工作评价结论及改进建议，定期以书面形式，通报给国内隶属母公司。建议母公司履行主体责任，督促所属海外项目改进安保工作，提高防范能力。

三是主管部门（部委、政府、有关单位）反馈。中央企业按照隶属关系，将海外项目安保工作评价结论及改进建议，通报国务院国资或其他部门。地方国有企业按照属地原则，通报隶属省市主管部门。民营个体企业按照属地原则，通报母公司所在省份外事或商务主管部门。

（2）奖惩制度。依据安保评价结果，建立奖惩制度，依据设定评价等级，确定企业安防绩效目标与个人安防绩效基准目标，提出奖惩建议。工作中，将安保评价工作要求嵌入业务流程全过程，不断完善安保绩效考核工作机制，提高安保评价实效。

（3）问责和监督。推动建立海外项目安保监督管理制度，明确各部门和员工工作职责，实施问责制度，提升全体人员对安保规章制度的执行力，提升监督机制的有效性、针对性、可信度和有效度。

（4）常态化评价机制。组建海外项目安保评价专家团队，分析安全形势和突出风险，排查海外项目安全防范体系建设和安保工作情况，找准薄弱环节和措施短板，定期对海外项目安全风险总体情况进行梳理分析、综合研判。一是及时发布预警信息，指导海外项目做好风险防范应对工作。二是向有关部门提出加强海外项目安全保障工作的意见和建议。三是常态化开展海外项目安保评价工作，以评价促进防范体系建设、以评价提升防范能力水平、以评价保障防范措施落地，提升安全风险管理水平和突发事件应急处置能力。

世界怎么了？我们怎么办？面对世纪之问。习近平总书记站在全人类的立场上提出了"共同、综合、合作、可持续"的新安全观，提出了构建人类命运共同体的全球安全治理理念，这越来越得到世界各国的支持和认同，为未来的全球安全治理指明了方向。习近平总书记也为我们指明了前进的方向。面对国际国内环境重大变化，习近平总书记统筹"两个大局"，对关系党和国家事业发展的重大问题发表了一系列重要讲话，作出了一系列重要指示批示，提出了一系列新思想新论断新战略，特别是多次对"走出去"企业提出明确要求，为我们做好各项工作进一步指明了方向，提供了根本遵循。一定要深刻领会习近平总书记关于科学分析当前形势、把握发展大势的重要指示精神，坚定共建"一带一路"的信心，善于在危机挑战中看到新的机遇，在短期波动中把握长期趋势，在复杂局面中抓住主要矛盾，做好较长时间应对外部环境变化的思想准备和工作准备，从战略上求变、从战术上应变，敢于下先手棋、勇于打主动仗。一定要把思想和行动统一到中央决策部署上来，牢固树立并努力践行发展与安全并重的理念。在共建"一带一路"项目建设过程中，把安全贯穿项目的全过程，做到同步规划设计、同步组织实施，坚决纠正境外项目安全工作缺乏整体谋划设计、风险识别与管控体系建设滞后等问题，确保"一带一路"行稳致远。

第二编

应急管理现代化研究

强国安民的重大战略举措

——加快通航和应急救援体系建设的思考和建议[*]

刘大响[**]

一 国内外通用航空与应急救援能力的差距

1. 航空应急救援发挥了重要作用

2008年5月12日，四川汶川发生"5·12"特大地震，在党中央、国务院、中央军委的坚强领导下，军队与民航等部门迅速调集428架飞机，全力展开航空救援行动，挽救了6万多人的生命，投送了近3万吨救灾物资，发挥了不可替代的重要作用，受到全国人民和世界舆论的高度赞扬。但同时也暴露出我国航空应急救援体系还存在一些薄弱环节。

2. 国内外通用航空的主要差距

（1）通航飞机数量太少。2008年地震时，全世界共有通航飞机约36万架，美国23万架，巴西2万架，俄罗斯1万架，而我国当时只有1800架。

（2）通航机场严重不足。2008年美国有18000多个通航机场，而我们只有146个通航机场，只有美国的0.8%左右。

（3）直升机数量更少。作为航空应急救援最重要装备的民用直升机与发达国家相比差距更大，2006年中国的民用直机只有178架，平均每1200万人才有1架直升机，是当时世界平均水平的1/60。而2007年巴西圣保罗一个城市的民用直升机数量就超过了我国民用直升机数量的总和。

（4）通航飞行员更稀缺。美国2008年有60多万飞行员，其中通航飞行员有38万多人，为美空军和民航飞行员奠定了人才基础，是重要的"战略性储备"。当年我国飞行员不足1200人，约为美国通航飞行员的

---

[*] 本文根据作者在"中国应急管理创新论坛（2021）"上的主题演讲整理。

[**] 刘大响，中国工程院院士，北京航空航天大学教授。

0.4%，机务、空管、机场管理等专门人才也非常之少。

3. 世界各国航空应急救援体系建设状况

作为一种应对自然灾害和突发事件的常用手段，航空救援已成为当今世界许多国家应急救援体系的主要力量。主要发达国家和部分发展中国家已建成了符合各自国情的较为完善的航空应急救援体系，具有很强的应急救援能力。如美国早在1956年就颁布了《全国搜索救援计划》，确定紧急救援管理的最高行政机构是美国联邦紧急事务管理局，可用于执行救援任务的直升机多达1万架，仅纽约市的民用直升机保有量就超过2000架；加拿大、俄罗斯、日本、法国、英国、瑞士等国均设立了国家航空救援中心，在紧急时可随时投入救援行动。在这里要特别提及，德国建立了覆盖全国的航空紧急救援体系，救援用直升机数量超过500架，在整个德国国土内的任何一点，15分钟内都可以得到国家"无偿"的航空救援服务；中国香港特区政府航空队当年有2架固定翼飞机和7架直升机，只要有紧急需要，任何人都可以通过"999热线"免费寻求服务。香港特区政府飞行服务队的飞行救援，几乎每天都有1~2起，其在四川汶川大地震救援中所表现出的较高专业素养得到灾区人民的高度赞誉。

4. 我国是世界上自然灾害最为严重的国家之一

我国是世界上自然灾害最为严重的国家之一，灾害种类多、分布地域广、发生频率高、造成损失重。

2008年国家地震局指出："中国的国土面积占全球陆地面积的1/14，但是中国发生的地震却占全球大陆地震的1/3。20世纪全球因地震死亡总人数是120万，中国60万，约占1/2。"[1] 这个数字比例较高。

根据上述统计，我们认为我国的航空应急救援体系与灾害频发的国情不相适应，与社会应急救援需求不相适应，与我国的国际地位不相适应，与全国亿万人民的期盼不相适应。

二 我国航空应急救援能力亟待增强

1. "加强航空装备建设，应对自然灾害发生"咨询研究

2008年12月，中国航空学会召开了专题常务理事会，邀请一些院士

---

[1] 《阴朝民：新中国成立以来地震造成死亡人数约28万》，中国新闻网，http://www.chinanews.com.cn/gn/news/2008/07-19/1317836.shtml。

参加,对"5·12"大地震中航空装备发挥的重要作用和存在的薄弱环节进行了认真总结和反思,决定开展"加强航空装备建设,应对自然灾害发生"的科技咨询项目,由学会副理事长刘大响院士担任组长,张聚恩秘书长担任副组长,各有关单位近20个成员参加。

经过近半年的努力,课题组完成了《关于建设国家航空应急救援体系的建议》咨询报告,大家认为航空应急救援是一个庞大的巨系统工程,不仅仅是装备不够的问题,它涉及方方面面的工作。2009年1月,学会又在北京航空航天大学举办了一个高峰论坛,就如何提高我国航空抗灾救援能力和体系建设问题进行了专题研讨。

这次会议有11位院士和近100位专家参加。大家一致认为,尽快建设"军民融合、平灾结合"的国家航空应急救援体系是贯彻落实科学发展观、实践以人为本的重大"民生工程",也是应对国际金融风暴、拉动内需、标本兼治、促进经济发展的重大"科技工程",更是构建"以人为本"的和谐社会、安国利民的重大"战略举措",必须以时不我待的精神,抓紧向前推进。

2. 中央领导批示的落实情况

(1)由国务院应急办和发改委牵头组织,在25个部门和机关的共同参与下,经过近一年的紧张工作,于2010年4月完成了《国家航空应急救援体系装备建设规划研究》报告。

(2)2010年8月,国务院、中央军委联合颁布了《关于深化我国低空空域管理改革的指导意见》,对我国低空空域管理改革工作做出了部署,决定在北京、成都、西安、长春、广州、南京、济南、兰州8大城市及周边地区进行1000米以下空域的开放试点工作。

(3)2010年4月20日,总参谋部应急办主任田义祥同志在中央电视台介绍:经党中央、国务院、中央军委批准,国家将组建5万人的专业应急救援部队。要求到2015年,基本建成综合力量、森林航空防火、海上救助、警用航空应急测绘和医疗救护5支专业力量相结合的、通航企事业单位高度参与的航空应急救援体系。

三 交通强国使通用航空迎来了历史性发展新机遇

2019年9月14日,中共中央国务院批准印发《交通强国建设纲要》,其要点有以下几个。

（1）主要奋斗目标：2035年基本建成交通强国，2050年全面建成交通强国，构建"安全、便捷、高效、绿色、经济"的现代化立体综合交通体系，要做到"人民满意，保障有力、世界前列"。

（2）形成两个"123"：第一个是"全国123出行交通圈"，做到服务品质高，运行速度快；第二个是"全球123货物流通圈"，国内的货物运输要求当天发出当天到达，不管是到山区或大城市都要做到这一点。

（3）建立"三个网络"：发达的快速网、完善的干线网、广泛的基础网。

（4）实现"三大转变"：过去我们是铁路、公路、水路和管网各建各的，今后要求一体化，相互有效地衔接好。

（5）三项保障措施：加强党的领导；加强资金保障；加强实施监督。

非常可喜的是，在"广泛的基础网"中就包括了"通用航空"，这是通用航空第一次被列入国家重大专项，而这个专项将是我国最重要的一个国家级重大专项。通用航空迎来了历史性高质量快速发展的新机遇。

在《交通强国建设纲要》里，对"通用航空"的发展有十二条要求，如在有条件的地区推进具备旅游、农业作业、应急救援等功能的通用机场建设；完善航空服务网络，逐步加密机场网建设；大力发展支线航空，培育充满活力的通用航空，完善政府购买服务政策，稳步扩大短途运输、航空消费等市场规模；推进干支有效衔接，提高航空服务能力和品质；完善航空物流网络，提升航空货运效率，等等。另外，还要积极发展无人机物流运输以解决山区、边远地区"最后一公里"的运输问题。

四　思考和建议

1. 通用航空是我国国民经济的重要战略性产业，是高质量转型发展又一新的引擎

（1）通用航空将成为21世纪我国国民经济高质量发展的新增长点。例如，美国兰德公司的大飞机的投入产出比为1:80；小飞机投入产出比为1:10；根据日本通产省数据，按单位重量创造的价值计算，假设船舶为1，小汽车为9，喷气客机为800，航空发动机则为1400。可以看出，因通用航空产业链长、涉及面广，通用航空和应急救援体系将会给国民经济提供巨大的市场空间。

（2）通用航空是"航空、交通、民航"三大强国战略不可或缺的重要

组成部分。通用飞机能够执行飞行教练、运输、空降/空投、侦察、巡逻和监视等多种任务,也是战时军队武器装备中不可缺少的组成部分。可以预计,通用航空继汽车和高铁之后将是我国国民经济"双循环"高质量发展的又一新的引擎。

2. 提高航空应急救援能力,有利于构建"人民至上、生命至上"的幸福和谐社会,进一步提高和巩固党和政府的威望和执政地位

(1)建设"军民融合、平战结合"的航空应急救援体系。这个体系建成后,平时可为社会提供有偿的各种商业模式的专业化航空作业或救助服务,政府给予适当的财政补贴,以维持其正常运转;遇到大规模自然灾害或公共危机事件时,随时应召作为国家社会救援的中坚力量,与军队和企事社会力量紧密配合,统一参与抢险救灾行动。

(2)通过政府资助、专项保险和社会捐助等措施,实现 30~60 分钟响应速度的"免费"航空救助;使遇害当事人免于因一次意外灾害而返贫,甚至家破人亡,让人民群众随时随地都能体会到"党和政府时刻在我身边",从而进一步提高党和政府的威望。

(3)发展通用航空可带动全国低空、山区、边远地区实现雷达全覆盖,通航机场的建设可留有扩建为小型军用机场的余地,起到"以民掩军"的作用,从而保障国家的国防安全。

(4)到 2035 年可培养"百万级持证通航飞行员",2050 年培养"数百万级持证通航飞行员",既能够解决大量有志青年的就业问题,又为国防建设和民航发展提供"飞行员的战略储备"。

(5)奋斗目标:实现 30~60 分钟应急救援黄金响应速度,力争 2035 年覆盖 40%~50% 的全国人口,2050 年覆盖 90% 以上的全国人口,将中国建设成为全世界实现"人民至上、生命至上"的幸福和谐社会,为实现中华民族伟大复兴做出积极贡献。

3. 直升机是航空应急救援的主要装备,应大力加快发展

(1)直升机是我国未来专业航空救援部队中一支举足轻重的中坚力量。我国是自然灾害多发国家,在应对重大自然灾害和突发公共卫生事件时,随着国家应急航空救援体系的建设和发展,民用直升机以其快速性、灵活性和直达性等优势,在专业航空救援部队中将是一支不可或缺的中坚力量。

(2)我国直升机数量与国外存在很大差距,应该要有一个大的发展。2008 年,我国民用直升机数量仅有 178 架,名列世界第 20 位;每 100 万人口拥有民用直升机的数量，全球平均水平为4.6架，我国仅为0.14架，是美国的0.3%、俄罗斯的0.6%、日本的2.6%、全球平均水平的2.8%。这与我们大国强国地位很不相称，与建立国家航空应急救援体系的需求很不相称。

（3）我国民用直升机是"短板"。据报道，目前我国国产民用直升机市场仅占4%，法国的空客、美国的贝尔、意大利的莱昂纳多分别占23%、16%、10%，国产替代的空间十分巨大。随着航空应急救援体系的建立和能力的提升，我国直升机产业将迎来一个历史性快速发展的新机遇。

4. 全面开放低空空域，是积极发展通航产业、建立航空应急救援体系、促进低空经济发展和美丽乡村建设的核心关键和必要条件

（1）空域和土地、海洋一样，都是国家宝贵的自然资源，蕴藏着极大的经济价值和社会价值。通用航空和运输航空是空中交通的"两翼"，"交通、航空和民航"三个强国战略，都离不开通用航空产业的发展。

（2）全域开放1000米以下空域是推进航空应急救援的关键。在8大城市试点的基础上，国家已决定湖南、江西、安徽三省率先试点全域开放，这既是良好的机遇，也是严峻的挑战。

（3）推广四川等省份的试点经验，改革空域管理模式：①空域管理体制改革，由军、民分块管理模式，变革为"政、军、民"三方协同管理机制；②将低空空域按管制、监视、报告和目视四个空域划设管理，适时从"远偏、小散、孤立"的状态转变为"满足需求、连点成片、互联互通"的状态。

（4）低空全域开放时（舍山区）必须解决雷达全覆盖问题。建议通过临空飞艇信息平台、北斗卫星和地面基站联网，构建坚不可摧的"空天地海一体化"信息网络，以解决"军民通"低空交通通信和安全问题。

5. 加强通航管理，统筹医疗资源，弘扬航空文化，降低运行成本

（1）制定国家通航发展政策，建立政府主导下的市场化管理机制，扶持飞行学校和飞行俱乐部的活动。通过举办不同层次的飞行表演和航展，培养青少年的飞行兴趣、敢于飞行的勇气和梦想。

（2）积极引导通航与低空旅游、应急救援、医疗救助、警务维稳、工农作业、航空运动和航空科普的多元融合的发展机制，积极推动低空经济发展和美丽乡村建设。

（3）降低运行成本，给通航企业一定的财政补贴、税收优惠和政府购买服务等政策扶持，维持通航企业的正常运转。

（4）大力发展通航投资、租赁和保险等金融服务业服。要尽快设立"航空应急救援专项保险"，实现全国统一调度，建立专款专用制度。

（5）加强航空救援医务人员队伍的教育和培训。要统筹卫健委、红十字会、部队应急救援及民营医疗资源，建立航空救援医护人员24小时在通航机场的值班制度，是实现30~60分钟到达事故现场的关键之一。

（6）大力开展无人机短途运输，解决农村、山区、边远地区货运的"最后一公里"问题。

6. 加强组织领导、统筹规划、市场运作、有序推进

（1）加强党对通航和应急救援事业的全面领导。通用航空和航空应急救援体系建设，是一个巨大的系统的"民生工程"，有一个漫长而艰巨的发展过程，不能无序发展，要在各级政府主导下，搞好顶层设计、合理筹划、稳步推进。

（2）立足于"全灾种、大应急"，建立全国航空应急救援统一协调机制。由于通用航空和航空应急救援体系产业链长、涉及面广，必须从国家层面进行顶层谋划和发展，建议成立"国家通用航空管理委员会"和"行业协会"，制定法律、法规和管理条例，形成法律法规保障体系。

（3）进一步开放1000米以下低空空域。在3个省份搞好低空全域开放的试点工作，起到示范引领作用。建议设立省市地县级"政军民空域协调委员会"，完善各地通用航空和应急救援空域保障机制。

（4）加强机场等基础设施建设。力争10年内做到"县县有机场"。通航机场建设要坚持政府主导，搞好顶层设计和协调。引入市场机制，吸引地方政府基金、国企、民企和社会资金，建立股份制通航机场公司运营机制。

（5）搞好通航产业装备建设。促进国产通航飞机、直升机和发动机的自主研制。特别要重视和加快新能源动力的研发应用；鼓励优先采购国产航空装备，带动民族工业的转型升级和健康快速发展。

（6）空中飞行，安全第一。加强通航飞行员和无人机操作员教育培训和严格管理。在各省份设立"通航飞行学院"，通航飞行员和无人机操作员都要严格持证上岗。建议设立"退役飞行员协会"，组织军、民退役飞行员重返蓝天。据有关方面统计，目前我国有近50万退役飞行员，他们讲政治、守纪律、严作风，是推动我国通用航空和应急救援大发展不可或缺的中坚力量。

中国应急管理现代化的挑战与机遇[*]

薛 澜[**]

关于应急管理在新时期的战略发展地位,习近平总书记从党的十八大以来已经在多种场合有非常系统全面的介绍和指示。"十四五"规划也对发展和安全的关系设立了专章,讨论统筹发展和安全,建设更高水平的平安中国。

一 风险、突发事件和应急管理系统事件的基本概念

风险就是生活中不确定性的影响。具体来讲,风险怎么转变成突发事件,这是目前我们讨论比较少的。笔者梳理了一下,大概有几种方式。

第一,系统性风险,体制机制存在的内在问题,系统性风险和偶然因素结合,最后产生具体的各种损失。比如我们前些年,对饮酒文化和酒驾的管制比较宽松,驾驶事故导致的伤亡很多。具体的某个事故有很多偶然的因素造成,比如2015年广州茂名的一起酒驾事故,这种情况下如何降低系统性风险成为应对突发事件时非常重要的原则。我国从2011年5月1日开始,醉驾被追究刑事责任,此后相关事件的死亡率出现了明显下降,所以,系统性的风险必须要从系统上解决。

第二,风险的渐进积累。从风险转变成突发事件,有一个积累的过程,比如群体性踩踏事件和风险指数,实际上聚集人群逐渐增多的时候,跨越到某个失控点就可能导致群体性踩踏事件,这是一个渐进性累积的过程。当然现在全球气候变了,很多专家在讨论人类社会也面临这样一个气候变化的临界点。所以解决这类问题的关键就是去思考怎样去减少渐进累积。

---

[*] 本文根据作者在"中国应急管理创新论坛(2021)"上的主题演讲整理。
[**] 薛澜,清华大学苏世民书院院长、博士生导师,清华大学文科资深教授。

第三，从风险到突发事件实际上是有一个演变过程的，这和事物内在的特点有关。好比我们现在讲新冠肺炎，像这种传染病其实都有一个内在的指数R0，R0就是传染病在人群中传播的基本传染数，是与不同的病毒或者细菌内在的特点相关，我们现在讲新冠肺炎的传播，德尔塔的R0就比较高，像这种情况我们就去解决这方面的问题。有的R0是小于1，其实我们就不用担心，这很难传播开来，这是跟事物内在的特点相关，我们及时掌握这些特点就可以更好地应对。

第四，一个事件的发生和很多环节相关，这些环节一旦串在一起可能就会导致事件的发生，这就是海恩法则，有苗头的演化，有各种先兆甚至轻微的事故，其实都是讲在这个链条后面怎么样一环一环地发展。

第五，单一事件形成强烈的共振。在社交媒体非常发达的今天，一个很小的事件就可能形成巨大的社会反响，尤其是社会安全类的事件比较多，所以有一个理论叫"社会燃烧理论"，就是社会不满情绪比较高，有集体认同感的同时，一个很偶然的突发事件就可能引发更严重的事件。

二 中国应急管理系统的演变与发展

可以把中国的应急管理系统演变分成三个阶段。

第一个阶段是新中国成立到2003年"非典"，核心特征是这个体系是由党政管理系统自然延伸的。第二个阶段是2003~2018年，专业的应急管理体系建设，重点放在"一案三制"建设，一案是应急预案，三制是法制、体制、机制。当时在国务院办公厅设置应急管理办公室，通过这样一个体制来解决问题。第三个阶段从2018年开始，成立了应急管理部以及在地方成立相应的应急管理部门，这个体系使得我们更加有力地应对各种突发事件，同时在这个基础上进一步完善综合的应急管理体系。

三 新时期中国应急管理面临的宏观挑战

新时期面对的宏观挑战大家都很清楚，我们要面临的风险有巨灾风险，尤其是自然灾害，以及在工业化、城镇化过程中面临的各种风险，还有很多重大的公共卫生事件、社会风险、非传播领域的公共安全风险，这些领域大家有很多了解，我就不赘述了。现在面对这些潜在的风险，国家启动了全国的风险普查，这对我们未来应对这些风险是非常有利的。

四　中国应急管理体制机制存在的问题

一般的应急管理行为存在一些特别的困境,我们从学理上更好地认识这些困境,对于今后怎么去设计应急管理体系、怎么样改进应急管理机制是非常重要的。我从风险认知、风险管理、预警决策、应急指挥这几个方面来做一个介绍。

第一,风险认知偏差原理。有很多相关的心理学家对风险应对方面做过很多研究,他们发现,一般来讲,人们普遍存在几种心理认知偏差,可能会导致我们没有很好地去认识引发风险的因素。

一是过度乐观的偏差,相信自己比别人更幸运,不好的事情会发生在别人身上,但不会发生在自己身上,很多人都有这种过度乐观的心理认知。

二是安于现状的偏差,对于有可能变化的情况更倾向于安于现状,只要这个设施没坏就不用考虑怎么去修,反正这个事情也不会发生。

三是控制幻觉偏差,人们往往高估自己控制外部事物的能力,认为即使灾害发生,我能够控制它,这在我可控范围之内。

四是风险补偿偏差。大家认为更加安全的时候就倾向于更加冒险,比如我们已经更新了设备,维护的时间就可以减少。所以类似于这样的几类心理认知偏差会导致我们对风险视而不见或者低估它潜在的危害。

第二,风险投入不足原理。很多的国际研究都已经非常清楚,就是我们减灾的成本收益之比其实非常高,收益非常大,投入一块钱,可能收益是好几块钱,所以这方面有各种各样的研究。

但是为什么对于消除风险的投入不管是各个领域还是各个地方都还不足。我想从治理分析来看,我们这个投入是现实的确定的,但是这个投入最后可能带来的回报是未来的、不确定的,所以作为理性的公共管理者或者决策者,可能会觉得我今天有很多事情要做,而且也有很多亟待解决的问题。这种情况下,把这些资源投入到这些问题上,可能会马上带来现实的确定的收益。所以,往往不愿意对消除风险进行投资,这也是一种内在的体制机制障碍。

第三,预警决策权衡原理。在事件不确定的情况下采取什么预警措施。好比台风要来袭击某一个城市,正面来袭的概率是 0.1,擦肩而过的概率是 0.9,我们知道这个概率,要对是撤离百姓还是居家防控进行决策。如果撤离百姓,台风正面来袭人员损失是 0,撤离成本是 1000 万元,台风擦肩而过撤离成本也是 1000 万元，我们损失的期望值是 1000 万元，所以我们采取撤离百姓的措施。如果采取居家防控措施，没有撤离成本，但是可能会造成人员伤亡。假设 20 人死亡，这个成本是 1000 万元，如果跟台风擦肩而过，撤离成本是 0，人员损失也是 0，损失期望值其实也是 1000 万元。

大家可以看到在这样一个特定的情况下，撤离和居家防控损失的期望值是相同的。所以这时候采取什么样的措施也的确对决策者是一个很重要的考验，当然这里面我们做了一些假设，可能本身就不合理，毕竟人命关天，习近平总书记也特别强调"人民的生命高于一切"，所以在这种情况下，可能人员的损失就不是用金钱可以计量的，这时候就需要采取更加可靠的措施。不管怎么讲，在不同的事件和不确定的情况下，决定采取什么样的预警措施不是一件容易的事，需要在成本和收益之间进行权衡。

第四，应急指挥的有限理性原理。一般的决策优化原理是在很理想的情况下来讲的，我们先确定总体目标，寻找可实现的路径，计算成本收益，最后确定收益最大路径和最优决策。

但实际上在应急过程中，实际面临的情况可能是有限的理性。首先是目标不够清晰，而且由于时间非常紧急，没有时间去搜索全部可能的解决办法，所以很难去做出决策，事后才能看出什么是最优决策，当时的临机决策是非常难的，所以这时候临机的选择不一定是最优的，但也许是满意的决策，所以对应急指挥要认识到决策面临的有限情况。

我前面讲的是一些内在的、普适性的原理，在中国特定的情况下，我们目前的体制机制还不够完善，法制建设还存在不少短板。另外，预案体系也需要进一步完善。中国的实际国情就是基础能力薄弱、预警和救援能力不足。

五 中国应急管理系统现代化的路径

怎么解决这些问题？第一，要坚持党对应急管理工作的集中统一领导。这个大家都很清楚，在我们中国的政治体制和行政管理环境下，党对应急管理工作的引导有利于对突发事件的果断决策和有效应对，而且党的统一领导可以整合调动全社会各方的力量，形成强大的应急合力，能够让应急体制更好地发挥作用。

第二，要深化应急管理体制机制改革，推进应急管理现代化。这块有一系列的措施，我们都需要进一步去落实，这里特别要提到的就是体制机制建设方面，现在的应急管理部门发挥了巨大的作用，但是在跨部门协调方面仍然存在一些问题，我们建议设立跨部门应急管理委员会，这样可以更好地协调和解决问题。

第三，要提升基层和具体部门的应急管理能力，从风险治理、应急管理、善后恢复与反思等方面继续完善。

最后的结语，首先要敬畏大自然，要认识到风险永远走在人类进步的前面，任何时候都不能麻痹大意。其次，要认识到中国的国情，我们处于社会主义初级阶段，各地对风险的认知千差万别，思维模式和科学素养都有很大的不同，恰恰在这样的情况下，要改进学习方式，从应急事件中吸取教训。最后，要推进我国应急体制改革的深化，促进国家治理体系和治理能力现代化。

中国共产党风险与危机管理机制研究

宋劲松 卢 萌 夏 霆[*]

中国共产党成立于中华民族危难之际，其发展史本身就是一部在风险与危机应对中不断化危为机的历史。从理论上总结中国共产党的风险与危机应对机制，对于丰富危机管理理论具有重大的理论与实践意义。

一 相关研究综述和研究分析框架

（一）相关研究综述

中国共产党管理风险和危机的深邃思想和伟大实践是最近两年学术界的研究重点。相关研究大多聚焦于中国共产党应对重大风险与危机的瞩目成就，深挖经验、提炼启示，主要聚集党"做了什么"的过程和党"为什么行"的结果两大类问题。

在面向过程的研究视角中，诸多学者主要使用了历史分析法，从党史党建角度把握党历史发展的主题主线，细数党在各个时期应对风险和危机的作用成绩，归纳不同历史阶段党的行为特征和独特优势。[1] 除此之外，也有学者专研于党在某个特定时间段，或者对单个领域内存在的风险与危

---

* 宋劲松，中共中央党校（国家行政学院）应急管理培训中心教授、博士生导师；卢萌，中共中央党校（国家行政学院）研究生院博士研究生；夏霆，中共中央党校（国家行政学院）研究生院博士研究生。

[1] 高小平、刘一弘：《中国共产党的风险治理：百年回溯与理论思考》，《学海》2021年第3期；杨慧敏：《中国共产党防范风险的百年演进及其实践路径研究》，《学术探索》2021年第7期；朱正威、吴佳：《理解中国之治：中国共产党的治理语汇与韧性》，《中国行政管理》2021年第7期。

机的成功化解。①

在面向结果的研究视角上，诸多学者从国家治理能力现代化的具体工作领域出发，借助对党成功应对风险和危机的奥秘揭示，论证党取得胜利的必然性、执政的合法性，探讨执政党建设、中国特色社会主义制度发展等深层次政治问题。②

上述研究成果对了解党的历史经验、把握党的本质属性和健全应急管理工作方法均有积极作用。然而，也存在以下不足：一是在"做了什么"方面，主要从党建、党史的角度进行研究，缺乏从风险管理和危机管理视角进行系统的研究；二是在"为什么行"方面，主要从领导力、组织力进行研究，虽然有个别学者也试图从传统的风险管理和危机管理的角度进行研究，但既有的风险和危机管理框架是否适合解释中国共产党应对风险和危机"如何能行"的机制还缺乏论证。

（二）研究分析框架

1. 风险与危机管理框架

从风险到危机存在递进的演化逻辑，有学者将应急管理划分为风险管理和危机管理两个阶段。③ 但在复杂的国家治理情景中，二者很难被完全区分开。风险管理和危机管理都致力于降低危害的可能性和程度，因此基于对危机事件的发展性特征，本文选择将二者整合起来，以整体响应风险

---

① 郑敬斌：《1921 - 1949 新民主主义革命时期党经历的磨难与挑战》，《人民论坛》2020 年第 19 期；龚云：《1949 - 1978 多难兴邦：中国共产党化苦难为财富的政治智慧》，《人民论坛》2020 年第 19 期；姚桓：《1978 - 2020 改革开放以来党经受的风险及挑战》，《人民论坛》2020 年第 19 期；许门友、张文杰：《中国共产党百年来防范化解政治风险的斗争与启示》，《西安财经大学学报》2021 年第 4 期；李礼、刘佳宁：《改革开放以来金融风险的本质特征及防控启示——兼论中国共产党领导下的防控金融风险探索与实践》，《南方经济》2021 年第 7 期；粟锋：《新中国成立以来党领导人民抗击重大疫情的历史回顾与经验启示》，《思想教育研究》2020 年第 3 期。

② 胡洪彬：《化解社会风险：新中国成立 70 年来的历程、经验与启示》，《求实》2019 年第 4 期；龚维斌：《应急管理的中国模式——基于结构、过程与功能的视角》，《社会学研究》2020 年第 4 期；张小明：《党成功应对重大突发事件的四大基因》，《人民论坛》2020 年第 19 期；钟开斌：《百年来中国共产党应对风险挑战的基本历程与主要经验》，《改革》2021 年第 9 期；容志：《组织应变力：中国共产党成功应对重大风险的理论解释——以抗击新冠肺炎疫情为例》，《探索》2021 年第 3 期；王林林、双传学：《建党百年中国共产党防范政治风险的实践历程与重要经验》，《重庆社会科学》2021 年第 4 期。

③ 薛澜、周玲：《风险管理："关口再前移"的有力保障》，《中国应急管理》2007 年第 11 期。

与危机事件发展各个关键点上的管理需求。

国内学者受突发事件生命周期理论[①]的影响，也依循时间律建构风险和危机管理框架。[②] 这些框架均强调了风险和危机管理活动的动态性特征，在把握风险和危机发展规律的基础上进行有侧重点的控制。但是仍旧存在以下不足。首先，偏向活动的连续性而忽视主体的创造性，即使关口前移已成为活动重心，但是仅以"筛选、监测和诊断"识别风险要素。[③] 无法解释中国共产党从弱小时期不断战胜风险和危机成为世界上最成功大党的历程。其次，中国共产党在发展征程中，面对内部考验与外在压力的交织耦合，始终根据环境变化，以人民为中心不断调整自己的战略选择，最终通过自己的战略使风险与危机所赖以存在的环境向有利于自己的方向发展，充分掌握风险和危机管理主动权。这样极富创造力的组织行为是现有分析框架不能解释的。因此，本文试图提出一种新的、更具普适性的风险与危机管理理论分析框架。

2. "事件冲击—调整发展与安全战略—完善领导体制—加强能力建设"分析框架

中国共产党在国家内忧外患中诞生，于建党初期就有危机管理思想的萌芽。这些思想在革命斗争中生根，在新中国成立后发轫，在历代领导集体统筹规划中丰富发展，在新时代治国理政的丰富实践中创新升华，助力党实现在风险与危机环境的稳定成长。基于历史分析方法，本文搭建了一个"事件冲击—调整发展与安全战略—完善领导体制—加强能力建设"风险与危机应对机制的分析框架，总结了中国共产党应对风险和危机的一般性规律，如图1所示。该分析框架基于复杂性环境中的事件冲击，中国共

---

① Carr L. J., "Disaster and the Sequence-Pattern Concept of Social Change," *American Journal of Sociology* 2(1932): 207 – 218; Fink S., *Crisis Management: Planning for the Inevitable* (New York: American Management Association, 1986); Neal D. M., "Reconsidering the Phases of Disaster," *International Journal of Mass Emergencies and Disasters* 2(1997): 239 – 264.

② 郭捷、杨立成、孙子旭：《基于科技视角与双周期模型的我国突发事件危机管理研究——以新型冠状病毒危机事件为例》，《科技进步与对策》2020年第14期；张海波：《应急管理的全过程均衡：一个新议题》，《中国行政管理》2020年第3期；钟开斌：《重大风险防范化解能力：一个过程性框架》，《中国行政管理》2019年第12期；童星、陶鹏：《论我国应急管理机制的创新——基于源头治理、动态管理、应急处置相结合的理念》，《江海学刊》2013年第2期。

③ Home Office, *Criminal and Custodial Careers of Those Born in 1953, 1958 and 1963* (Home Office Statistical Bulletin, 1989), pp. 1 – 35.

产党既注意通过完善风险与危机管理的领导体制和加强能力建设等风险与危机管理准备工作，更注重通过调整发展战略，改善发展环境，提升中国共产党的发展韧性，最终实现中国共产党的稳定发展。

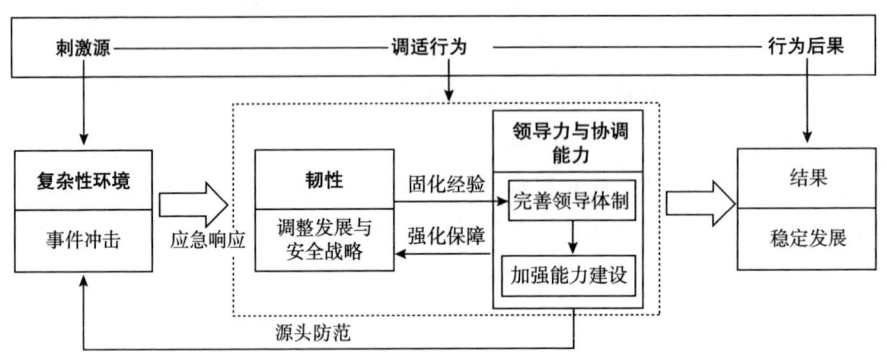

图1　风险与危机应对机制分析框架

二　中国共产党不断调整发展与安全战略

不断调整发展与安全战略是中国共产党面对风险与危机事件冲击时的应急反应，彰显了党在不确定性环境中的主动性与适应性。

（一）新民主主义革命时期中国共产党以自身生存为重点统筹发展与安全

这一时期中国共产党联合一切可以联合的力量，不断优化自身的发展环境，统筹党的事业发展与生存安全，抗战胜利后，中国共产党已经发展成为具有全国影响力的大党。但又陷入了全面内战的危机，中国共产党统筹发展与安全，在解放区适时改变过往减租减息的土地政策，做到耕者有其田，从根本上摧毁中国封建制度的根基，践行了以人民为中心的价值观。

（二）社会主义革命和建设时期统筹社会主义建设与国土安全和政治安全

新中国成立后，中国共产党领导全国人民实施社会主义改造和社会主义建设的发展战略，在全国范围内完成了土地制度改革，恢复发展工农业，国民经济在1952年底即复苏到历史最高水平，维护了政治安全。人民解放军先后参加了抗美援朝、抗美援越，维护了国土安全。同时中国共产党领导人民有效应对了 1956 年的消灭血吸虫病运动和 1976 年唐山大地震等危机事件，保障了现代化建设的物质技术基础，为实现中华民族伟大复兴提供根本政治前提、奠定制度基础做出了重要贡献。

（三）改革开放和社会主义现代化建设时期统筹改革、发展和稳定三者间的关系

在中国特色社会主义的开创与发展时期，以邓小平同志为核心的党的第二代中央领导集体坚定转移工作重点，坚持改革开放，中国特色社会主义建设成为新的发展战略。在转型期不仅要面对利益调整带来的安全复杂形势，在 20 世纪 80 年代末 90 年代初，国际形势风云变幻，苏联解体、东欧剧变。特别是我国加入 WTO 后，面临的非传统安全风险日益加剧，中国共产党在这一时期统筹"改革、发展、稳定"三者间的辩证关系，实现了我国从站起来到富起来的飞跃。在此期间，党领导人民成功应对亚洲金融危机、国际金融危机等经济风险，战胜长江和嫩江、松花江流域严重洪涝、汶川特大地震等自然灾害，战胜非典疫情，保障了我国改革开放的顺利进行，为实现中华民族伟大复兴奠定了社会稳定基础。

（四）中国特色社会主义进入新时代以新发展格局和总体国家安全观统筹发展与国家安全

党的十八大以来，我国经济发展进入"新常态"，社会结构深度调整，面临着传统安全和非传统安全交织下的经济金融风险、公共卫生风险和恐怖主义风险等。2014 年，习近平总书记强调："要准确把握国家安全形势变化新特点新趋势，坚持总体国家安全观，走出一条中国特色国家安全道路"[①]。这一时期，以习近平同志为核心的党中央战胜一系列重大风险挑战。加强防灾减灾救灾和安全生产工作，加强国家应急管理体系和能力建设；坚持和发展新时代"枫桥经验"，完善信访制度，健全社会矛盾纠纷多元预防调处化解综合机制，加强社会治安综合治理，防范和打击暴力恐怖、新型网络犯罪、跨国犯罪。为中华民族从富起来到强起来的伟大飞跃奠定了社会安全基础。2021 年，党中央明确提出加快构建"以国内大循环

[①] 《习近平谈治国理政》，外文出版社，2014，第 200 页。

为主体、国内国际双循环相互促进的新发展格局"①，统筹发展与安全战略，以应对百年未有之大变局。

中国共产党在统筹发展与安全中，始终以人民为中心。人民立场是中国共产党的根本政治立场，一切为了人民，一切依靠人民，群众路线是中国共产党的生命线和根本工作路线，这是中国共产党始终能破解困局的关键所在。

三 中国共产党不断完善风险与危机管理的领导体制

领导体制作为组织基础，是应对风险和危机的组织保障。中国共产党在调整发展安全战略的同时，不断完善风险和危机应对的领导体制，充分发挥了自身的政治优势、组织优势和制度优势。

（一）新民主主义革命时期加强对防范化解风险与危机工作的领导是党的核心工作

1928年党的六大统一了全党的思想，新通过的党章详细规定了民主集中制的内容。1929年在红军生死存亡紧要关头召开的古田会议提出了军队必须绝对服从党的领导的原则，并要求"厉行集中指导下的民主生活"②。1935年的遵义会议在极其危急的情况下开启了党独立自主解决中国革命实际问题的新阶段。1937年洛川会议强调抗日统一战线中无产阶级的领导权，1938年六届六中全会强调统一战线中的独立自主，要求既统一又独立。1945年党的七大提出"放手发动群众，壮大人民力量，在我党的领导下，打败日本侵略者，解放全国人民，建立一个新民主主义的中国"③。国民党发动全面内战后，中国共产党适时地提出在国民党统治区人民争生存斗争的基础上，建立"反卖国、反内战、反独裁"的广大阵线。辽沈、淮海、平津三大战役的胜利，既是毛泽东思想的伟大胜利，也是人民战争的伟大胜利，在党的领导下，人民以无比巨大的热情，以源源不断的人力物力给予前线空前规模的支援。

---

① 《习近平谈治国理政》第4卷，外文出版社，2022，第218页。
② 《毛泽东军事文集》第1卷，军事科学出版社、中央文献出版社，1993，第89页。
③ 《建党以来重要文献选编（1921~1949）》第22册，中央文献出版社，2011，第198页。

（二）新中国成立后不断完善党对防范化解风险与危机工作的领导体制

新中国成立后，党中央将巩固国防与捍卫主权和领土完整的任务摆在了突出的位置，人民解放军逐步实行由单一军种向诸军兵种合成军队的战略转变。

新中国成立初期，党和国家就高度重视防灾减灾、安全生产、传染病防治和社会安全等工作。在改革开放前，借鉴苏联体制模式，形成了分部门加专业辅助性管理机构体制，例如，1950年成立中央救灾委员会，作为救灾领导协调机构。[①] 1949年10月，在政务院文化教育委员会下设卫生部，主管全国卫生防疫[②]，1952年，改组成立新的中央防疫委员会，不久改称"中央爱国卫生运动委员会"。1950年成立中央防汛总指挥部。事故灾难管理体制方面，1970年，安全生产列入劳动保护范畴。社会安全管理体制方面，1949年后，列入"政法口"的机关主要有公安部、最高检察署、最高法院、内务部、人民监察委员会（监察部）、司法部等。1958年设立隶属政治局、中央书记处的中央政法小组，1966年"文化大革命"开始后，被列入政法口的各机关中断。[③]

新中国成立初期这些突发事件的应对由高层领导牵头，设立议事协调机构和临时指挥部作为非常设机构进行总体指挥，集中一切力量化解灾害风险。如在1956年消灭血吸虫运动中，中央设立防治血吸虫病九人领导小组，成功打赢"瘟神"阻击战。

改革开放后，风险源头增多，呈现更大的跨界复合性，经济、政治等方面的风险和危机日益成为重点。风险和危机管理机构数量超出同期其他机构。[④] 20世纪80年代末以来，我国成立了国家减灾委员会、国务院抗震救灾指挥部、国家森林防火指挥部等自然灾害议事协调机构，统一指挥协调重大自然灾害事件预防处置工作；随着我国经济不断发展，成为世界制造业大国，我国的安全生产风险管理机构由1982年国家劳动总局下设矿山

[①] 《中央救灾委员会组织简则》，《中华人民共和国国务院公报》，1957。
[②] 《中华人民共和国中央人民政府组织法》，《湖南政报》1949年第1期。
[③] 刘忠：《政法委的构成与运作》，《环球法律评论》2017年第3期。
[④] 钟开斌：《中国应急预案体系建设的四个基本问题》，《政治学研究》2012年第6期。

安全监察局负责①，发展到 2005 年的国家安全生产监督管理总局负责。1998 年卫生部专设疾病控制司，作为全国爱卫会办事机构②，2002 年组建中国疾病预防控制中心。1978 年 6 月中央决定重设中央政法小组，1980 年 1 月中央政法委成立，1983 年，将中央调查部与公安部反间谍等职能的局合并，设立国家安全部，1983 年，军委将担负内卫执勤任务的地方部队和警卫目标全部移交公安部，1991 年中央决定成立社会治安综合治理委员会，下设办公室，同政法委合署办公。1990 年后，中共中央要求"各级政法委员会都要有同级人民政府负责人中的一位副职参加"③。2003 年 SARS 后，综合性应急管理体系建设提上议事日程，2005 年，在国务院办公厅设立了国务院应急管理办公室，各级地方政府也陆续成立了应急办。2007 年，我国出台《突发事件应对法》，初步形成"统一领导、综合协调、分类管理、分级负责、属地管理为主"的应急管理体制。

2012 年以后，面对百年未有之大变局，习近平总书记提出总体国家安全观，统筹发展与安全。我国的国防和军队改革取得历史性突破，形成军委管总、战区主战、军种主建新格局。另外，我国的应急管理体制进行了重大调整。2018 年党和国家机构改革，整合自然灾害、事故灾难等应急管理 13 项相关职能，组建应急管理部，作为国务院的组成部门。各级地方政府也建立了各自的应急管理部门，完善了突发事件应急管理部门间的协调关系，初步确立了"统一指挥、专常兼备、反应灵敏、上下联动"的应急管理体制。

中国共产党在各类安全风险与危机冲击下，始终坚持底线思维，不断完善风险与危机管理的领导体制。

（三）中国共产党在风险与危机管理中重视对统一战线的领导

毛泽东在 1939 年指出："统一战线，武装斗争，党的建设，是中国共产党在中国革命中战胜敌人的三个法宝。"④ 中国共产党成立之初，就从工

---

① 《国务院办公厅关于印发国家安全生产监督管理总局主要职责内设机构和人员编制规定的通知》，《中华人民共和国国务院公报》，2005。
② 《中华人民共和国中央人民政府组织法》，《湖南政报》1949 年第 1 期。
③ 刘忠：《政法委的构成与运作》，《环球法律评论》2017 年第 3 期。
④ 《毛泽东选集》第 2 卷，人民出版社，1991，第 606 页。

人运动中认识到危机应对中同盟者的重要性,第一次国共合作为大革命开创了新局面。"九一八"事变后,进行了第二次国共合作。卢沟桥事变后,中国共产党坚持全面抗战路线和独立自主原则,广泛发动群众,取得抗日战争的完全胜利。在蒋介石发动全面内战后,中国共产党领导各解放区开展轰轰烈烈的土地改革运动,也在国统区建立起了最广大的人民民主统一战线,领导亿万人民解放了全中国。

新中国成立后,社会主义集中力量办大事的优势在防范和化解风险与危机方面不断彰显。在社会主义建设的不同时期,中国共产党通过广泛动员,依靠人民群众,有效应对了一次次突发事件,使统一战线这一法宝在新的历史时期有了新的生命力。在1956年消灭血吸虫运动中,中国共产党依靠自上而下的强大动员能力,成功打赢"瘟神"阻击战。"党委领导、政府负责、民主协商、社会协同、公众参与、法治保障、科技支撑"[①] 的中国特色社会主义社会治理体系已成为防范和化解风险的基础。

四 加强应对风险与危机的能力建设

应对风险与危机,需要正确的价值观、领导协调和能力三者的有效结合。中国共产党坚持以人民为中心的正确价值观,不断完善领导体制、提高领导协调力,同时也不断加强能力建设。中国共产党在经历了成立初期领导工人运动失败的教训后,在革命时期不断加强军队能力的建设,在新中国成立后,不断加强各类专业队伍、物资储备和有效应对危机的科技能力建设。

(一) 重视防范和化解风险与危机的队伍能力建设

孙中山先生逝世后,国共合作遇到巨大危机。在深刻吸取教训的基础上,以毛泽东同志为代表的中国共产党从中国国情出发,化危为机,在革命的至暗时刻探索出工农武装割据的胜利道路。南昌起义标志着中国共产党独立领导革命战争、创建人民军队和武装夺取政权的开始。此后,在农村包围城市、夺取全国胜利的新民主主义革命之路上,军队成为党化解风险与危机的坚强柱石。新中国成立后,人民解放军走向正规化,不断优化规模结构和力量编成,已发展成为多兵种联合、基本实现机械化、加快迈

---

① 《十九大以来重要文献选编》(中),中央文献出版社,2021,第287页。

向信息化的国防力量,做好随时遂行作战和非战争军事行动任务准备,与人民武装警察部队相互配合,共同筑牢党应对重大安全风险和突发危机的可靠屏障。

迈入21世纪,面对风险社会,在党的领导下,我国形成了政府主导下多力量整合的应急救援力量管理模式,专业救援队伍的应急管理组织体系与指挥协调机构得到整体加强。2018年新组建成立的应急管理部整合了我国应急救援力量,消防队伍完成集体转制,成为职业化的综合性常备应急骨干力量。企业专职消防队伍、志愿消防员队伍作为辅助和补充,形成了以国家综合性消防救援队伍为龙头的"一体两翼"应急救援专业力量格局。

(二) 充分发挥科学技术在应对风险与危机中的作用

中国共产党始终高度重视科技创新在国家战略发展中的基础性、引领性地位,力求充分发挥科技对风险预防与准备、监测与预警、应急响应和处置以及应急恢复和重建的支撑作用。

以毛泽东同志为核心的第一代党中央领导集体视科技为维护国家安全和民族独立的重要支撑,确立了"科技立国"的思想。1956年,发出号召"向科学进军",制定出我国首个长期科学技术发展规划,多项与灾害预报、卫生治疗等相关的重大科技任务就此拟定,我国科技走上党和国家统一领导的远景规划和短期计划相结合的发展道路。

科技实力在应对和处置传染病疫情、地质灾害、环境污染、国防安全等重大问题方面的重要保障作用也日益彰显。

(三) 加强物资保障能力建设

"兵马未动,粮草先行",物资保障是风险与危机应对的重要基础。抗战进入相持阶段后,中国共产党领导的敌后抗日根据地粮食等日常生活必需品供应极度紧张。为克服困难,毛泽东同志1939年提出"自己动手",之后党中央再次强调"生产自救",大规模生产运动在各根据地、各阶级掀起,实现了"自己动手、丰衣足食",有力地支持了敌后抗日。20世纪60~70年代,党中央决策开展了以加强国防为中心的战略大后方建设,即三线建设,为应对当时极为复杂的国际形势提供战备物资保障。

在当今百年未有之大变局下,我们坚持总体国家安全观,重视应急物资的及时供应与合理分配。我国已经建立了中央救灾物资储备库,在统筹调配国家救灾资源方面发挥着主体功能;各地综合考虑区域灾害特点、自然地理条件、人口分布、生产力布局、交通运输实际等,科学评估,统一规划,采取新建、改扩建和代储等方式,因地制宜,统筹推进各级应急物资储备库(点)建设,形成以中央储备为核心、省级储备为支撑、市县级储备为依托、乡镇和社区储备为补充的全国救灾物资储备体系,确保应急期间储备物资能够调得出、用得上、不误事。

五 结论

"我们党近百年来所付出的一切努力、进行的一切斗争、作出的一切牺牲,都是为了人民幸福和民族复兴。正是由于始终坚守这个初心和使命,我们党才能在极端困境中发展壮大,才能在濒临绝境中突出重围,才能在困顿逆境中毅然奋起。"[1]

本文表明,中国共产党在风险与危机事件的冲击下,始终坚持马克思主义与中国实践相结合,以人民为中心,不断调整自身和国家的发展与安全战略,在此基础上,不断加强领导力和保障能力建设。这一风险与危机应对机制有效地实现了正确的价值观、领导协调力和能力三者的有效结合。与传统的风险管理和危机管理理论相比,这样的应对不再是被动地应急处突,而是通过发展战略的调整,主动改变了自身和国家发展与安全的外部环境,既提高了党自身的韧性,也降低了风险与危机的冲击力,保障了党和国家的长期稳定发展。中国共产党的风险与危机管理机制不仅对国家和政党的危机管理有着重要的启示,而且对一般的社会组织或企业的危机管理也有着重要的指导意义。

---

[1] 《习近平谈治国理政》第3卷,外文出版社,2020,第538页。

总体国家安全观下的安全生产转型：
从"兜底结构"到"牵引结构"

张海波[*]

本文主要探讨的是党的十八大以来国家推进安全生产转型的实践，以及如何基于实践来进行理论的表达。

党的十八大之后，国家对安全生产问题非常重视，尤其在几起特别重大的安全生产事故之后，习近平总书记都有批示，包括2013年的德惠大火、青岛输油管线泄漏爆燃事故、2014年上海外滩踩踏事故、2015年天津港爆炸事故、2019年响水化园爆炸事故，等等。经过持续努力，目前已经建立了最为严格的安全生产责任体系。

从研究的角度来看，最关键的是研究问题的提出。我们如何找到现象背后的科学问题。2018年应急管理部的成立，一个主要的目的就是强化风险的预防。我们发现了一个很值得关注的现象，就是从应急管理部到各级地方政府的应急管理部门，主要的负责人很多来自公安部门。这就不可避免地涉及两种安全观的冲突，或者说是两种安全观的整合。因为，其实公安部门也负责公共安全管理，原来的国家安全生产监管总局也负责公共安全管理；但二者不同的是，这两个部门翻译使用的"安全"的英文不是一个词，公安部门更多使用的是"security"，主要指人为原因造成的安全威胁；而国家安全生产监管总局的英文翻译通常是"State Administration of Work Safety"，主要指公共场所和公共环境的安全。由公安部门的领导来推动应急管理工作，尤其是安全生产工作，不可避免地会产生两种安全观的整合问题，这就是现象背后的理论问题。

这些年，我们在领导干部的培训中，也真切地感受到两种安全生产观的冲突，我们能感受到，安监系统对安全生产的理解和公安系统对安全生

---

[*] 张海波，南京大学政府管理学院副院长、教授，国家社科基金重大项目首席专家。

产的理解可能并不一致，这样就涉及在这背后的更深层次问题：我们长期以来对安全生产的理解主要还是来自安全科学与工程学科的知识支撑。按照党的十八大之后中央对安全生产工作的要求，安全生产就不再是安全科学与工程单一学科的知识体系所能完全解释的，而需要发展新的知识体系，涵盖以下四个维度。

第一是如何理解安全的问题。可以看到，这两套知识体系的逻辑起点都在于怎么定义安全，安全科学将"safety"定义为社会风险可接受，但非传统安全研究将"security"定义为价值的实现不受威胁。

第二是谁来管安全的问题。如果我们将安全生产仅仅理解为一个企业管理问题的话，企业是安全生产的主体，我们主要涉及保障公共场所和公共环境的安全。如果把它理解为非传统安全问题，它是政府需要保障的个体、国家和国际体系的安全，而且这三者之间是相互关联的，要实现任何一个层面的安全，需要考虑到其他层面的安全，是以其他层面的安全为前提的。

第三是如何实现安全的问题。传统对安全生产的理解就是把安全生产作为企业管理的一个环节，更多关注的是行为、组织管理。如果我们站在非传统安全意义上理解，就是政治资源的分配。我们可以看到，非传统安全观念的兴起在本质上就是要求将以前以国家安全、军事安全为主线的政治资源分配导向民生领域。

第四是是否足够安全的问题。原来我们将安全生产理解为企业的成本投入，一旦投入成本过高，企业就不太愿意。现在我们站在非传统安全意义上理解，更多的是公众对安全的需要。

所以在如何定义安全、谁来保障安全、怎样实现安全、是否足够安全等最基础的问题上，至少形成了两种关于安全生产的理解：一种是安全科学与工程理解，将安全生产理解为一个企业管理问题；另一种是政治学的理解，将安全生产理解为非传统安全。党的十八大之后提出总体国家安全观，统摄一切关于安全问题的理解，总体国家安全观实际上是用非传统安全这样一个理念来把传统安全、非传统安全以及所有的包括生产安全、公共安全问题都统一到这上面来，也就是我们今天理解的人民至上、生命至上的价值理念。

这是我们从现实当中可以感觉到的两种安全生产的知识体系的碰撞。我们所说的安全生产转型，是党的十八大以来前所未有的重视安全生产的工作来推动的,对安全生产的理解从管理问题转向非传统安全问题,具体包括:在定义安全方面,凸显安全生产的政治属性;在谁来保障安全方面,强化安全生产的政府职责;在怎样实现安全方面,增加安全生产政策注意力的配置;在是否足够安全方面,考虑的不是企业运营,而是怎么来提高公众安全感知度。我们把它称为安全生产的转型,不是在哪一个维度发生的变化,安全生产工作发生一个整体性的变化,就是它对安全生产基础的理解发生变化,这种基础理解的变化带来了四个层面的转变。

我们可以看到在所有的转变背后,最重要的转变是一种结构性的转变。结构性的转变是更本质的,这种结构性的转变我们如果进一步去挖掘的话,就是面向公众安全需求的政企关系的转变。党的十九大报告提出,使"人民群众获得感、幸福感、安全感更加充实、更有保障、更可持续"①,首次将安全感作为治理效能的评判标准。尽管我们以前非常强调安全生产的企业主体责任,但是最终如果企业出了安全生产事故,政府能不能免责呢?实际上并不能,社会舆论还是会对准政府。就算我们去反复强调企业的主体责任,但企业发生了重大的安全事故之后,最后承担兜底责任的依然是政府。政府主动推动安全生产工作,减少安全生产事故,可以使政府赢得更多的信任或者减少信任流失。所以这背后应该是政府和企业之间的关系发生了转变,而这种转变我们把它叫作从兜底结构转向牵引结构。

短期来看,化工围城、城围化工的问题非常突出,尽管"非典"之后,政府强化应急响应;在 2015 年天津爆炸等特别重大事故中,政府响应也做出了巨大的努力的,但是实际上效果不太好,最后不得不反复承担兜底责任。我们必须要发挥更大的自主性,发挥牵引作用,推动企业发挥主体责任。从长期来看,不仅仅是解决当前的问题,更多的是面向全球风险社会的结构性治理。

上述主要是一种理论上的判断,江苏发生的"3·21"响水爆炸事件正好提供了这样一个可以观察和验证的案例。从如何理解安全的角度来看,江苏强化了生产安全是发展的红线的理念,争当安全发展的表率。从谁来负责安全的角度来看,"3·21"之后的整改高度凸显了安全生产的政治属性,强化了政府职责。从怎样实现安全的角度来看,江苏提升了安全

---

① 《习近平关于总体国家安全观论述摘编》,中央文献出版社,2018,第 153 页。

生产政策注意力，安全生产工作从原来比较边缘的工作成为江苏各级领导干部的头等大事。从是否足够安全的角度来看，江苏提升了安全生产公众感知度。整改提出四个目标：坚决杜绝重特大风险事件的发生、减少转化为重大事故的事件、消除一批安全隐患、提升本质安全水平，均得以实现。因此，从江苏这样一个样本来看，我们推动安全生产的转型，确实与我们的理论思考一致。

最后，安全生产的转型至少要从三个方面认真思考。

第一个维度，政府职责边界的重新认定。我们原来讲企业安全生产主体责任，现在政府在这里面发挥了很重要的牵引作用，实际上就意味着政府扩权。这种扩权与应急管理的兴起是密不可分的，从应急管理兴起的大背景来看，最后的公共安全职责是政府必须承担的职责，而政府要承担起这样的职责必须要扩权，这是全世界普遍的现象。在 2001 年"9·11"事件之后，美国政府也在扩权，尽管扩权非常艰难，但实际上我们可以看到 2018 年出台了一系列政策，都是想通过政府牵引来实现这一点。所以应急管理还要面临如何更好地平衡政府权力这一问题。

第二个维度就是全球风险社会治理的路径选择。价值选择重于制度设计，这也是风险社会理论的观点。

第三个维度就是应急管理本质的结构性定义。政府主导、企业主体这双重作用都发挥出来，我们的安全生产才能顺利实现。

第三编

统筹发展和安全研究

深入学习贯彻习近平生态文明思想，严守生态环境安全底线[*]

翟 青[**]

2021年2月，习近平总书记在党史学习教育动员大会上指出："我们要抓住建党一百年这个重要节点，从具有许多新的历史特点的伟大斗争出发，总结运用党在不同历史时期成功应对风险挑战的丰富经验"[①]。在党的十九届六中全会胜利闭幕之际，中共中央党校以"百年党史中的重大风险防范化解"为主题，举办这次中国应急管理创新论坛，非常有意义，这既是党史学习教育武装头脑、指导实践、推动工作的具体体现，也是学习贯彻党的十九届六中全会精神的务实举措。

一 深刻认识重大风险防范化解重要意义

习近平总书记高度重视防范化解重大风险相关工作，多次强调增强忧患意识，防范风险挑战。2019年1月21日，习近平总书记在中共中央党校省部级主要领导干部专题研讨班开班式上强调："深刻认识和准确把握外部环境的深刻变化和我国改革发展稳定面临的新情况新问题新挑战，坚持底线思维，增强忧患意识，提高防控能力，着力防范化解重大风险，保持经济持续健康发展和社会大局稳定"[②]。2021年1月11日，习近平总书记在中共中央党校专题研讨班开班式上指出："随着我国社会主要矛盾变化和国际力量对比深刻调整，必须增强忧患意识、坚持底线思维，随时准备应对更加复杂困难的局面"[③]。

---

[*] 本文根据作者在"中国应急管理创新论坛（2021）"上的主题演讲整理。
[**] 翟青，生态环境部副部长。
[①] 《习近平谈治国理政》第4卷，外文出版社，2022，第513页。
[②] 《习近平谈治国理政》第3卷，外文出版社，2020，第219页。
[③] 《习近平谈治国理政》第4卷，外文出版社，2022，第172页。

党的十九届六中全会通过了《中共中央关于党的百年奋斗重大成就和历史经验的决议》，全面总结党的百年奋斗重大成就和历史经验，充分肯定新时代加强国家应急管理体系和能力建设成效。

生态环境安全是重大风险防范化解的重要内容。习近平总书记始终高度重视生态环境安全，在 2018 年 5 月召开的全国生态环境保护大会上强调："要始终保持高度警觉，防止各类生态环境风险积聚扩散，做好应对任何形式生态环境风险挑战的准备"①。

近年来，针对一些重大生态环境事件，习近平总书记多次作出重要指示批示。2015 年 8 月 12 日，天津港特别重大火灾爆炸事故发生后，习近平总书记作出重要指示，要求加强环境监测，严防发生重大环境污染事故。2019 年 3 月 21 日江苏响水特别重大爆炸事故发生后，习近平总书记明确要求加强监测预警，防控发生环境污染，严防发生次生灾害。习近平总书记还先后对 2018 年洪泽湖跨界水污染事件、2020 年黑龙江伊春鹿鸣矿业尾矿库泄漏事故等作出重要指示批示。

习近平总书记一系列重要指示批示，为做好生态环境风险防控工作提供了根本遵循，必须坚决贯彻落实习近平总书记重要指示批示精神，不断增强责任意识，强化底线思维，坚决防范生态环境领域重大风险，确保生态环境安全。

二 防控环境风险是深入打好污染防治攻坚战的必然要求

污染防治攻坚战作为全面建成小康社会决胜时期的"三大攻坚战"之一，是以习近平同志为核心的党中央着眼党和国家发展全局，顺应人民群众对美好生活的期待作出的重大战略部署。在党中央、国务院的坚强领导下，在各地区各部门的共同努力下，攻坚战阶段性目标任务圆满完成，生态环境明显改善，人民群众获得感显著增强。

作为攻坚战的重要内容，环境应急管理工作扎实推进，管理体系不断完善，应急能力持续提升，一批重大及敏感突发环境事件得到稳妥处置。天津港"8·12"特别重大火灾爆炸事故、江苏响水"3·21"特别重大爆炸事故、河南南阳淇河污染事件、黑龙江伊春鹿鸣矿业尾矿库泄漏事故、新疆伊犁 G218 国道邻甲酚罐车泄漏事故等一批重大事件，因处置及时有

---

① 《十九大以来重要文献选编》（上），中央文献出版社，2019，第 457 页。

效,没有对周边生态环境造成大的影响,有力保障了生态环境安全。

同时也要看到,环境应急管理工作与中央要求和人民群众的期望还有较大差距。生态环境事件多发频发的态势没有根本改变,生态环境安全形势依然严峻。一方面,环境风险隐患依然突出。据有关调研数据,全国有不少人居住在涉危险化学品和重金属企业1公里范围内,环境风险源与居民集聚区、水源地等生态环境敏感目标犬牙交错;多数化工园区、企业依水而建,沿江、沿河10公里范围内风险企业还有不少;有不少尾矿库位于江河上游。另一方面,突发环境事件依然多发频发。"十三五"期间,全国共发生1300多起突发环境事件。2021年前三季度发生突发环境事件170起,与2020年同期(171起)持平,相较2019年同期(209起)尽管有所减少,但仍处于高位,对我国生态环境安全形成很大压力。

"十四五"时期,我国生态环境保护进入环境质量改善由量变到质变的关键时期。党中央、国务院印发《关于深入打好污染防治攻坚战的意见》,在总结拓展"十三五"污染防治攻坚战经验做法的基础上,根据"十四五"新任务新要求,以更高标准打好蓝天、碧水、净土保卫战,切实维护生态环境安全。从"十三五"坚决打好污染防治攻坚战,到"十四五"深入打好污染防治攻坚战,触及的矛盾问题层次更深、领域更广,要求也更高。《关于深入打好污染防治攻坚战的意见》强调,要严密防控环境风险,完善环境应急管理体系,并就重点领域环境风险调查评估、污染事件防控与处置、强化应急能力建设等工作作出具体部署,为做好"十四五"时期的环境应急管理进一步明确了目标任务。

三 不断提升环境应急管理水平

环境应急管理始终秉持开拓创新精神,不断总结经验,提升工作水平。在突发环境事件处置实践中,提炼出一套成熟的工作思路与方式方法,主要包括以下几个。

一是总结提炼"南阳实践"。这是从2018年河南南阳淇河污染事件成功处置经验中总结出来的,核心是"以空间换时间"。水污染事件发生后,及时采取措施利用湖库坑塘、水道洼地、建设临时库坝等因地制宜截留迟滞污染团,形成受污染水体的应急暂存"空间",为应急处置赢得"时间"。

"南阳实践"源于实践,经过实践检验证明是一套成熟有效的环境应急工作方法,在多次应急处置中发挥了非常有效的指导作用。例如,2020

年黑龙江伊春鹿鸣矿业尾矿库泄漏事故，近250万方尾矿砂水泄漏，钼浓度最高超标80倍，是我国近20年来尾矿泄漏量最大、对水生态影响最大、应急处置难度最大的事件。按照"南阳实践"思路，现场处置及时截断污染源头，迟滞污染下泄，多级投药降污，实现了"不让超标污水进入松花江"的目标，避免了第二次松花江污染事件的发生。

为推动各地做好应急准备，生态环境部已印发《流域突发水污染事件环境应急"南阳实践"实施技术指南》，"十四五"时期将按照"找空间、定方案、抓演练"思路，完成重点河流"南阳实践"调查工作，编制"一河一策一图"。同时，配合中共中央党校（国家行政学院）将"南阳实践"纳入"环境应急管理厅（局）长培训班"课程，取得了很好效果。下一步，将继续配合中共中央党校（国家行政学院）做好环境应急领域业务培训。

二是加强应急工作规范化建设。包括应急力量建设规范化、应急处置关键环节规范化以及应急物资准备规范化。加强应急力量的规范化建设。生态环境部准备"3＋1支应急队伍"，满足同时应对3起陆上、1起海上应急事件处置的需要，随时待命，闻令而动。加强应急事件现场处置的标准化规范化建设。对应急现场处置关键环节，包括应急目标确立、技术方案选取、监测力量调配、监测点位布局、数据分析研判、措施盯办落实等各个环节实现标准化、规范化建设，建立健全工作规范和技术模板，做到有章可循、有据可依，切实提高应急处置能力和水平，还包括必要的物资准备规范化，掌握相关应急物资生产储备信息，知道谁在生产、产量多少、哪里有储备，及时满足应急处置需要。

三是注重发挥专家作用。环境应急是一项专业性很强的工作。一方面，着重强化系统内专业队伍建设。经中央编办批准，生态环境部生态环境应急研究所在2021年9月正式挂牌成立，充分体现了党中央对生态环境应急工作的高度重视。另一方面，将各领域专家纳入生态环境应急专家库，充分发挥专家的专业优势与保障作用。

试论统筹发展和安全思想的脉络、内涵与着力点

张 伟[*]

进入新发展阶段，我国内外环境发生深刻变化，面临许多新的重大理论和实践问题，需要正确认识和把握。其中，统筹发展和安全是党的十八大后最新形成、经过实践检验的原创性理论，同其他一系列理论成果融会贯通，共同组成习近平新时代中国特色社会主义思想体系。在当前开启全面建设社会主义现代化国家新征程、向第二个百年奋斗目标进军的新发展阶段，领导干部迫切需要提高统筹发展和安全的能力，应对化解各类内外联动、累积叠加的风险挑战，推动我国各项经济社会事业更好向前发展。

一 统筹发展和安全的实践与思想脉络

新中国成立后，我们党领导人民战胜政治、经济、军事等方面一系列严峻挑战，基本完成了社会主义改造，在错综复杂的国内国际环境中站稳了脚跟。经过实施几个五年计划，我国建立起独立自主的比较完整的工业体系和国民经济体系。同时，在推进社会主义建设时经历了严重曲折，提出并错误执行了"抓革命、促生产"等基本治国理念。

改革开放和社会主义现代化建设时期，实现了党和国家工作中心战略转移，坚持以经济建设为中心，改革发展稳定问题贯穿始终。以邓小平、江泽民、胡锦涛等为主要代表的中国共产党人，先后提出过"发展是硬道理""稳定压倒一切""正确处理好改革发展稳定的关系""发展是硬道理，稳定是硬任务"等重要论述。

党的十八大前，安全生产领域提出"安全发展"理念。2005年10月，

---

[*] 张伟，中共中央党校（国家行政学院）应急管理培训中心（中欧应急管理学院）副主任（副院长），博士生导师，教授。

党的十六届五中全会审议通过的《中共中央关于制定国民经济和社会发展第十四个五年规划的建议》，其中写入了"安全发展"。需要指出的是，这期间的"安全发展"主要局限在安全生产领域，包括生命安全和健康保障。在发展和安全的关系上，主要强调以安全为条件、以发展为目的，两者并重、统筹的认识上存在不足。

2002～2007年习近平在浙江工作期间，走在全国前列，系统提出并实施了"平安浙江"建设，在统筹发展和安全上做了积极探索。首先，"平安浙江"是"大平安"，不是狭义的社会治安，至少包含政治安全、治安安全、信访安全、经济安全、生产安全、公共安全"六个安全"。其次，"平安浙江"是综合系统工程，着眼于与经济、政治、文化、社会建设之间的有机统一和内在联系，综合考虑各方面对社会和谐稳定的影响，使之统筹兼顾，同步推进。最后，"平安浙江"探索了发展和平安的辩证关系。"不能以为我们现在强调'平安'，改革与发展就可以放松了；更不能以为在改革与发展的过程中出现了一些影响'平安'的问题，就因噎废食，不事改革，不抓发展。"[1]

党的十八大后，对发展和安全辩证关系的认识更加深入。2014年2月27日，习近平总书记在中央网信领导小组第一次会议的讲话中谈道，"网络安全和信息化是一体之两翼、驱动之双轮"[2]。2014年4月15日，习近平总书记主持召开中央国家安全委员会第一次全体会议，提出总体国家安全观并强调"既重视发展问题，又重视安全问题，发展是安全的基础，安全是发展的条件，富国才能强兵，强兵才能卫国"[3]；2015年1月23日，习近平总书记在中央政治局审议通过《国家安全战略纲要》时提出"在发展和改革开放中促安全"[4]。2014年5月21日，习近平主席在亚洲相互协作与信任措施会议第四次峰会上作主旨发言，提出"发展是安全的基础，安全是发展的条件。贫瘠的土地上长不成和平的大树，连天的烽火中结不出发展的硕果。对亚洲大多数国家来说，发展就是最大安全，也是解决地

---

[1] 习近平：《干在实处走在前列——推进浙江新发展的思考与实践》，中共中央党校出版社，2016，第274页。
[2] 《习近平谈治国理政》，外文出版社，2014，第197页。
[3] 《习近平谈治国理政》，外文出版社，2014，第201页。
[4] 《中共中央政治局召开会议审议通过〈国家安全战略纲要〉》，《人民日报》2015年1月24日。

区安全问题的总钥匙"①。2016年1月18日，习近平总书记在省部级主要领导干部学习贯彻党的十八届五中全会精神专题研讨班上发表重要讲话，提出"推动创新发展、协调发展、绿色发展、开放发展、共享发展，前提都是国家安全、社会稳定。没有安全和稳定，一切都无从谈起"②。

党的十九大后，正式提出了"统筹"发展和安全理念。2017年，党的十九大报告明确提出："统筹发展和安全，增强忧患意识，做到居安思危，是我们党治国理政的一个重大原则"③。2018年4月17日，习近平总书记主持召开十九届中央国家安全委员会第一次会议并发表重要讲话，提出"必须坚持统筹发展和安全两件大事"，"既要善于运用发展成果夯实国家安全的实力基础，又要善于塑造有利于经济社会发展的安全环境"。④ 2019年1月21日，习近平在省部级主要领导干部坚持底线思维着力防范化解重大风险专题研讨班开班式上发表重要讲话指出："要统筹国内国际两个大局、发展安全两件大事，既聚焦重点、又统揽全局，有效防范各类风险连锁联动"⑤。2019年10月31日，党的十九届四中全会通过的《中共中央关于坚持和完善中国特色社会主义制度　推进国家治理体系和治理能力现代化若干重大问题的决定》明确要求"坚持总体国家安全观，统筹发展和安全"⑥。

2020年前后，围绕"十四五"规划的研究制定学习和新冠肺炎防控工作，提出了统筹发展和安全"理论"并进行了系统阐释。2020年2月23日，中央召开"统筹推进新冠肺炎疫情防控和经济社会发展工作部署会议"，习近平总书记在讲话中做了专门论述："经济社会是一个动态循环系统，不能长时间停摆。在确保疫情防控到位的前提下，推动非疫情防控重点地区企事业单位复工复产，恢复生产生活秩序"⑦。2020年7月30日，习近平总书记主持中共中央政治局会议，强调要"坚定不移贯彻新发展理念，统筹发展和安全"，"加强前瞻性思考、全局性谋划、战略性布局、整

---

① 《习近平谈治国理政》，外文出版社，2014，第356页。
② 《习近平谈治国理政》第2卷，外文出版社，2017，第222页。
③ 《习近平谈治国理政》第3卷，外文出版社，2020，第19页。
④ 《习近平谈治国理政》第3卷，外文出版社，2020，第218页。
⑤ 《习近平谈治国理政》第3卷，外文出版社，2020，第222页。
⑥ 《中共中央关于坚持和完善中国特色社会主义制度　推进国家治理体系和治理能力现代化若干重大问题的决定》，《人民日报》2019年11月6日，第1版。
⑦ 《习近平谈治国理政》第4卷，外文出版社，2022，第93页。

体性推进，统筹国内国际两个大局，办好发展安全两件大事，坚持全国一盘棋，更好发挥中央、地方和各方面积极性，着力固根基、扬优势、补短板、强弱项，注重防范化解重大风险挑战，实现发展质量、结构、规模、速度、效益、安全相统一"①；同时，在党的十九大报告"实现更高质量、更有效率、更加公平、更可持续的发展"②的论述基础上，增加了"更为安全"的新论述。③ 2020年8月24日，为研究制定"十四五"规划，在经济社会领域专家座谈会上，习近平总书记总结梳理了改革开放以来的11项重大理论创新，其中包括"关于统筹发展和安全的理论"。④ 2020年10月26日至29日，中国共产党第十九届中央委员会第五次全体会议举行，通过了《中共中央关于制定国民经济和社会发展第十四个五年规划和二〇三五年远景目标的建议》，首次把统筹发展和安全纳入"十四五"时期我国经济社会发展的指导思想，并列专章作出战略部署。2020年12月16日至18日，习近平总书记在中央经济工作会议上再次强调"要抓好发展和安全两件大事"。⑤

进入2021年，建党百年之际，以史为鉴，统筹发展和安全成为习近平新时代中国特色社会主义思想的基本论述。2021年1月11日，在省部级主要领导干部学习贯彻党的十九届五中全会精神专题研讨班上，习近平总书记概括了党的十八大以来的十三项重大发展理念和思路创新，"统筹发展和安全"作为最新成果列入其中，强调这些理论成果引导我国经济发展取得了历史性成就、发生了历史性变革。⑥ 7月1日，习近平总书记《在庆祝中国共产党成立一百周年大会上的讲话》中提出："新的征程上，我们必须增强忧患意识、始终居安思危，贯彻总体国家安全观，统筹发展和安全"⑦。11月11日，党的十九届六中全会通过的《中共中央关于党的百年奋斗重大成就和历史经验的决议》概括习近平新时代中国特色社会主义思想的主要内容，从把握新发展阶段、贯彻新发展理念、构建新发展格局、

---

① 《习近平谈治国理政》第4卷，外文出版社，2022，第47页。
② 《十九大以来重要文献选编》（上），中央文献出版社，2019，第25页。
③ 《决定召开十九届五中全会》，《人民日报》2020年7月31日，第1版。
④ 《着眼长远把握大势开门问策集思广益　研究新情况作出新规划》，《人民日报》2020年8月25日，第1版。
⑤ 《中央经济工作会议在北京举行》，《人民日报》2020年12月19日，第1版。
⑥ 《习近平谈治国理政》第4卷，外文出版社，2022，第170页。
⑦ 习近平：《在庆祝中国共产党成立100周年大会上的讲话》，人民出版社，2021，第17页。

推动高质量发展角度，进一步强调"统筹发展和安全"，展望了实现第二个百年奋斗目标的新征程，又将"统筹发展和安全"作为全面贯彻习近平新时代中国特色社会主义思想的重要内容。2021年12月8日至10日的中央经济工作会议，强调要"统筹疫情防控和经济社会发展，统筹发展和安全"[1]。

2022年4月29日，中央政治局分析研究当前经济形势和经济工作，明确提出"疫情要防住、经济要稳住、发展要安全"的要求。[2] 2022年7月28日，中央政治局分析研究当前经济形势、部署下半年经济工作，再次提出要全面落实"疫情要防住、经济要稳住、发展要安全"的要求；同时，要高效统筹疫情防控和经济社会发展工作，对疫情防控和经济社会发展的关系，要综合看、系统看、长远看，特别是要从政治上看、算政治账；要全方位守住安全底线。[3]

二 多视角把握统筹发展和安全的理论内涵

（一）基于安全观视角，统筹发展和安全是总体国家安全观的核心要义

总体国家安全观是一个内容丰富、开放包容、不断发展的安全观念体系。其中，统筹发展和安全是首先要处理好的一对关系。国家安全是安邦定国的重要基石，维护国家安全是全国各族人民的根本利益所在。正是在推动总体国家安全观理论体系逐步完善的过程中，作为贯彻落实总体国家安全观的重要原则之一，统筹发展和安全理论也逐渐清晰。2014年4月15日，习近平总书记在中央国家安全委员会第一次全体会议上正式提出"总体国家安全观"，并强调须既重视外部安全又重视内部安全，既重视国土安全又重视国民安全，既重视传统安全又重视非传统安全，既重视发展问题又重视安全问题，既重视自身安全，又重视共同安全。[4] 2015年7月1日开始实施的《中华人民共和国国家安全法》总则（第八条），将上述五

---

[1]《中央经济工作会议在北京举行》，《人民日报》2021年12月11日，第1版。
[2]《分析研究当前经济形势和经济工作 审议〈国家"十四五"期间人才发展规划〉》，《人民日报》2022年4月30日，第1版。
[3]《分析研究当前经济形势和经济工作 审议〈关于十九届中央第九轮巡视情况的综合报告〉》，《人民日报》2022年7月29日，第1版。
[4]《习近平谈治国理政》，外文出版社，2014，第200页。

个"既重视又重视"调整为"一个协调,四个统筹"。其中"一个协调"就是"维护国家安全,应当与经济社会发展相协调",置于其他并列的"四个统筹"之上。① 2020年12月12日,十九届中央政治局就"大安全格局"进行第26次集体学习,习近平总书记对贯彻总体国家安全观提出十点要求,其中一个要求就是"坚持统筹发展和安全,坚持发展和安全并重,实现高质量发展和高水平安全的良性互动,既通过发展提升国家安全实力,又深入推进国家安全思路、体制、手段创新,营造有利于经济社会发展的安全环境,在发展中更多考虑安全因素,努力实现发展和安全的动态平衡,全面提高国家安全工作能力和水平"②。2021年11月11日,党的十九届六中全会通过的《中共中央关于党的百年奋斗重大成就和历史经验的决议》,在总结新时代维护国家安全成就时提出了新的"五个统筹",其中首要的就是"统筹发展和安全"。③

(二) 基于发展观视角,统筹发展和安全是新时代经济社会发展的指导思想,贯穿国家发展各领域和全过程,是新发展理念的应有之义,开拓了当代马克思主义政治经济学的新境界

统筹发展和安全是新时代经济社会发展的指导思想。党的十九届五中全会通过的《中共中央关于制定国民经济和社会发展第十四个五年规划和二〇三五年远景目标的建议》把安全问题摆在非常突出的位置,成为系统阐释"统筹发展和安全理论"的纲领性文献,不仅将统筹发展和安全纳入"十四五"时期经济社会发展的指导思想,还列专章对"统筹发展和安全,建设更高水平的平安中国"作出战略部署。需要特别指出的是,虽然统筹发展和安全作为"十四五"时期经济社会发展指导思想被提出来,但在实现中华民族伟大复兴之战略全局和百年未有之大变局的时代背景下,可以预见,在实现第二个百年目标之前,统筹发展和安全都将对经济社会发展发挥指导作用。

统筹发展和安全体现在经济社会发展的各个领域里,集中体现在"十

---

① 《授权发布:中华人民共和国国家安全法》,新华网,http://www.xinhuanet.com/politics/2015-07/01/c_1115787801.htm。
② 《习近平谈治国理政》第4卷,外文出版社,2022,第390页。
③ 《中共中央关于党的百年奋斗重大成就和历史经验的决议》,《人民日报》2021年11月17日,第1版。

四五"规划中。例如,为加快发展现代产业体系、推动经济体系优化升级,必须统筹部署供应链安全、国家产业安全合作、基础设置安全、数据安全;为优先发展农业农村、全面推进乡村振兴,必须统筹部署粮食安全、农业质量安全监管、重要农产品供给安全;为改善人民生活品质、提高社会建设水平,必须统筹部署增强人民群众安全、公共卫生安全、人口安全、基层社会治理安全;为推动绿色发展、促进人与自然和谐共生,必须统筹部署生态安全、能源安全;为加快国防和军队现代化、实现富国和强军相统一,必须统筹部署提高捍卫国家主权、安全、发展利益的战略能力;为积极营造良好外部环境,必须统筹部署发展对外关系和应对全球性挑战。

统筹发展和安全是新发展理念的应有之义。党的十八大以来我们对经济社会发展提出了许多重大理论和理念,其中新发展理念是最重要、最主要的。新发展理念是一个系统的理论体系。站在新的历史起点,为实现第二个百年奋斗目标,全党必须完整、准确、全面贯彻新发展理念。党的十八大以来,在创新、协调、绿色、开放、共享的发展理念指引下,中国经济保持中高速增长,迈向中高端水平。安全发展是五大发展的前提,要在贯彻落实新发展理念中守住底线,及时化解矛盾风险。

统筹发展和安全体现了新发展理念的问题导向。我国发展已经站在新的历史起点上,要根据新发展阶段的新要求,坚持问题导向,更加完整地贯彻新发展理念,切实解决好发展不平衡不充分的问题,推动高质量发展。而统筹发展和安全,恰恰集中关注诸如科技领域"卡脖子"等不平衡不充分发展而导致的安全问题。

统筹发展和安全理论开拓了当代马克思主义政治经济学的新境界。中国特色社会主义新时代的丰富实践是理论和政策研究的"富矿",学习和运用马克思主义政治经济学,将马克思主义政治经济学的一般原理和方法与当代的中国改革开放和社会主义现代化建设相结合,深化对我国经济发展规律的认识,产生新的理论成果,提高领导我国经济发展能力和水平,进而指导下一步的实践,这是马克思主义中国化最生动、最鲜活的体现。新时代以来,以习近平同志为核心的党中央在实践中发展了当代中国政治经济学最新成果,与马克思主义政治经济学一脉相承。"统筹发展与安全"凝聚着以习近平同志为核心的党中央治国理政的实践判断和理论智慧,代表着当代马克思主义政治经济学的学术创新。

比如,统筹发展和安全理论与新发展格局相伴而生、彼此呼应。作为重塑我国国际合作和竞争新优势的战略抉择，构建新发展格局必须要科学"统筹发展和安全"。新发展格局的提出，有其特殊的背景和考量。今后我们将面对更多逆风逆水的外部环境，必须做好应对一系列新的风险挑战的准备。新发展格局并非另起炉灶，而是站在既有理论和实践成果肩膀之上实现新的理论创新。在一系列事关经济发展和经济工作理念、思想和战略进一步深化的基础上，添加了"安全"考量。

（三）从方法论视角看，统筹发展和安全是辩证唯物主义方法论在新时代的典范，是我们党治国理政的基本原则，是领导干部在复杂环境下必备的工作思路

辩证唯物主义是中国共产党人的世界观和方法论，贯穿于党的百年奋斗重大成就和历史经验中。坚持和运用辩证唯物主义世界观和方法论，要求我们在实际工作中把握现象和本质、形式和内容、原因和结果、偶然和必然、可能和现实、内因和外因、共性和个性的关系，坚持全面而非片面、系统而非零散、运动而非静止的观点，增强辩证思维、战略思维能力，妥善处理好各种关系，为制定和落实政策提供科学的行动指南。

统筹是我们在实践中对辩证唯物主义方法论的具体运用。首先，"统筹"是在治国理政的系统框架和体系内展开实践。坚持系统观念是马克思主义唯物辩证法的基本思维方法。按照马克思辩证唯物主义的思维逻辑，系统观念就是把客观事物看作由各种要素基于一定关系组成的有机整体，立足整体视域把握事物发展规律、分析事物内在机理、处理事物发展矛盾。习近平总书记强调："党的十八大以来，党中央坚持系统谋划、统筹推进党和国家各项事业，根据新的实践需要，形成一系列新布局和新方略，带领全党全国各族人民取得了历史性成就。在这个过程中，系统观念是具有基础性的思想和工作方法。"[1] 这一论断既指出了"系统谋划"和"统筹推进"所涉及工作的有机统一关系，又强调"系统观念是具有基础性的思想和工作方法"。所谓系统观念的基础性，当然就是说它蕴含在统筹一切工作的理念和实践之中。"统筹发展与安全"所强调的对发展和安全的统筹，是一个复杂的动态的系统运筹学范畴，不是简单化的发展与安全关系的象限图示，这种统筹就是要看到发展与安全各自及彼此之间的局

---

[1]《习近平谈治国理政》第4卷，外文出版社，2022，第117页。

部和全局、当前和长远、重点和非重点的关系，强调系统集成和耦合性。尤其要充分考虑新发展阶段的时代特性，要将这一阶段所具备的量变到质变的飞跃、螺旋上升的关键时期作为时代变量放置在系统运筹之中。

其次，发展和安全是一对典型的矛盾体。辩证唯物主义认为，矛盾是客观存在的，任何事物都是矛盾的统一体。矛盾无处不在、无时不有，贯穿于事物的各个方面和发展的全过程。矛盾具有同一性和斗争性两个基本属性，二者在事物发展过程中各自发挥着特殊作用。斗争性同事物的变动性相联系，同一性同事物的稳定性相联系。同一性和斗争性相结合，共同推动事物的发展。事物运动变化的前提需要保持相对稳定的状态，发展是在保持事物基本属性前提下实现的。没有相对稳定的状态，总是处于无序的变化状态，一切发展运动都将失去基础和必要条件，发展就无从谈起。而这种相对稳定的条件，就是安全。事物矛盾双方或各方在既对立又统一的过程中形成的此长彼消和此消彼长的变化，决定事物在其发展过程中有时表现为平衡状态，有时表现为不平衡状态。平衡是相对的，不平衡是绝对的。任何事物的稳定状态都是在发展中保持相对"动态平衡"。离开了发展，事物就不能维持长期的稳定和平衡，也就无法保障安全。离开发展谈安全或者离开安全谈发展，或认为在实际工作中可以多谈此少谈彼，或认为安全是对发展的干扰，或认为只要发展好尤其是经济发展好就可以解决一切问题等，这些认知都是错误的，都不符合唯物辩证法。

统筹发展和安全是我们党治国理政的基本原则。当今世界正经历百年未有之大变局，国内发展环境也经历着深刻变化，既带来一系列新机遇，也带来一系列新挑战，危机并存、危中有机、危可转机。统筹发展和安全帮助我们以辩证思维看待新发展阶段的新机遇新挑战，辩证认识和把握国内外大势，统筹中华民族伟大复兴战略全局和世界百年未有之大变局，深刻认识我国社会主要矛盾发展变化带来的新特征新要求，深刻认识错综复杂的国际环境带来的新矛盾新挑战，增强机遇意识和风险意识，准确识变、科学应变、主动求变，勇于开顶风船，善于转危为机，努力实现更高质量、更有效率、更加公平、更可持续、更为安全的发展。

三 提高统筹发展和安全能力的着力点

（一）坚持人民至上、生命至上

"统筹发展与安全"在价值立场上必须回答发展与安全"为了谁"

"依靠谁"的问题。人民安全是总体国家安全观的宗旨,安全发展理念的本质就是以人民为中心的发展观。为人民谋幸福、为民族谋复兴,这既是我们党领导现代化建设的出发点和落脚点,也是新发展理念的"根"和"魂"。同时,统筹发展和安全体现了新发展理念的根本宗旨,要保障人民生命安全,坚持人民至上、生命至上,把保护人民生命安全摆在首位。公共安全是最基本的民生,必须把维护公共安全放在维护最广大人民根本利益中来认识。发展为了人民、依靠人民,安全为了人民、依靠人民,发展和安全都是为了造福人民。人民生命安全居于至高无上地位。习近平提出:"各级党委和政府、各级领导干部要牢固树立安全发展理念,始终把人民群众生命安全放在第一位。"[1] 2020年9月8日,习近平在全国抗击新冠肺炎疫情表彰大会上的讲话中强调指出:"人的生命是最宝贵的,生命只有一次,失去不会再来。在保护人民生命安全面前,我们必须不惜一切代价,我们也能够做到不惜一切代价,因为中国共产党的根本宗旨是全心全意为人民服务,我们的国家是人民当家作主的社会主义国家"[2]。

(二) 增强忧患意识,发扬斗争精神,提高风险治理能力

统筹发展和安全理念的提出,根植于我们党在新时代强烈的风险忧患意识。早在2012年11月15日党的十八届一中全会上,习近平总书记就提出,"面对复杂多变的国际形势和艰巨繁重的国内改革发展稳定任务,我们一定要居安思危,增强忧患意识、风险意识、责任意识……着力解决经济社会发展中的突出矛盾和问题,有效防范各种潜在风险"[3]。2013年1月5日在新进中央委员会的委员、候补委员学习贯彻党的十八大精神研讨班上,习近平总书记提出:"我们的事业越前进、越发展,新情况新问题就会越多,面临的风险和挑战就会越多,面对的不可预料的事情就会越多。我们必须增强忧患意识,做到居安思危"[4]。

胜利实现我党确定的目标任务,必须发扬斗争精神,增强斗争本

---

[1] 《习近平关于全面建成小康社会论述摘编》,中央文献出版社,2016,第136页。
[2] 《习近平谈治国理政》第4卷,外文出版社,2022,第98~99页。
[3] 《习近平关于防范化解风险挑战、应对突发事件论述摘编》,中央文献出版社,2020,第3页。
[4] 《习近平关于防范化解风险挑战、应对突发事件论述摘编》,中央文献出版社,2020,第3页。

领。2019年9月3日,习近平总书记在中共中央党校(国家行政学院)中青年干部培训班开班式上发表重要讲话强调要发扬斗争精神,增强斗争本领:"凡是危害中国共产党领导和我国社会主义制度的各种风险挑战,凡是危害我国主权、安全、发展利益的各种风险挑战,凡是危害我国核心利益和重大原则的各种风险挑战,凡是危害我国人民根本利益的各种风险挑战,凡是危害我国实现'两个一百年'奋斗目标、实现中华民族伟大复兴的各种风险挑战,只要来了,我们就必须进行坚决斗争,而且必须取得斗争胜利"[①]。

"不困在于早虑,不穷在于早豫。"随着我国社会主要矛盾变化和国际力量对比深刻调整,我国发展面临的内外部风险空前上升,必须坚持底线思维,提高风险治理能力,随时准备应对更加复杂困难的局面。宏观经济方面要防止大起大落,资本市场上要防止外资大进大出,粮食、能源、重要资源上要确保供给安全,要确保产业链供应链稳定安全,要防止资本无序扩张、野蛮生长,还要确保生态环境安全,坚决抓好安全生产。在社会领域,要防止大规模失业风险,加强公共卫生安全,有效化解各类群体性问题。要加强保障国家安全的制度性建设,借鉴其他国家经验,研究如何设置必要的"玻璃门",在不同阶段加不同的锁,有效处理各类涉及国家安全的问题。

(三) 处理好发展和安全的复杂多元关系

统筹发展和安全是各层级各领域各部门领导干部在复杂环境下谋划协调工作的重要思路。结合我国实际和时代条件,掌握、运用统筹发展和安全理论,要注重解决好以下几个问题。

把握好发展和安全的并重关系。发展是需求,安全也是需求,而且是最基础的需求。发展和安全是不断运动的,而不是静止的。当前对安全的需求有鲜明的时代特征,我们应树立动态思维,处理好发展和安全的关系。统筹发展和安全不等于"安全地发展",更不等于局限于安全生产领域的"安全发展",而应该将发展和安全置于同等重要的位置。否则,就是"不平衡不充分的发展",不能满足"我国人民日益增长的美好生活需要",成为新时代我国社会主要矛盾的重要根源之一。

[①] 《习近平谈治国理政》第3卷,外文出版社,2020,第226页。

利用好发展和安全相互促进的关系。发展利益和安全利益，都是国家核心利益的重要内容。发展和安全犹如硬币的"两面"，要树立系统思维，把发展和安全看作"一体之两翼、驱动之双轮"，不仅缺一不可，而且相互支撑、相互促进、高度融合。安全为发展提供保障和条件，不可能为了发展罔顾安全，只有国家安全得到保证，才能为发展创造和谐稳定的内外部环境，人民才能集中精力推动国家各项建设事业向前发展。甚至，安全可以有力促进发展，统筹疫情防控和经济社会发展为我们提供了鲜活而生动的成功经验。同时，发展是解决安全问题的基础和关键，不可能离开发展谈安全。发展是最大的安全，国家落后可能会使其面临的安全威胁变得更加严重。要实现可持续安全，就必须实现可持续发展。破解突出矛盾和问题，防范化解各类风险矛盾，归根到底要靠发展。

化解好发展和安全的冲突关系。发展并不必然带来安全，大发展也并不必然带来大安全。因为，国家发展后又会产生新的安全问题，特别是与新时代国家发展需求相比，我国的国家安全保障能力还有较大差距。甚至，发展带来风险。不发展有不发展的问题，发展起来有发展起来的问题，而发展起来后出现的问题并不比发展起来少，甚至更多更复杂了。新形势下，如果利益协调不好、各种矛盾处理不好，就会导致问题激化，严重的就会影响发展进程。同时，过于强调安全会阻碍发展，并最终损害安全。维护安全是有成本和代价的。要用辩证思维统筹发展和安全，正确处理好当前利益和长远利益、局部利益和全局利益、经济利益和社会利益之间的关系，找到发展和安全的最佳平衡点，力争实现高质量发展和高水平安全的良性互动。

从国际视野看"双碳"目标下中国经济面临的风险

董小君[*]

18世纪中叶工业革命以来,人类生产经营活动导致大气中二氧化碳浓度不断上升。为遏制全球变暖的严峻趋势,2015年全球近200个缔约方共同签署《巴黎协定》,宣布"力争把全球平均气温升幅控制在工业化前水平以上低于2℃之内,并努力限制在1.5℃之内"的长期目标。截至2021年底,全球已有127个国家承诺在21世纪中叶前实现碳中和。在碳中和成为全球共振目标的大背景下,中国对碳中和做出了里程碑的承诺。2020年9月,习近平主席在第七十五届联合国大会上宣布:"中国将提高国家自主贡献力度,二氧化碳排放力争于2030年前达到峰值,努力争取2060年前实现碳中和。"[①] 简称为"3060双碳"目标。这是中国对"人类命运共同体"建设的最实质性贡献。但我国是一个碳排放大国,在先发国家诉求环保与后发国家诉求生存之间,在我国资源禀赋与减排的结构性之间存在诸多矛盾。如何处理好这些矛盾,是中国经济转型中的难题,也是影响中国未来百年走向的难题。

一 气候协议是一个正在形成的世界规则

"碳中和"表面是气候问题,背后实际上关系着各个国家未来的核心利益,是发达国家在其世界主导地位遭受新兴国家挑战后,试图利用科技话语和法律话语来继续管控世界的新方式。它必将反映在货币结算、全球投资、贸易标准和技术竞争中。

近代世界文明发展史以来,规制世界已经形成了两个支柱——联合国

---

[*] 董小君,中共中央党校(国家行政学院)经济学教研部副主任,教授。
[①] 《习近平谈治国理政》第4卷,外文出版社,2022,第458页。

宪章和世界贸易组织，气候协议是一个正在形成的第三个世界规则。

一是《联合国宪章》——制定国家间"领土瓜分完毕"的规则。1945年6月出台的《联合国宪章》是在战胜国对战败国的清算之后形成的，不可避免地带有大国主导的色彩。它的出台意味着发达国家实施的"领土竞争战略"的结束。

二是《关税及贸易总协定》——制定国家间"有形财富"竞争的规则。1947年出台的《关税及贸易总协定》（即后来的WTO），意味着发达国家从"领土竞争战略"向"财富竞争战略"的转变。所谓"财富竞争战略"是指经济实力更加立体的战略，即只要拥有坚实的产业，再加上繁荣的贸易，才能够使国家发展。

三是《联合国气候变化框架公约》——制定国家间"无形财富"竞争规则。1992年的《联合国气候变化框架公约》是迄今为止唯一的所有联合国成员均参与的世界规则。如果说WTO制定了世界有形商品的贸易体系的话，那么《京都议定书》则制定了在全球范围内流动的以碳信用为标的的无形产品贸易体系。

如果说《联合国宪章》是农业文明发展阶段的终结，《关税及贸易总协定》或世界贸易组织是工业文明发展的宣言，那么《联合国气候变化框架公约》则是人类从工业文明向生态文明过渡的法律文件。

二 欧美围绕"低碳经济"进行着环环相扣的全球布局

危机之后，国际社会围绕"低碳经济"展开了国与国的"政治经济"较量。

（一）欧洲引领气候谈判：为了夺回世界控制权

第二次世界大战之前，这个世界是由欧洲人掌控的，第二次世界大战使欧洲的经济毁于一旦。战后欧洲面临着经济建设问题，需要大量的资金，当时美国为了控制苏联对欧洲进行势力扩张，推出了"马歇尔计划"。通过"马歇尔计划"，欧洲赢得了经济，输掉了政治和军事。随着欧盟的成立，欧洲不再满足于长期受控于美国的局面，要把世界控制权夺回来。全球性问题——气候问题正是最佳的切入点。

欧洲为此进行了环环相扣的全球布局。

第一步，建立全球"认识共同体"，在道义上获得全球人支持。在国际层面上,"认识共同体"的主要形式是以专业技术人员为核心的专业性国际组织——世界气象组织(WMO)和联合国政府间气候变化专门委员会(IPCC)。这些组织通过"有价值的分析工作和科学研究结果的交流"影响政治领导层的偏好,促使政治领导层放弃"化石能源消费率与经济增长速度成正比"理念,从而改变原有的过分依赖化石能源发展经济的偏好,在重新设定国家目标的过程中起着决定性作用。

第二步,通过改写国际法来凸显欧洲在清洁能源方面的全球领先地位。过去30多年,欧洲尽管在信息科技方面要远远落后于美国,在清洁能源方面则全球领先,但在全球贸易中的获益则相形见绌。其原因在于中国、美国、印度、巴西等能源消耗大国依然在使用传统化石能源。欧盟积极推动全球"碳政治"也是为了通过设定全球法律规则来发挥其在新能源领域的技术优势,因为如果各国要实现实质性的"减排",无疑要向欧盟国家购买新能源技术。一个巧妙的新能源技术输出机制正是产生于基于项目交易的两个机制,即联合履行机制(JI)和清洁发展机制(CDM)。

第三步,将欧元与碳交易计价绑定,使欧元变成关键货币。能源计价和结算绑定权往往是一国货币崛起并成为关键货币的关键因素。欧盟之所以从《京都议定书》签订以来一直比美国更为热衷于气候协议,是因为欧洲的政治家们看到了欧元成为关键货币的机遇。据专家测算,碳排放权有可能与石油一同成为最为重要的商品,如果碳排放交易以欧元计价,必然会有更多的国家选择欧元作为国际储备货币。何况目前全球碳交易的85%已经是以欧元计价的。

第四步,改变世界经济增长基因:从传统化石能源到清洁能源的切换。过去200年,世界经济增长基因是传统的化石能源,欧洲发现这种增长模式是以中国为代表的新兴经济体消耗了大量的传统化石能源为前提的,这种增长方式实际上是向发展中国家输出了增长。未来欧洲要把世界经济增长基因变成清洁能源,在这种低碳增长模式下,中国等发展中国家高排放的产品就有可能出口不出去了,而发达国家生产的是低碳产品,它可以出口到世界任何一个角落。

(二)美国重返《京都议定书》:为了重构美元信用体系

布雷顿森林体系解体后,由于国际社会建立了"美元—石油"计价体系,美国又一次掌控了全球的经济命脉。本次金融危机,美元作为操控世界经济的链条出现了断裂，美国需要创造新的制控权来衔接美元链。那么，什么样的产品能够担当得起衔接美元的链条？美元要再度复兴，必须找到具备石油这样品质的"锚产品"，使之重新成为美元捆绑计划。这个"锚产品"必须具备这样两个特点。一是需求上的普遍性，即像石油那样，任何一个国家都离不开它。二是价格上要像石油那样与美元呈负相关关系。"碳排放"就具备这两个特点。其一，全球任何经济活动都不可避免地产生碳排放问题，而且"碳排放"需求比石油更普遍，比石油更致命的是，碳排放权不存在勘探开采的可能，而只能通过政治家们的一锤定音。其二，一旦美国建立了庞大的碳交易金融市场，便足以取代欧洲碳交易市场。碳交易一旦以美元计价，那么，碳交易指数与美元也必然呈负相关关系。在低碳经济发展阶段，超出碳排放定额的部分需要到国际市场购买碳排放权。在哪购买？答案自然是美国，而且必须用美元。于是，建立全球"碳本位"或许成为美国控制世界的再次货币创造。

三 中国应对战略：促成国际社会建立五个公平减排机制

为防止气候治理演变成发展中国家向发达国家利益输出的渠道，在国际气候谈判中，中国要善于像西方发达国家一样，将自己的国家利益包装在国际利益之下，从国家战略层面输出气候治理秩序。要努力促成气候大会建立五个公平减排机制。

机制一：提出"碳排放峰值与工业化进程相关联"的综合考核机制。目前中国尽管采用"碳强度指标"作为温室气体减排标准，但发达国家不可能容忍中国长期采用这样的"软约束"考核指标，最终会要求中国采取"总量指标"这样的"硬约束"标准。那么，中国如何应对这样的压力？建议中国推动"碳排放峰值与工业化进程相关联"综合考核机制，以争取更大的发展空间。在这种考核机制下，中国可以提出两个阶段考核指标方案。第一阶段（2030年碳排放峰值到来前）：坚持以碳强度指标作为温室气体减排指标；第二阶段（2030年碳排放峰值开始下降后）：可以接受总量约束指标，但要坚持考虑"人均累计排放"因素。

机制二：推出"消费端、生产端"两端减排机制。目前国际社会减排模式是"谁制造谁承担减排的责任"，这是很不公平的。发达国家与发展中国家在能源消费方面有很大差异，发达国家人均在消费领域的能耗为发展中国家的10倍。发达国家的高碳排放与消费方式有密切关系，30%的碳排放量是企业排放的，70%是居民排放的，属奢侈型排放；而发展中国家的碳排放主要来自工业化过程，70%的碳是企业排放的，30%的碳是居民排放的，属生存型排放。两端减排考核机制不仅有利于倡导国际社会采用更加节能的生活方式，也有利于中国推动经济增长方式转型，改变因贸易长期顺差带来大量外汇储备的压力。

机制三：根据国际货币基金组织（IMF）份额比重的办法建立国际转移支付机制，以落实"绿色气候基金"来源问题。尽管目前国际社会建立了"绿色气候基金"，但如何落实资金来源问题，发达国家却没有明确的方案。"绿色气候基金"应当是可预测的稳定的公共资金来源。建议中国提出如下资金落实方案：各发达国家向"绿色气候基金"缴纳资金的多寡，可效仿IMF份额比重来决定。根据权利和义务对等原则，成员在IMF认缴份额越大，应缴纳的气候基金也应越多，如美国和欧盟在IMF中所持份额分别为17%和30%，那么它们每年要分别向"绿色气候基金"缴纳170亿美元和300亿美元。

机制四：建立发展中国家之间的碳交易市场，完善国际碳交易体系。目前国际上碳交易市场有四种形式：清洁发展机制（CDM）是发达国家与发展中国家的交易市场，联合履行机制（JI）是发达国家与转型国家的交易市场，国际排放贸易（IET）是发达国家之间的交易市场，欧盟排放交易（ETS）是欧盟内部的交易市场。这四个市场交易机制有一个共同特点，通过"境外减排"为发达国家提供了灵活履行的减排机制。在这里需要特别指出的是，目前国际碳交易体系明显缺失一个市场，即缺少"发展中国家与发展中国家之间"的碳交易市场，这对于未来（比如2030年后）接受"总量指标"考核的中国来说是非常不利的。目前，在国际碳交易中，中国是供方，未来不排除是需方，当中国从供给方变成需求方时，就会需要更多的碳信用额度。届时，中国需要"发展中国家与发展中国家之间"的碳交易市场，来输出自身的"压力与成本"。

机制五：构建"碳—人民币"交易体系，提高全球碳贸易中的人民币结算能力。国际碳交易中选择人民币作为结算具有可行性：一是中国是最大的减排市场提供者（出口方）；二是中国是国际碳交易市场出售的年减排额份额最大国家。根据Grassman法则，商品出口国和最大的卖方有选择货币结算的主导权。那就是说，中国在出售碳排放额度时，应该选择人民币作为结算货币。

发挥信息科技优势，推进智慧应急管理

张 茹[*]

2019年11月29日，习近平总书记在中共中央政治局第十九次集体学习时强调："应急管理是国家治理体系和治理能力的重要组成部分"，"要加强队伍指挥机制建设，大力培养应急管理人才，加强应急管理学科建设"。[①] 当前，我国自然灾害、事故灾难、公共卫生和社会安全等领域的突发事件形势依然严峻，局部地区和特定时期有频繁爆发的趋势。与此同时，随着我国经济发展、社会进步和公众安全意识增强，社会各方对应急管理的要求不断提高。在实现社会高层次发展和应急管理底线思维的均衡发展过程中，发挥信息科技优势，推进智慧应急管理，提高应对突发事件的效率，是一个需要长期努力的重点方向。

一 应急管理面临的形势

1. 当前仍然是突发事件的易发频发期

目前，我国应急管理领域仍然面临很多挑战，突发事件仍处于易发多发期，公共安全与防灾减灾基础还需要进一步加强。应急管理部的统计数据显示，2021年，全国超过1亿人次因各类自然灾害受灾，其中，867人死亡或者失踪，574万人次因灾转移安置，自然灾害造成的直接灾害损失超过3000亿元。[②] 国家统计局数据显示，2021年，全国事故灾害共造成26307人死亡，其中，工矿商贸企业每10万就业人员中，因事故灾害造成的死亡人数达到1.37人，比2020年上升了5.6%。[③] 社会安全方面，世界

---

[*] 张茹，北京邮电大学应急管理学院院长。
[①] 《充分发挥我国应急管理体系特色和优势，积极推进我国应急管理体系和能力现代化》，《人民日报》2019年12月1日，第1版。
[②] 《2021年全国自然灾害基本情况》，中华人民共和国应急管理部网站。
[③] 《中华人民共和国2021年国民经济和社会发展统计公报》，国家统计局网站。

经济论坛发布的《2020年全球风险报告》显示，信息基础设施故障、网络攻击、数据欺诈或被盗等，已经处于显著位置，不管是风险的影响力还是风险发生的可能性，都接近或高于其他社会安全事件的平均值。

2. 加强应急管理是社会经济发展过程中的重要课题

随着改革开放逐步走向深入，我国经济建设取得了举世瞩目的成就。但是，社会发展中不平衡、不协调、不可持续等问题尚未完全解决。尤其是近几年，国际形势的不稳定和不确定性因素显著增多，出现了不同区域、不同性质和不同阶段的风险因素集中叠加的特征，各类突发事件的诱因需要谨慎应对，突发事件的预警、处置、恢复和重建等流程需要进一步完善。与此同时，随着我国经济发展、社会进步和公众安全意识的增强，社会各方对应急管理和服务的需求不断增长。经济社会发展的高层次追求和应急管理的底线思维是亟待解决的现实问题。

3. 智慧应急管理是应对突发事件的主要努力方向

新形势下，应对仍然严峻的应急管理挑战，满足社会日益增长的应急管理需求，需要进一步完善统一指挥、属地管理、反应灵敏和平战结合的中国特色应急管理体制和机制。在这个过程中，信息科技是一个关键条件。通过建立制度化、常态化的信息沟通机制和信息基础设施，扫除部门间的障碍，以信息集中控制权为基础，有效发挥应急管理部门在应对突发事件中的指导权和领导权。以信息系统建设为抓手，以梳理应急信息汇总的主体责任为原则，把平时的信息系统建设作为前提，为突发事件的应对创造有利条件。注重应急大数据的积累和挖掘，发现客观性的应急管理规律和一般性的应急管理理论，促成科学的应急预案。

二 智慧应急管理的应用领域

1. 基于智慧应急管理的指挥调度

2018年3月，根据第十三届全国人民代表大会第一次会议批准的国务院机构改革方案，设立中华人民共和国应急管理部。为了更好地实现应急管理部门"统一领导、综合协调"的原则，建设基于智慧应急管理的指挥调度体系是重要的基础条件。设立依托信息科技，建设智慧应急管理体系，可以有效统筹应急管理部门对突发事件的预测、预警、应急处置和恢复重建。当自然灾害、安全生产、公共卫生和公共安全等相关突发事件发生时，智慧应急管理手段可快速反应，实现信息的融合分析和实时报告，全面感知应急事故的变化过程，从而可以统筹应急应对能力，合理分配应急资源，有效协调应急行为。

2. 基于智慧应急管理的突发事件风险监控

能够体现应对突发事件有效性的标志，不仅是处置能力的有效性，更是预防风险能力的有效性。提前发现危机，对突发事件的演变方向、条件和影响作出预警是最根本、最优化原则。智慧应急管理以新兴信息技术作为基础，综合运用 GIS、物联网、云计算等技术手段，对社会风险源实施监控和预警。例如，可以利用物联网技术对关键水源和重点车辆进行有效管理，通过安装 GPS 车辆跟踪系统、视频监控系统和相应的无线通信设备，实现社区公共安全管理。

3. 基于智慧应急管理的合作治理

应急管理是一个综合协调的过程。目前，由于涉及多区域、多部门和多层级的统一协调，我国应急管理过程中还缺乏标准统一的数据汇集平台，从应急预案的编制到处置方案的实行，智能化程度普遍不高，重复建设等资源浪费现象同时存在。[1] 依托信息技术，加强智慧应急管理手段的广泛应用，通过信息的及时收集和实时发布，能够在突发事件发生时，迅速激发社会应急状态，减少信息不对称导致的应对误差，减少次生损失的产生。通过制定数据标准、汇集数据资源、完善数据管理、加强数据分享、挖掘数据价值等工作[2]，提高"统一指挥、综合协调"的治理效率。

4. 基于智慧应急管理的突发事件模拟

应急演练是应急管理部门、企事业单位等应急管理主体制定和完善应急预案、加强应急处置、协调应急机制的重要手段，是提高应急准备能力的重要途径。智慧应急管理发展的主要趋势之一，就是可以对突发事件的后果进行模拟分析，对可能产生的后果和发展趋势进行预判。依靠新型信息技术，可以构建基于虚拟现实的演练场景，基于算法模型实现处置方案的对照和调整，并以评估模型为基础实现二次导入。[3] 在城市管理中，通过建立基于 GPS 等技术的危害品转移全程监控和影响分析模型，不仅可以对重点装载车辆进行全程监控，还可以对车辆动态行程中可能影响的区

---

[1] 秦智超：《基层应急管理信息化现状及对策》，《中国应急救援》2020 年第 5 期。
[2] 龙志东：《数聚赋能夯实应急管理信息化基础分析》，《无线互联科技》2021 年第 14 期。
[3] 王永明：《突发事件应急决策模拟演练设计理论框架与技术要点》，《中国安全生产科学技术》2019 年第 5 期。

域、可能涉及的人口进行可视化预警、分析和处置。

5. 基于智慧应急管理的舆情引导

数字经济的发展，在扩大经济社会空间的同时，也带来了许多新型风险，提出了新的应急管理命题。智慧应急管理体系的建设，可以通过信息的集中和互证，有利于舆情的监测和核实。另外，随着近年来突发性事件不断，公众权利意识不断增强，其中很大一部分错误信息源于政府和公众之间沟通不畅。利用智慧应急方法，可以有效追溯谣言源头，可以通过信息沟通平台，提升信息透明化、公开化程度，有效引导公众行为。既往的经验表明，突发事件的一个重要次生影响就是在网络上引发舆情扩散，突发事件信息的传播同时为谣言的扩散提供机会，在一定程度上加大了政府部门应对突发事件的难度。[①] 遗传算法、BP神经网络等模型可以为舆情引导提供决策支撑。

三 智慧应急管理需要解决的主要问题

1. 突破信息孤岛现象

2012年党的十八大至今，以总体国家安全观为统领的应急管理体系快速发展，在应急管理体制、机制、法制不断完善的同时，加强信息化建设，尤其是打破信息孤岛现象，是目前面临的一个重大课题。出于各种历史原因，信息化的重复建设和各自为战等问题同时存在。目前，应急管理过程涉及多部门合作，而各部门之间经常出现信息流转渠道少、信息交流不畅等问题。如气象、消防、卫生、环保、交通、公安、市场监管等部门均布设了执法终端、移动终端、摄像头、传感器等，虽然收集信息众多，但由于每个数据收集系统常常只为其主管部门所用，只有在特殊条件下，依靠更高层级的领导协调，才能汇集多部门综合数据。信息孤岛现象的存在导致日常工作信息交流少，突发事件发生时信息共享不足。

2. 升级应急管理信息化技术

适应新型信息技术发展，使云计算、物联网、移动互联网、大数据、区块链、人工智能等新技术应用于应急管理领域，是很长一段时期努力的方向。新技术的启用往往需要投入大量资金，而政府部门的预算有限。因此，建设"政产学研用"示范性平台，整合企业和科研院所的不同优势，

---

① 张鹏等：《突发事件网络谣言危机预警及模拟仿真研究》，《现代情报》2019年第12期。

升级应急管理信息化技术,是融合创新的重要选择。

3. 提高部门之间的数据融合水平

当前,应急管理工作跨部门沟通存在系统支持不足的障碍。各个政府部门在系统设计时主要考虑为本部门服务,跨部门沟通能力较弱。未来,需要打破不同部门单个项目建设的思维惯性,提高基于应急管理的整体规划,降低开发、运维成本,提高部门之间的数据融合水平,从整体上提高应急管理的运行效率。

4. 扩展信息收集维度

随着我国经济发展、社会进步和公众安全意识的增强,社会各方对应急产品和服务的需求不断增长。应急管理领域覆盖面广,系统需要的数据越来越丰富,传统数据维度现在看来可能已经不能满足要求,因此亟须从当前应急管理工作需求出发,扩展系统收集的数据维度,从而为应急管理工作提供更智能、更精准的决策支撑。

5. 解决应急管理信息化人才的短板

据统计,截止到 2020 年,全国范围内安全监管、安全服务、安全技术应用人才缺口达 43 万人[①],基层应急管理人才专业技能不足。缺乏信息化专业人才,更缺乏既懂技术又懂应急管理的人才。应急信息化专业人才的匮乏,已经成为当前推进应急管理信息化建设亟须解决的一大难题。

四 高校在智慧应急管理领域可以发挥重要作用

1. 应急管理是当前重点发展的学科领域

2019 年 11 月 29 日,习近平总书记在中共中央政治局第十九次集体学习时指出,应急管理是国家治理体系和治理能力的重要组成部分。2019 年,教育部恢复"应急管理"本科专业。2020 年 3 月,《教育部本科专业目录(2020 年版)》发布,新增应急管理、应急技术与管理两个专业。2020 年 4 月,国务院学位委员会办公室发布《关于推动部分学位授予单位加强应急管理学科建设的通知》(学位办〔2020〕4 号)。2021 年 2 月,教育部批准增设"应急装备技术与工程"特设本科专业。美国联邦应急管理局(FEMA)统计数据显示,美国设置应急管理专业的高校共有 257 所,设置国土安全和防御恐怖相关专业的高校有 131 所。

---

① 毕颖等:《工科高校应急管理人才培养探究》,《安全》2020 年第 10 期。

2. 应急管理学院数量快速增长

2020 年，全国 3000 所高等院校中，已有应急管理学院的不足 10 所。目前，全国应急管理学院已经超过 30 所。2020 年，教育部联合应急管理部公布 2020 年首批"应急安全智慧学习工场"暨应急管理学院建设名单，全国 19 所高校入选。2020 年 8 月，北京邮电大学成立应急管理学院，2021 年 1 月，中国科学院大学成立应急管理科学与工程学院，2021 年 4 月，北京师范大学成立国家安全与应急管理学院。

3. 构建政产学研用发展模式

自 2018 年 3 月国家成立应急管理部以来，各级地方政府组成部门均对应地设立了应急管理厅（局），防灾减灾、安全生产实现统一领导，应急管理领域在人才培养、科技研发、政府支持等方面还有很大的发展空间。从学科领域划分，应急管理主要归属安全科学与工程类、管理科学与工程类、公共管理类等，体现出管理学、工学、社会学、计算机科学等学科交叉的特征。教育部、国家发展改革委和财政部发布的《关于加快新时代研究生教育改革发展的意见》中指出，设立新兴交叉学科门类，支持战略性新兴学科发展。作为国家重大战略需求，应急管理领域信息化发展还有很大空间，智慧应急管理在未来也会发挥越来越大的作用。以服务应急管理领域治理体系和治理能力现代化为愿景，以信息技术优势为依托，以学科交叉发展为契机，以人才培养、科技研发、成果转化、社会服务和政府支撑为重点，构建"政产学研用"发展模式，是高校服务社会、信息驱动管理的有效途径。

坚持总体国家安全观，构建大安全格局

李雪峰[*]

在世界展现百年未有之大变局、我国开启现代化建设新征程的今天，我国国家安全内涵和外延比历史上任何时候都要丰富，时空领域比历史上任何时候都要宽广，内外因素比历史上任何时候都要复杂。[①] 总的来看，国家安全形势严峻，维护国家安全任务繁重。这就要求我们坚持底线思维，坚持总体国家安全观，构建大安全格局。

一 引言：国家安全风险形势要求必须坚持总体国家安全观

在世界百年变局和安全形势不确定性增强的大背景下，我国国家安全形势十分严峻。一是各种安全风险加剧。国际区域性、局部性冲突此起彼伏，直接或间接地影响我国安全稳定；敌对势力加紧对我国维护国家主权与安全的正当行动进行施压；围绕着不同社会制度与政治制度优劣争论所进行的国际意识形态斗争激烈；全球性的生物安全、网络安全、生态安全等非传统安全风险挑战巨大。二是各种安全风险相互转换、伴生、叠加，风险的骤变性、传导性、放大性、不确定性增强，呈现前所未有的复杂性。三是在新冠肺炎疫情肆虐全球、经济下行压力极大的背景下，各种安全风险如不能有效应对，就可能造成政治、经济、文化、社会与生态等方面的极大危害。

在上述形势下，必须进一步"贯彻落实总体国家安全观，必须既重视外部安全，又重视内部安全，既重视国土安全，又重视国民安全，既重视传统安全，又重视非传统安全，既重视发展问题，又重视安全问题，既重

---

[*] 李雪峰，中共中央党校（国家行政学院）应急管理培训中心（中欧应急管理学院）"一带一路"风险治理教研室教授。

[①] 《习近平谈治国理政》，外文出版社，2014，第201页。

视自身安全，又重视共同安全"①。习近平总书记在主持十九届中央政治局第二十六次集体学习时强调，要"把国家安全贯穿到党和国家工作各方面全过程，同经济社会发展一起谋划、一起部署，坚持系统思维，构建大安全格局"①。这一要求有着深刻的思想理论内涵，必须加以深入落实。

二 理念上，坚持人民安全、公共安全、发展安全、国际安全相统一

传统上，国家安全的指涉对象主要是军事安全、国土安全、政治安全等；新兴的非传统安全则更多地表现为"弱政治"特点，强调所谓的"人的安全"。我们所追求的大安全格局既重视传统安全，又重视非传统安全，要把人民安全、公共安全、发展安全、国际安全四个维度的价值追求有机统一起来。

全部安全工作都要坚持以人民安全为宗旨，以不断提升人民安全水平为指引。总体国家安全观要求"以人民安全为宗旨"②，是中国共产党全心全意为人民服务的宗旨、是以人民为中心的思想所决定的。人民安全的价值追求要求所有涉及安全风险治理与应对的工作都要坚持"以人为本"，坚持"发展决不能以牺牲人的生命为代价"③的红线意识，坚持推行"平安中国"战略、"健康中国"战略。实现更高水平的人民安全是社会主义现代化新征程伟大事业的内在要求，是提升人民群众的幸福感、获得感、安全感的目标要求所决定的。

维护公共安全是维护人民安全的直接体现。理论上，公共安全是不确定多数人的安全。实践上，公共安全无处不在，涉及千家万户。公共安全包括城乡居民社区的安全、企事业单位的生产运营安全、公共场所的安全、生态环境安全、食品药品安全、公共卫生安全、社会治安秩序等民生领域的安全。狠抓安全生产与自然灾害防治，加强疾病预防控制体系建设，开展平安社区、平安校园、安全城市建设等都属于公共安全的范畴。

发展安全是建设社会主义现代化国家的保障。维护发展安全是指在国家政治发展、经济发展、文化发展、社会发展、生态文明发展等领域都要有安全保障，构建起能够为建设社会主义现代化国家提供坚强保障的大安

---

① 《习近平谈治国理政》第4卷，外文出版社，2022，第389页。
② 《习近平谈治国理政》第4卷，外文出版社，2022，第390页。
③ 《习近平关于社会主义社会建设论述摘编》，中央文献出版社，2017，第143页。

全格局。维护发展安全就是要努力实现发展和安全的动态协同、协调并进，使高质量发展和高水平安全相互匹配、相互促进，确保实现中华民族伟大复兴的强国目标。

国际安全是国家安全的重要依托。维护国际安全既是维护我国海外利益、保障"一带一路"安全发展的需要，也是践行共同、综合、合作、可持续的普遍安全观，以及推动构建人类命运共同体的必然要求。当前，世界治理赤字、信任赤字、发展赤字、和平赤字不断扩大，保护主义、单边主义、民粹主义、极端主义抬头，国际政治、经济、科技、文化、安全等格局都在发生深刻调整，世界进入动荡变革期。从长远看，和平与发展仍然是时代主题，安全稳定是人心所向，合作共赢是大势所趋，中国必须进一步发挥好世界安全发展之锚的作用。

三 主体上，坚持党的领导、政府主导、社会协同、公众参与相统一

为落实好人民安全、公共安全、发展安全、国际安全相统一的安全价值理念，在国家安全由谁治理的问题上，既要落实好国家机器的安全治理职责，也要落实好国家安全依靠人民的方针。构建大安全格局需要切实确立治理主体的大格局，这就要实行包含各方力量的多主体共治，实现党的领导、政府主导、社会协同、公众参与的有机统一。

"东西南北中，党是领导一切的。"[1]坚持党对国家安全的领导，核心是坚持党中央对国家安全的集中统一领导，坚持党对人民军队的绝对领导，坚持党对各种国家安全专门力量的绝对领导。坚持党对国家安全的领导还要发挥各级党委抓方向、管大局的政治领导作用，落实各级党委的国家安全责任制；坚持发挥基层党组织在维护国家安全的斗争中的战斗堡垒作用；发挥广大党员在维护国家安全领域的先锋模范作用。

政府主导既指狭义的行政主导，也指广义的公共部门发挥国家安全治理的主渠道作用。包括各级政府及其部门发挥维护国家安全的职能作用，包括人民军队发挥维护军事安全与国土安全的主力军作用，也包括各级人大、政协发挥民主协商、政治监督作用，等等。

---

[1] 习近平：《决胜全面建成小康社会 夺取新时代中国特色社会主义伟大胜利——在中国共产党第十九次全国代表大会上的报告》，人民出版社，2017，第20页。

社会协同是指各类社会主体协同参与国家安全的构建。在国内，主要是指城乡基层组织、企事业单位、各类非政府组织、志愿者组织等的协同作用；在国际上，还包括发挥多边国际组织的协同作用、各种国际民间非政府组织的组织作用等。

公众参与是指广大人民群众发挥主人翁作用，对国家安全事务的广泛参与。公众参与国家安全治理要在各级党委政府的领导下和社会协同作用下，发挥公民维护国家安全的作用，使党的国家安全为了人民也依靠人民的方针得以落实。

四　布局上，坚持统分结合、宏微兼顾、远近并举、标本兼治相统一

在国家安全治理对象方面，涉及广泛的时空领域。在空间维度上，国家安全涉及广义的政治、经济、社会、文化、环境多领域安全风险，每个领域又有多个层次；在时间维度上，既有长期安全风险问题也有眼前的、紧迫的安全风险问题。构建大安全格局需要在工作布局方面做到统分结合，宏微兼顾，远近结合，标本兼治，使各个方面有机统一起来。

国家安全的责任分担上，要做到统分结合。统分结合表现在统上，是国家要完善统一的治理体系，包括国家安全法律体系的构建，中央国家安全委员会和各级党委国家安全委员会体制的完善。分就是各领域实行分类负责，其中，国家军事部门主要负责军事安全和国土安全；政法部门主要负责政治安全与社会稳定；经济金融部门负责经济金融安全；应急管理等部门负责各个具体社会领域的安全；等等。统分结合要求统的领导有力、分的责任到位，做到统一领导、统一指挥和发挥各方面积极性有机统一。

国家安全的空间布局上要做到宏微兼顾。宏观微观的兼顾是指在宏观上要有国家总体的安全战略布局，要构建集政治安全、国土安全、军事安全、经济安全、文化安全、社会安全、科技安全、信息安全、生态安全、资源安全、核安全、海外利益安全、太空安全、深海安全、极地安全、生物安全等于一体的国家安全体系；在微观上要做好每个安全领域的安全风险预防准备、监测预警、处置救援、恢复重建等具体工作。

国家安全的时间布局上要做到远近并举。所谓的远近并举首先要着眼于长远的安全布局，把握好类似于全球气候变暖、长期与敌对势力较量等长周期风险治理，努力维护国家长治久安。其次，也要处置好近期的安全

风险。经过"十三五"时期的发展，我国经济实力、科技实力、综合国力跃上新的台阶，但也要清醒地看到，国家在将强未强之时，也是安全事件的多发期、安全形势的高危期。在这样的历史时期，必须既在安全战略上作好方向性、长远性、全局性谋划，也要在防范化解当前的重大风险方面抓好落实、精准施策。

国家安全的任务布局上要做到标本兼治。所谓的标本兼治是既要治标又要治本。治标就是当前急难险重的任务，要坚决完成好。所谓治本就是要提升国家安全的本质安全水平，切实完善国家安全制度体系、提升国家安全能力，坚持推进国家安全体系和能力现代化。

五 方式上，坚持刚柔并济、软硬相参、奇正相杂、平战融合相统一

在怎样实施有效的国家安全治理方面，要把国家安全治理作为一项复杂的系统工程，坚持系统思维，实行多措并举。要把政治手段、行政手段、法治手段、科技手段、教育手段等综合运用，坚持刚柔相济、软硬相参、奇正相杂、平战融合等有机统一。

在国家安全治理的宽严尺度把握上，要做到刚柔相济。所谓刚的手段就是对人民利益、国家利益造成直接或严重损害的风险，要用铁一样的法治、严格的军事管控、严肃的行政命令等手段坚决落实相关的维护国家安全的任务。所谓柔的手段就是对一些领域或一定程度的风险采取容忍容纳、逐步消解的态度来柔性治理。

在国家安全治理的手段与工具使用上，要做到软硬相参。所谓硬的手段是指运用现代化工具，包括各种现代作战武器、现代应急救援工具、现代信息技术手段等实现维护国家安全的目标。所谓软的手段，就是运用文化的手段，运用宣传、教育、引导等方式来引领人民群众参与维护国家安全的工作。

在国家安全治理思路上，要做到奇正相杂。所谓奇正相杂就是既要追求正，要守正；也要追求奇，要创新。所谓守正就是要用科学化、规范化、标准化的办法来实行安全治理。所谓创新就是要采取超常规的方法创造性地破解安全问题。

在国家安全治理资源使用上，要做到平战融合。所谓平战融合就是要使用于常态经济社会运转的资源和主要用于应对非常态风险危机事件的资

源相互转换，以节约资源、实现范围经济效应。通过机制设计、应急预案制定等，促使常态下的组织体系、日常经济社会运转的物资资源能够迅速在需要时用于危机应对。专门设计用来应对风险与危机的作战力量、专业应急队伍、应急志愿者队伍也能够在平时发挥民事保护、安全风险科普宣教等作用。

金融风险防范中的寻租理论分析

——以永煤债券违约为例

任国征[*]

2020年11月10日，3A评级的"永煤集团"发布公告称2020年第三期超短期融资券"20永煤SCP003"到期不能足额偿付本息，已构成实质性违约。3A级别信用债违约，打碎了市场的国企信仰，直接影响了市场对高评级债券、国企债券的评价。此时又正值最高人民法院就债券违约行为制定了《全国法院审理债券纠纷案件座谈会纪要》，这使得金融风险防范成为重要的学术焦点和现实话题。要推进金融领域信用建设，必须研究金融活动中的寻租现象和理论，而债券违约中的寻租理论就是其重要内容。正是由于经济运行过程中的"信用不完全性"催生了"制度"建构的必要性，而"制度"作为防备不确定的"后设"条件自身同时也呈现"不完全性"特征，制度的不完全性或有限理性，导致了权力寻租的发生，因此，信用与权力寻租之间并非完全对立的关系，而是有着复杂的逻辑演化进路。

一 债券违约中的寻租文献综述

物品的稀缺性导致的"价值剩余"吸引人们通过各种方式获取"租"，而"寻租"作为一个专门性术语，更侧重于租金的人为创造，或可称之为经济租。寻租本身为一个经济学术语，它依附于对"租"的界定，何谓"租"（rent）？租又称为"租金"，一般指超过资源所有者的机会成本的报酬。学界对于寻租问题的研究探索可谓长盛不衰，见仁见智。

---

[*] 任国征，中央财经大学绿色金融国际研究院研究员，健康金融实验室主任，主要研究方向为信用理论、健康金融。

(一) 租金构成层次说

吴德荣认为,租金一般源于两种情况:①价格制度中自然产生,也称作寻利(profit-seeking);②人为创造出来,即寻租(rent-seeking)。吴德荣认为租金包括四类:垄断租、剩余租(剩余租是由市场出清价格和被政府设定的更低的价格之间的价差创造的)、折扣租(它是通过政府直接的价格干预抬高特殊商品的批发价而产生的)、直接补贴。① 高鸿祯、杨建新认为租金在经济学中有两个层次的含义:第一个层次的含义,也就是其最初的含义是指"地租",即土地作为一种生产要素投入而应该获得的报酬;第二个层次的含义是指"准地租",泛指土地以外各种生产要素的报酬超过其机会成本的剩余。

在短期内,如果某种因素导致某种生产要素需求增加,而这种生产要素的数量固定,其供给弹性几乎等于零,那么总收益就会超过生产成本而上涨,总收益与生产成本之间的差额叫作准地租。准地租仅在短期内存在,从长期看,这些生产要素的数量可以增加,从而其供给弹性不等于零,总收益与生产成本之间的差额将不再存在。"第三个层次的含义是指'经济租',用来表示长期内,某种产品或劳务的需求提高,而供给量出于种种原因(如政府干预、行政管制等人为限制)难以增加,导致该商品供求差额扩大,从而形成差价收入或要素收入。"② 而郭本海则指出:"经济租源于创新、冒风险和垄断,它存在于不完全竞争市场条件下和动态的社会里。"③ 不论是价格制度还是人为创造,不论是地租、准地租还是经济租,租金之所以会出现,一个根本性的问题在于"供给缺乏弹性",因此,价格制度自然产生的租金实质上源于物品的天然稀缺性,而人为创造出来的租金则是人为制造出来的稀缺性。

(二) 寻求租金租利说

早在1967年,塔洛克在《关税、垄断和偷窃的福利成本》阐述了寻租理论,他指出完全竞争的新古典经济模型对偏离竞争造成的社会福利损失估计得过小,税收、关税和垄断所造成的社会福利损失大大超过了通常

---

① 吴德荣:《市场改革中的寻租行为与经济治理》,《公共行政评论》2010年第5期。
② 高鸿祯、杨建新:《权力与非权力寻租的数学模型》,《厦门大学学报》1997年第4期。
③ 郭本海:《我国经济转型时期的寻租及其治理对策》,《东北大学学报》2001年第3期。

的估算。而迟至 1974 年 A. 克鲁格在发表的《寻租社会的政治经济学》中才正式提出寻租理论，克鲁格认为：在政府干预的情况下，人们为了获得个人利益，往往不再通过增加生产、降低成本的方式来增加利润；相反，却把财力、人力用于争取政府的种种优惠。① 寻租理论随后被公共选择学派所继承和发扬光大，公共选择学派的主力干将布坎南在 1980 年发表的《寻求租金与寻求利润》一文中指出："'寻求租金'一词是要描述这样一种制度背景中的行为：在那里，个人竭力使价值最大化造成了社会浪费，而没有形成社会剩余"。② 塔洛克（Tullock）也在 1980 年继续阐释寻租，他指出："个人的投资事实上既不会提高生产力水平，也不会降低生产力水平，却会因此而获得特殊地位或垄断权力而提高他的收入，这就是寻租"。③

约瑟夫·E. 斯蒂格利茨（Joseph E. Stiglitz）指出："那些通过某一行业获得垄断地位或维持垄断地位来获得或保持现存租金的行为称为寻租"。④ 罗格·非斯（Roger Faith）、罗伯特·托里森（Robert Tollison）等都指出"寻租"是用一种稀缺资源获取人为创造财富的转移，其中会导致财富的浪费。荣敬本认为"租金就是通过政府对市场的统制而产生的某种差价，所谓寻租就是通过金钱和权力的交换而去谋取这种差价"。⑤ 张慧岚指出："寻租活动从广义上讲，是指人类社会中非生产性的追求经济利益的活动，或者说是指那种维护既得的经济利益，或者对既得经济利益进行再分配的非生产性活。"⑥ 寻租导致的非生产性财富转移直到巴格瓦蒂（Bhagwati）提出"直接非生产性寻利"（Directly Unproductive Profit-seeking，简称 DUP）才被很好地界定，而所谓的非生产性寻利则是产生了货币效益而没有生产出货物或劳务。

（三）寻租人为活动说

寻租活动中的"人为性"涉及两种类型：其一，非权力性行为，比如

---

① 转引自《经济社会体制比较》编辑部《腐败：权力与金钱的交换》，中国经济出版社，1993，第 129 页。
② 转引自吴德荣《市场改革中的寻租行为与经济治理》，《公共行政评论》2010 年第 5 期。
③ 转引自《经济社会体制比较》编辑部《腐败：权力与金钱的交换》，中国经济出版社，1993，第 129 页。
④ 转引自麦克切斯内《管制的经济理论中的抽租与创租》，1987。
⑤ 《国外寻租理论研究及其借鉴——荣敬本研究员访谈》，《国外理论动态》2007 年第 9 期。
⑥ 张慧岚：《关于寻租行为与公共品供给效率的思考》，《经济研究导刊》2009 年第 28 期。

企业通过创新、垄断等获取的额外租；其二，权力性行为，主要指政府行为，比如政府通过政策、规约等获取的租。对于转型中的中国经济来说，企业在选择获取"经济租"的三种方式（创新、冒风险、垄断）的过程中，"创新"和"冒风险"都不是最优选择，"垄断"成为最为合理的选择，其根源就在于中国的"转型"大背景。据刘锦、王学军的实证研究发现，"外部寻租已成为转型经济体中企业的一种战略选择"，企业用"寻租战略"代替"创新战略"，"寻租战略"短期内刺激了企业的创新投入，但这并不代表寻租的积极意义，而是反映了我国市场制度不完善导致的"寻租悖论"[①]。

其一，作为权力执行者的"人"——政治家，并非完全的利他主义者，麦克切斯内认为政治家既是面对私人竞争性的需求进行财富再分配的经纪人，又有自己的需求，政府在经济活动中既具有创租行为（rent creation），又具有抽租行为（rent extraction）。[②] 其二，特殊性原因，也即"转型"背景下的制度不完善、体制问题、双轨制等导致的"漏洞"存在，使得寻租活动发生。黄少安、赵建指出我国改革存在"转轨失衡"，"即政治体制根本性质不变、经济上实行市场化改革的经济系统中，虽然因为生产资源再分配权力被政治家垄断从而出现大量租金耗散，但是，政治家和厂商实际上达成的租金分成关系，使得寻租行为和生产行为具有很强的、奇妙的互补性，即短期内租金耗散和经济快速增长共存。"[③]

（四）寻租制度缺陷说

王妍、李世朗认为，我国转型时期寻租发生的根源性因素是"制度缺陷"，制度在规定经济主体、制定经济规则等方面的不足导致寻租普遍发生。[④] 另一个值得注意的现象是在经济转型背景下，"寻租"往往是政府调控经济的有效手段，呈现一定的积极效用，比如，吴德荣指出三十多年的改革中，中国发展出一套独特的经济管理体制，这套管理体制同时包含行

---

① 刘锦、王学军：《寻租、腐败与企业研发投入——来自30省12367家企业的证据》，《科学学研究》2014年第10期。
② 麦克切斯内：《管制的经济理论中的抽租与创租》，1987，第101~118页。
③ 黄少安、赵建：《转轨失衡与经济的短期和长期增长：一个寻租模型》，《经济研究》2009年第12期。
④ 王妍、李世朗：《中国经济领域制度性寻租行为剖析》，《哈尔滨工业大学学报》（社会科学版）2005年第5期。

政手段和市场运作，其中包括复杂的市场准入制度、选择性政策、层压式经济增长分包制等经济治理措施，租金成为中央政府影响产业计划的政策工具，地方政府则利用租金配给来发展当地经济，不少国企依靠垄断来壮大，民企则依赖当地政府的保护来增加企业的利润。由此，经济租金的创造、分配与追求已制度化，并成为经济治理的一环。在这样一种体制下，租金的创造便具有双重性：它可以是合法的政府行为，也可能是腐败的一个根源。①

贺卫把政府寻租分为三类（无意创租、被动创租、主动创租），其中，无意创租是政府为解决市场失灵而干预经济时产生的租金。②而青木昌彦也在《政府在东亚经济发展中的作用》中指出：政府必须限制非生产性寻租，允许相机性寻租，因为相机性租金是政府增进市场作用的有机组成部分。克罕也指出：一些租是无效率和阻碍增长的，其他的租，比如自然资源租和学习租，在经济的增长和发展中扮演了必要的角色。克罕认为问题的核心在于"好租"创造的经济利润是否能够超过寻租成本，或者"坏租"的成本是否增加了社会损失。

二 河南永煤债券违约的案情梳理

2020年11月10日，永城煤电控股集团发布债券市场的违约事件公告，继违约发生后，11月11日至12日，多只地方国企境内债券暴跌，市场几乎遍地卖盘，难见买盘，投资者询价已经不谈收益率，直接净价打折抛售，引起各界广泛关注。永煤控股股东为豫能化、实际控制人为河南省国资委（100%持股）。主营业务包括煤炭、化工、贸易、有色等领域，业务广泛分布在河南、贵州、安徽、新疆等地。其中煤炭业务是公司的核心领域，且公司是国内领先的精品无烟煤生产龙头企业，也是全国主要无烟煤基地之一。

（一）永煤的资金流现状分析

永煤突发债券违约，国际投资者对地方政府选择资质较弱的国有企业直接逃废债的担忧上升，对中国信用体系的根基受到冲击担忧急剧上升，

---

① 吴德荣：《市场改革中的寻租行为与经济治理》，《公共行政评论》2010年第5期。
② 贺卫：《寻租的政治经济学分析》，上海财经大学博士学位论文，1998。

影响了离岸市场国企债整体的情绪,离岸市场上多只国企美元债持续遭到抛售。现从资金流角度进行分析。

从银行授信情况看,截至2019年末,发行人股东河南能源化工集团有限公司获得主要贷款银行的授信额度为2227亿元,已使用额度为1219亿元,2020年初剩余授信额度为1008亿元。截至2020年第三季度,公司最新一期报表显示永煤期末现金及等价物余额为328.21亿元。此外公司在10月下旬刚刚发完一期中票"20永煤MTN006"。从资金面来看,企业应具备本次10亿元短融偿还能力,公司本不至于在此刻就发生违约行为。

从流动负债表来看,永煤负债中流动负债占比偏高,且呈现逐年上升态势,截至2020年Q1流动负债占比为74.6%,非流动负债占比为25.4%。流动负债主要由短期借款、应付票据、应付账款、其他应付及一年内到期非流动资产构成。其中,短期借款占比由2015年4.8%的低点上升至2020年Q1的19.4%。截至2019年,公司短期及长期有息负债分别为460亿元、300亿元,负债占比分别为36.5%、23.8%,合计有息债务占比达到60.3%。整体上看公司有息负债中短期有息负债占比提升明显,长期有息负债占比波动下降,公司负债偏短期化趋势明显。

(二) 永煤债券违约的后续影响分析

永煤244亿元债券直接违约点燃了整个市场对信用环境极度悲观的情绪。金融体系的根基是信用,永煤违约表面上会造成信用踩踏、削弱市场融资功能、带来金融机构去杠杆,进而造成系统性风险抬升。深远来看,投资者担心的是地方政府恶意逃废债的地方保护行为,无视市场规则、无视投资者,将会给中国金融体系带来信用危机,对债券和股票市场都会带来剧烈冲击,造成对中国金融法治的担忧和金融体系的倒退。因此,如何从监管层面稳定市场情绪,维护投资者的合法权益,打消投资人对于信用债市场无序违约的担忧,这个问题值得思考。

1. 引发国企债券信用危机

信用是金融的本质,信用的有效流转是金融市场的最基本功能,应受到法律保护。而永煤事件中,地方政府手握有价值资产而直接选择不偿还债务。整个事件动摇了金融机构一直以来对信用风险及信用定价的最基本逻辑,即债权的价值是基于资产的价值和债权优先于股权受偿这两个逻辑,信用变得无法分析,没有秩序。永煤事件后,金融机构不知道持有的其他企业的债权会不会在有核心资产、经营正常的同时，突然全额违约。如前述市场情况，当信用的根本逻辑被改变时，整个市场陷入风险偏好的齐步走降低，资产陷入无序抛售，市场融资功能受到直接冲击，系统性风险随之大幅上升。当今社会，信用的重要性愈发显著。如何完善信用监管制度，如何在法律和制度层面设计信用修复机制，这同样值得思考。

2. 冲击市场再融资业务

永煤债券违约事件之后，一级市场遭冷遇，一些煤炭集团更是取消债券发行；利率债市场同样受到波及，部分公募基金净值大幅下滑，流动性分层加剧，从而引发债券市场"连跌"。11 月 11 至 12 日，2 天内，10 只以上债券取消发行，山东的山煤集团原本已经募满的短融（20 山煤 CP005）遭到市场机构撤量，最终取消发行。山西的阳煤集团超短融募集量不够取消发行，晋能中票（20 晋能 MTN019）没募满取消发行，扬州经开短融（20 扬州经开 CP002）没募满取消发行，大同煤矿（20 大同煤矿 PPN005）没募满取消发行，20 六合交通 PPN006 没募满取消发行，世茂股份（20 沪世茂 MTN002）没募满取消发行，20 连云港 SCP010、20 阳泰实业 CP001、20 泉州城建 CP001 等募集都多次延期，较难发行。永煤事件影响到的不只是其所在省份，还包括其他省份地方国企、其他省份城投企业和资质较好的产业主体，该违约事件几乎打击了所有类型发行人的再融资能力。

三　金融风险防范中的制度与寻租

通过以上永煤债券违约事件分析可以发现，在政府（上下级）、企业、债券之间存在一个复杂的设租、寻租网络，而贯穿其中的则是"金钱"或"利益"，当权力演化为可以买卖的商品，权力也就发生了异化，形成寻租，进而危害了金融风险防范的正常运转。当看似公平的金融市场秩序却以权钱交易的方式暗中进行时，金融市场也就是一种徒有其表的"伪市场"[①]，更严重的情况则是政府被利益集团所绑架，成为利益集团的工具，也即"政府俘获"，[②]"政府俘获"的直接后果是政府腐败，以公共利益的受损为代价获取高额的个人利益回报。

[①] 牧野风：《伪市场，权力寻租者的天然良港》，《廉政瞭望》2007 年第 8 期。
[②] 卢正刚：《"政府俘获"：权力寻租的高级形态》，《南风窗》2010 年第 9 期。

(一) 债券违约的机理分析

债券作为一种金融手段，这使其具有被设租的潜在条件，而设租发生的背后性因素则是权力介入了债券领域，权力同样具有稀缺性，当权力操纵了债券的审批、开采、流通、交易等环节后，寻租也就发生了。但在寻租、权力背后，又可以发现政商之间、政政之间存在独特的信用认知，这种信用认知观与权力利益观、寻租纠缠在一起，使得政商官场之间形成了一个共进退、共担风险、共享利益的"命运共同体"，从而为塌方式腐败的发生打下了基础。由此，政治、企业、债券三者之间便形成了一种扭结关系，如图1所示。

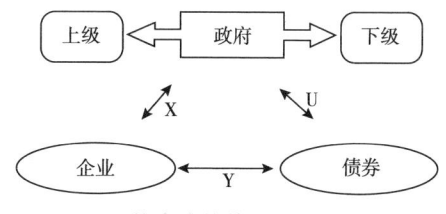

图1 债券违约的机理分析示意

（1）政府与债券（U）：债券在国家经济社会发展过程中事关国计民生，政府因此从各个环节对其进行调控，[①] 由此，权力介入债券经济领域的主要目的是一种政府无意创租行为，是为了解决市场失灵问题而产生的租金，但在实际的操作过程中，以公共利益为目的的权力被异化为谋取个人私利的手段。在以GDP为官员考评指标的背景下，地方政府必然具有GDP增长冲动，这也是政府官员政绩的重要来源。

（2）政府与企业（X）：20世纪70年代末开启的改革开放使传统的高度集中的计划经济体制逐渐解体，但我国采取的是一条渐进式的改革道路，这使得在我国经济长期呈现双轨制特征，90年代以来，我国提出建立社会主义市场经济体制，但在市场经济建立的过程中，政府并没有逐渐从市场领域退出，政府依然对经济具有重要的影响力，黄少安等将其称为转轨失衡[②]，这有两个方面的原因：其一，如前所论，政府的无意创租，也

---

① 宋馥李、赵冰洁：《山西"打虎"：十年政商纠葛史》，经济观察网，http://www.eeo.com.cn/2014/0830/265696.shtml。

② 黄少安、赵建：《转轨失衡与经济的短期和长期增长：一个寻租模型》，《经济研究》2009年第12期。

即克服市场失灵需要政府对经济施加宏观调控；其二，对于后发国家来说，现代制度的建构动力来自政府推动，[①] 因此对于中国来说，政府依然扮演着经济发动机的角色。对于企业来说，现代经济制度的不完善，尤其是现代产权制度的不完备使得企业的独立性无法得到有效保护，为了防止"敲竹杠"和获取"垄断利润"[②]，企业有动力去寻求政府的帮助，最终二者成为一个利益共同体。

（3）企业与债券（Y）：债券对于企业来说只具有原材料的价值，企业完全可以通过技术创新、冒险等活动从投资中获取高额利润，但当债券的天然稀缺性与权力介入后的人为稀缺性叠加后，债券的"租金"便会远远高于成本，在这种背景下，债券的价格已经偏离了其价值，而开始具有投机的性质。

（4）政府与市场（总结）：权力大小使其自然分成了下级与上级，从官僚系统来说，上下级之间是一种权责大小的差异，而当权力进入市场从而具有了寻租的价值之后，上下级之间的政治关系便演变成一种利益互换关系，也即上级通过有限的上升通道进行"寻租"，而随着权力的增大在市场寻租活动的收益也会成倍增加，下级也就具有动力去进行寻租，而不再依靠合法途径去谋取较高的职位，下级为了获取向上级支付租金的能力，便会不断向企业进行主动设租和抽租，由此在政府的上级、下级、企业、债券之间形成一个复杂的利益链接网。

(二) 金融风险防范的构建

作为规范社会中个人和集体行为的规则框架，制度调整的是对利益的分配，制度效力的发挥一方面依赖于民众的认可与服从，这也可以被称为制度信用，也即制度的合法性来源；另一方面依赖于强力的保障，在现实生活中，以公共权力的形式表现出来。制度作为人为构造出来的一套规则框架，它既承载了人们对社会价值的看法，同时也是维持社会秩序的有效手段，但制度从来不是完美无缺的，制度的设计与实施都有赖于人的理性认知，而人的理性认知能力是具有有限性的，因此，制度也具有一定的不完全性。经过以上对信用、制度、寻租的逻辑推衍之后，我们可以简略地

---

① 〔美〕塞缪尔·亨廷顿：《变化社会中的政治秩序》，王冠华等译，上海人民出版社，2008。

② 吴敬琏：《警惕权力寻租阻碍改革》，《营销学苑》2008年第11期。

勾画出三者的关系，如图 2 所示。

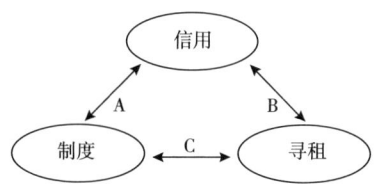

图 2　信任、制度与寻租关系示意

信用、制度、寻租三者之间形成了三对关系，这三对关系中信用与制度的关系以 A 代表，制度与寻租的关系以 C 代表，信用与寻租的关系以 B 代表，下面本文将提出三者关系的假设。

1. 信用与制度（A）

（A1）信用是制度构建的先在社会条件，信用度影响制度实施的效能；

（A2）制度差异决定着一个社会的信用类型、信用水平。

2. 信用与寻租（B）

（B1）不同的信用对寻租起着不同作用，信用与寻租的关系是复杂的；

（B2）寻租抑制了普遍信用，助长了特殊信用。

3. 制度与寻租（C）

（C1）制度可能助长寻租，也会抑制寻租；

（C2）寻租可能是制度的产物，也会成为制度合法性基础。

通过以上对 A、B、C 三种关系的简单阐释，我们可以发现制度、信用、寻租三者之间并不是简单的决定与被决定关系，而是一种相互影响的复杂关系，对于不同的社会来说，信用、制度、寻租三者的排列组合会呈现不同的面貌，比如对于自由主义学派来说，他们对于三者关系的选择会是：民主制度是社会信用的基石，国家应不干预经济，由此也就抑制了社会寻租（主要是权力寻租）的发生。基于以上简单架构的设计，本文将以此分析中国经济转型中的信用、制度、寻租关系。

四　总结与讨论

本文从不完全性这一视角对信用、制度、寻租三者关系的建构对于分析转型期中国社会的一些社会现象具有一定的阐释力。信用、制度、寻租三者之间不是简单的决定与被决定关系，而是一个复杂的、多元的博弈过程，现代社会的健康发展离不开高水平的信用、高效的制度和相机性寻租①，但三者之间的具体关系仍有待进一步的厘清，本文只是从"不完全"这一视角提出了自己的假说，其中仍有许多问题有待进一步的发展与完善。比如，何为不完全。对于中国经济转型背景下的信用状况，学者们提出了建设制度化的、普遍式的信用模式，但中国传统的信用模式在现代信用模式建构中扮演什么样的角色也值得思考。对于寻租，以公共选择学派为代表的西方经济理论批评了政府对经济的干预，但2008年经济危机和后来的次贷危机的发生再一次验证了市场存在失灵的可能，宏观调控是经济健康发展的必备因素，但政府权力对经济的调控又催生了寻租腐败的可能，因此，如何看待债券违约中的寻租在经济发展中的意义，有待进一步研究。总之，建立和完善金融风险防范和制度，有利于建立现代银行制度，推动金融信用建设规范化和国际化；有利于规范包括债券在内的金融秩序，发挥金融服务实体的作用和活力，激发金融失信主体的守信意愿，保障金融失信主体的合法权利。

---

① 青木昌彦在《政府在东亚经济发展中的作用》中指出政府必须限制非生产性寻租，允许相机性寻租。相机性租金是政府增进市场作用的有机组成部分。

中国系统性金融风险的监测和度量
——基于马尔科夫区制转移模型

赵 林[*]

一 引言与文献综述

在当今实践中，金融压力指数由于可以实时反映金融风险状态，已成为金融风险预警体系的重要组成部分和监管当局实施宏观审慎政策的依据来源。

金融压力指数的概念首先由加拿大学者 Illing & Liu 提出，他们将金融压力指数定义为描述金融压力的连续变量。[①] 此后，Hakkio & Keeton 选取了不同金融子市场的 11 个指标为堪萨斯联储合成了堪萨斯州金融压力指数（KCFSI）；[②] Hollo 等构建了系统性金融压力指数（CISS），并提出金融压力指数的总体目标是"衡量当前的不稳定状态"；[③] Vermeulen 等则为经合组织 28 个国家制定了金融压力指数，并分析了其与金融危机的关系。[④] 值得注意的是，在金融压力指数的合成过程中，指标的选取并不固定，如 Balakrishnan 等只考虑了银行部门系数、股票收益率、时变股指收益波动率、主权债务利差、外汇市场压力指数这 5 个指标。[⑤] 从 1995 年墨西哥金融风暴到 1997 年亚洲金融危机，从 2007 年美国次贷危机到 2011 年欧债危

---

[*] 赵林，山东财经大学。

[①] Mark Illing, Liu Ying, "Measuring Financial Stress in a Developed Country: An Application to Canada," *Journal of Financial Stability* 2(2006): 243–265.

[②] Craig-S Hakkio, Keeton William-R., "Financial Stress: What Is It, How Can It Be Measured, and Why Does It Matter?" *Economic Review* 2(2009): 5–50.

[③] Daniel Hollo, Kremer Manfred, Lo Duca Marco, "CISS – a Composite Indicator of Systemic Stress in the Financial System," *Working Paper Series*(2012).

[④] Robert Vermeulen, Hoeberichts Marco, Vašíček Bořek, et al., "Financial Stress Indices and Financial Crises," *Open Economies Review* 3(2015): 383–406.

[⑤] Ravi Balakrishnan, Danninger Stephan, Elekdag Selim, et al., "The Transmission of Financial Stress from Advanced to Emerging Economies," *Emerging Markets Finance and Trade* 2(2011): 40–68.

机再到 2020 年美国股市频频熔断，每一次金融浪潮都在不同程度上冲击着各国的经济结构和金融体系的稳定性。随着全球化进程的不断加快，各国金融往来日益密切，金融危机的溢出效应也会被无限放大。因此，完善金融风险预警体系对于维护金融体系的稳定以及防范化解金融风险具有重要的实践意义。

克利夫兰金融压力指数（CFSI）加入了更多市场指数，比如投资者情绪指数、新兴市场债券指数，指标数量达到 16 个。此外对于不同子市场的加权方式也存在差异，目前来看主要有等方差权重、因子分析、非线性加权等方法。国际货币基金组织使用银行、股票等市场的 7 个指标通过等方差加权的方法合成了全球 17 个发达经济体的金融压力指数；[1] 克利夫兰联储学者 Oet et al. 则采用因子分析的方式对子市场赋权并合成了克利夫兰金融压力指数；[2] Louzis & Vouldis 则使用 MGRACH 模型描述不同市场动态关联并建立了希腊金融压力指数。[3]

相比之下，国内方面对于金融压力指数的研究还处于起步阶段。许涤龙和陈双莲基于 CRITIC 赋权法构建金融压力指数并从银行、房地产、股票市场和外部金融市场等方面综合测度我国面临的金融压力，其结果显示各子市场压力指数具有系统关联性和一定差异性，我国金融系统总体压力状态适度。[4] 邓创等也使用同样的方法，但从外汇、银行和资产三个方面测度了中国金融市场面临的压力，研究显示各金融子市场压力之间存在不同的时变动态。[5] 与之不同的是，陶玲和朱迎则选取了包括众多宏观经济指标在内的 40 个指标合成了中国金融压力总指数，以此来度量中国风险水平并认为综合指数法可以较好地监测金融风险的变化情况，利用区制转移模型可以对风险状态做一定程度的预测。[6] 张晶等在合成我国金融压力指

---

[1] Roberto Cardarelli, Elekdag Selim, Lall Subir, *Financial Stress, Downturns, and Recoveries*, International Monetary Fund, 2009.

[2] Mikhail-V Oet, Bianco Timothy, Gramlich Dieter, et al., "Financial Stress Index: A Lens for Supervising the Financial System," *FRB of Cleveland Policy Discussion Paper*(2012): 12 – 37.

[3] Dimitrios-P Louzis, Vouldis Angelos-T., *A Financial Systemic Stress Index for Greece*, 2013.

[4] 许涤龙、陈双莲：《基于金融压力指数的系统性金融风险测度研究》，《经济学动态》2015 年第 4 期。

[5] 邓创、赵珂：《中国的金融压力及其对宏观经济景气的影响动态》，《财经研究》2018 年第 7 期。

[6] 陶玲、朱迎：《系统性金融风险的监测和度量——基于中国金融体系的研究》，《金融研究》2016 年第 6 期。

数后研究发现我国金融系统性压力主要集中在高压和低压区间。[①] 此外，徐国祥和李波通过因子分析合成了中国金融压力日度指数[②]，马骏等则构建了以周为频率的中国金融压力指数。[③]

通过梳理相关文献可以发现，在对我国的金融压力指数的构建中，国内学者们存在的问题主要有两个方面：忽视了部分重要市场指标，如房地产市场，导致金融压力指数缺乏系统性；采用市场间固定权重的方式，导致金融压力指数缺乏时效性。

基于此，本文尝试在借鉴国内外最新研究的基础上，尝试从以上两个方面进行改进，构建具有系统性、时效性的我国金融风险预警指标——中国金融压力指数。具体来说，本文的创新点主要体现在以下两个方面：第一，笔者根据我国金融市场实际特点，采用包括银行、股票、债券、外汇、房地产市场在内的14个具有代表性的指标的月度数据来构建我国金融预警体系，体现了中国金融压力指数的系统性；第二，使用CRITIC方法对不同市场进行固定赋权的同时，对不同时点各市场间时变相关系数进行动态加权，体现了中国金融压力指数的时效性。

二 中国金融压力指数的构建

（一）基础指标的选取

在指标的选择上，本文除了从金融体系最核心的4个部门（银行、股票、债券、外汇）选取指标外，还考虑到我国金融体系的特点，添加了房地产市场指标，因为在我国金融体系中，房地产市场占据了非常重要的地位。对于指标频率的选择，考虑到我国金融市场相对于欧美国家还不发达，建立我国高频率金融压力指数并不是很合适，因为在高频率指数合成中很有可能会出现较多的缺失值和离群值，故本文选取月度频率指标。鉴于我国金融市场数据的可获取程度，本文样本区间选择为2006年10月到2020年3月，数据源于中经网统计数据库、CEIC中国经济数据库和国泰

[①] 张晶、高晴：《中国金融系统压力指数的设计及其应用》，《数量经济技术经济研究》2015年第11期。
[②] 徐国祥、李波：《中国金融压力指数的构建及动态传导效应研究》，《统计研究》2017年第4期。
[③] 转引自清华大学国家金融研究院金融与发展研究中心课题组《中国系统性金融压力的监测》，《国际金融研究》2019年第12期。

安数据库，对于少部分缺失数据使用指数平滑法予以补齐。各子市场指标选取如下。

（1）银行市场。①TED 利差。即 3 个月的银行间同业拆借利率减去 3 个月的国债收益率，它是衡量银行业流动性的重要指标，当 TED 利差上行，反映市场风险扩大，产生信用紧缩，是国际上通用的危机警示信号。②7 天回购利率波动率。由于巨大的市场回购交易量，在实际经济运行中，回购利率实质上已成为短期市场利率的代表，考虑到 7 天期限的回购利率易变性最低，敏感性最好，笔者采用 7 天回购利率波动率来表示短期市场利率的稳定性。③SHIBOR 波动率。SHIBOR 处于市场最基准的地位，对整个宏观基准面、股市、债市都具有风向标的作用，所以笔者采用最有代表性的隔夜 SHIBOR 并使用其波动率来考察我国基准利率风险状况。

（2）股票市场。①上证综指波动率。股票市场震荡最明显的一个特征就是股票的波动率迅速升高，因此笔者采用上证综指波动率作为股票市场的一个基础指标。②上证综指 CMAX（Cumulative Max Loss）。CMAX 衡量的是一定时期股票最大累计损失百分比，其计算公式为：$CMAX_t = 1 - x_t / \max [x \in (x_{t-j}, j = 0, 1, 2, \cdots, T)]$，T 为设定的滚动时期，本文以上证综指为样本计算 CMAX，并将其设置为 12 个月。③股债关联性。在股市中，金融风险加大的另一个重要特征是投资者会抛弃股票而青睐于收益稳定的国债，因此二者关联性会显著增强，所以笔者利用 DCC-GARCH 模型计算上证综指收益率与 10 年期国债收益率的动态相关系数来表现该特征。

（3）债券市场。①期限利差。期限利差是学术界衡量债券市场风险的常用指标，这是因为市场风险累积时投资者增持短期债券而卖出长期债券。其大小等于长期债券收益率 - 短期债券收益率，笔者采用 10 年期国债收益率 - 1 年期国债收益率来计算。②信用利差。其大小为 AAA 级企业债券 5 年期收益率和 5 年期国债收益率之差。信用利差是投资者把持不同债券的结果，也是对债券市场信心的反映。③国债收益波动率。国债收益率直接体现了债券市场环境的好坏，因此使用 5 年期国债收益波动率来测度债券市场的稳定性。

（4）外汇市场。①汇率波动率。汇率稳定是一国币值稳定的重要基础，笔者以汇率波动幅度表示汇率的稳定。②外汇储备增长率。外汇储备也是常用的衡量指标，因此使用外汇储备增长率来表示外汇储备的变化情况。

（5）房地产市场。①国房景气指数。该指数是对房地产市场整体环境好坏的直观反映。②房地产价格。房地产价格基本是房地产市场繁荣程度的直观表现。③房地产开发投资累计增长率。该指标反映的是房地产市场的投资活跃度。各市场指标汇总如表1所示。

表1 基础指标汇总

市场	指标	解释说明
银行	TED利差	3个月的银行间同业拆借利率 – 3个月的国债收益率
	7天回购利率波动率	以7天质押式回购利率为样本,基于GARCH(1,1)模型计算的时变方差序列
	SHIBOR波动率	以SHIBOR隔夜利率为样本,基于GARCH(1,1)模型计算的时变方差序列
股票	上证综指波动率	以上证综合指数为样本,基于GARCH(1,1)模型计算的时变方差序列
	上证综指CMAX	$CMAX = 1 - X_t / \max [X \in (X_{t-j}, j = 0, 1, \cdots, T)]$
	股债关联性	利用DCC-GARCH模型计算的上证综指收益率与10年期国债收益率的动态相关系数
债券	期限利差	10年期国债收益率 – 1年期国债收益率
	信用利差	AAA级企业债券5年期收益率 – 5年期国债收益率
	国债收益率波动率	以5年期国债收益率为样本,基于GARCH(1,1))模型计算的时变方差序列
外汇	汇率波动率	以实际有效汇率指数月度对数收益率为样本,基于GARCH(1,1)模型计算的时变方差序列
	外汇储备增长率	(当期外汇储备 – 上期外汇储备)/上期外汇储备
房地产	国房景气指数	综合反映了房地产市场繁荣程度
	房地产价格	以国房景气指数对数收益率代替
	房地产开发投资累计增长率	反映了房地产市场的投资活跃度

(二)基础指标的处理

1. 指标的正向化处理

在众多指标中,有的指标与金融压力指数是呈正相关的,比如TED利差、波动率等指标；有的指标与金融压力指数呈负相关，比如债券期限利差、外汇储备增长率等。不同向的指标在同一时间会对金融风险情况发出不同的信号，所以首先需要进行指标的正向化处理，即与金融压力指数是呈正相关的指标保持不变，与金融压力指数呈负相关的指标取其相反数。

2. 指标的标准化处理

金融压力指数是一个无量纲变量，而选取的各指标单位不一，因此在进行加权时还需要进行数据的标准化。数据标准化的方法很多，比如标准差法、离差法等，但通常金融数据不满足正态分布，所以使用上述方法进行标准化并不恰当。因此本文构造经验累积分布函数（Empirical Cumulative Distribution Function，ECDF）来转换数据，从而实现数据的标准化。

（三）中国金融压力指数的合成

1. 子市场指数的合成

在合成子市场压力指数时本文不再进行加权处理，通过对子市场指标进行简单算数平均合成子市场指数。各子市场压力指数走势如图1所示。

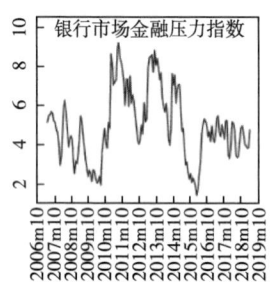
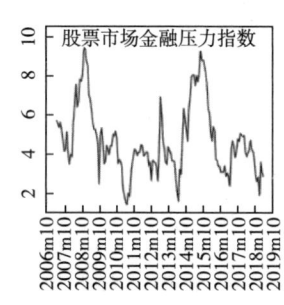
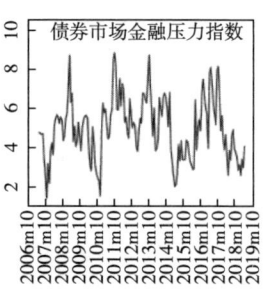
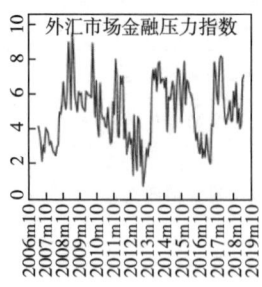
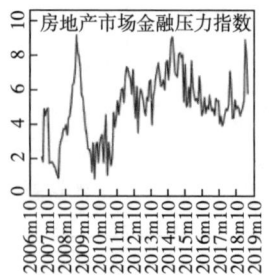

图1　各子市场压力指数走势

2. 中国金融压力指数的合成

在得到5个子市场的压力指数后，下一步需要考虑的是如何对子市场之间进行赋权。总结来看，国内学者合成金融压力指数时主要有以下几种方式：等方差权重、主成分分析等。大多数赋权方式在考虑数据特征的同时忽视了数据的时变效应，但显而易见的是，在一国经济实际运行过程中，任何某个市场对金融稳定的影响程度是时刻变化的。所以笔者首先通过 CRITIC 法对子市场进行横向固定赋权，然后基于对于各金融部门关联性都升高的时刻赋予更高权重，反之赋予较低权重的思维进行纵向动态赋权，从而使得权重的赋予具有时变特征。

（1）子市场压力指数的固定权重。本节笔者采用 CRITIC 法来确定各子市场的固定权重。CRITIC 法是由 Diakoulaki 提出的一种客观权重赋权法，该方法的基本原理是利用指标的相关系数和标准差合成指标的信息量作为指标权重。其计算公式为：

$$c_i = \partial_i \sum_{i=1}^{n}(1 - r_{i,j}) \tag{1}$$

其中，∂_i 为第 i 个指标的标准差，$r_{i,j}$ 为指标 i 和指标 j 的相关系数。本文 5 个子市场相关系数以及标准差如表 2 所示。

表 2　市场相关系数以及标准差

相关系数	银行	股票	债券	外汇	房地产
银行	1	-0.3068	0.3927	-0.3120	0.1420
股票	-0.3068	1	-0.1638	0.2645	0.1864
债券	0.3927	-0.1638	1	-0.1453	0.0795
外汇	-0.3120	0.2645	-0.1453	1	0.2670
房地产	0.1420	0.1864	0.0795	0.2670	1
标准差	0.18133	0.17194	0.1589	0.1825	0.18889

整理计算得到各市场固定权重向量 ω =（0.22，0.20，0.18，0.21，0.19）。

（2）中国金融压力指数的合成。描述各变量的时变相关特征需要用到各变量之间的相关系数，本文利用 DCC-GARCH 模型估计变量之间的时变相关系数。在该模型中我们主要关心的是时变相关系数矩阵 Rt 的求解，一般而言，估计时变相关系数需要先得到单变量 GARCH 模型残差，随后使用残差的无条件方差矩阵 Q_t 计算动态条件相关系数矩阵 R_t。本文在前面子市场数据基础上求解出我国五个子市场的相关系数,其大概走势如图 2 所示。

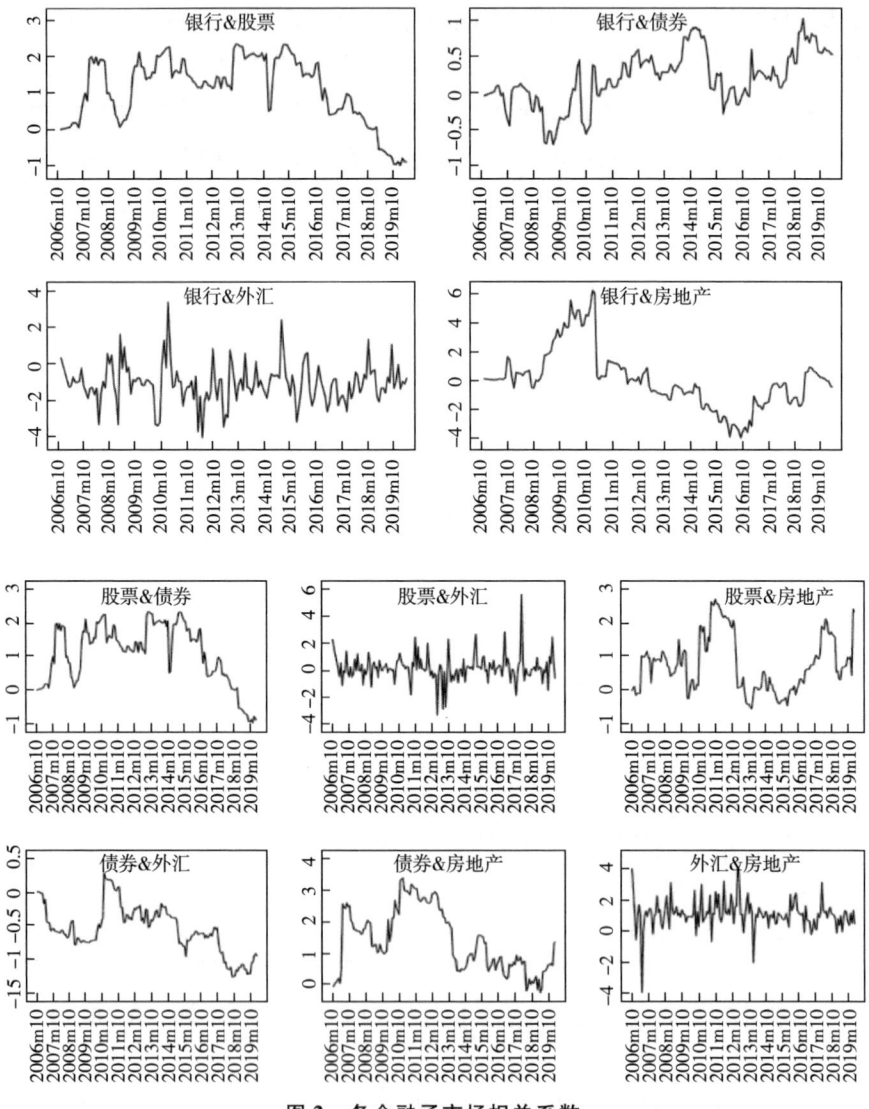

图 2　各金融子市场相关系数

从图 2 可以发现各市场相关性差异性明显且存在很强的时变特征,因此如果不考虑市场权重的时变特征,势必会对金融压力指数的精确性产生较大影响，金融压力指数也就难以发挥实测监测的作用。在得到各市场相关系数后，利用相关系数矩阵，并使用如下公式计算中国金融压力指数：

$$CFSI_t = (\omega \cdot S_t) C_t (\omega \cdot S_t) \qquad (2)$$

其中 ω 为各市场固定权重向量，S_t 为子市场指数向量，C_t 为动态条件相关系数矩阵。中国金融压力指数走势如图3所示。

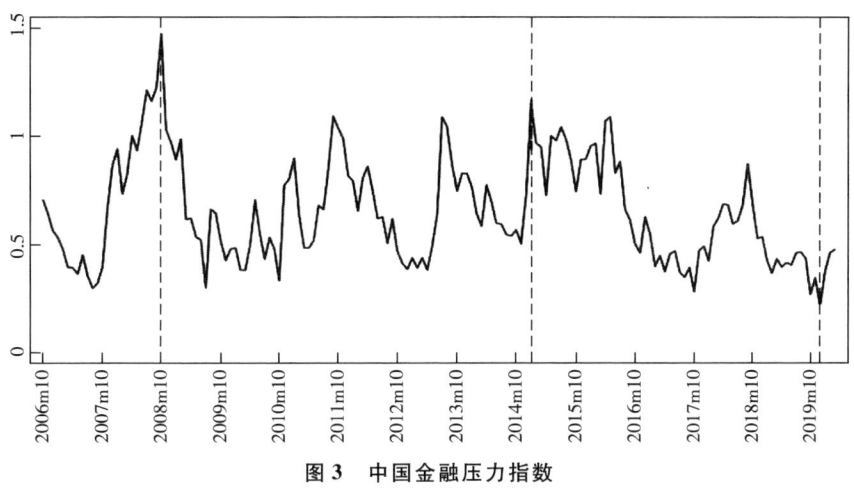

图3　中国金融压力指数

三　中国金融压力指数的应用

（一）中国金融市场风险的识别

1. 中国金融压力指数的定性识别

通过中国金融压力指数图可以明显看到，本文构建的中国金融压力指数精准性非常高。笔者选取了有代表性的三个时点并在图中标注虚线加以说明。第一个时点：2008年10月，2007年源自美国的次贷危机迅速蔓延全球，受此次金融危机的影响我国金融风险不断上升，随后2008年11月初政府注入四万亿流动性，而中国金融压力指数在2008年10月达到样本区间最大值并随后迅速下降，与现实非常吻合。第二个时点：2015年1月，2015年1月19日沪深两市股票全线暴跌，随后在2015年6月再次触底反弹，2015年8月政府出台救市政策，中国金融压力指数敏锐地捕捉到了由这次股市导致的我国金融风险的变化过程。第三个时点：2019年12

月，受新冠肺炎疫情影响我国经济受到重创，而我们构建的中国金融压力指数在 2019 年 12 月也及时作出精准反映。

2. 中国金融压力指数的定量识别

在金融压力指数的定量识别上，主要有以下两种方法：①在金融压力指数的基础上进一步构造金融压力识别指数（FSII），通过 FSII 具体数值的大小来检验特定时刻是否处于高风险时期；②采用马尔科夫区制转移模型。鉴于 FSII 阈值的设定具有较大的主观性，相比之下，马尔科夫区制转移模型依赖于自身数据的动态演变，结果更具有客观性。因此，笔者采用马尔科夫区制转移模型来考察中国金融压力指数的识别效果。

在对各变量进行平稳性检验和确定滞后阶数后①，笔者构建三区制一阶滞后马尔科夫区制转移模型 MSI（3）- AR（1）。马尔科夫区制模型的转移概率矩阵如表 3 所示。

表 3 转移概率矩阵

	低风险	中风险	高风险
低风险	0.8848	0.1000	0.0152
中风险	0.2039	0.6729	0.1232
高风险	0.0096	0.6896	0.3009

由表 3 可以看出，低风险和中风险的持续概率比较高，即本期是低风险或者中风险，下期还是低风险或者中风险的概率比较高，这两种风险区制存在较大的"惯性"。而高风险的维持概率仅为 30%，并且高风险转移到中风险的概率为 68.96%，笔者认为这比较符合我国金融风险实际特征，因为我国一直重视金融体系的稳定性建设，近几年更是强调防范化解重大风险特别是系统性金融风险，所以在金融市场发生震荡时我国都能进行及时有效的宏观调控，保证了金融市场的安全，金融风险持续处于高风险状态的概率并不高，往往会迅速降低。各区制的平滑概率以及持续时间如图 4 所示。

---

① 受篇幅所限，MSVAR 估计过程备索。

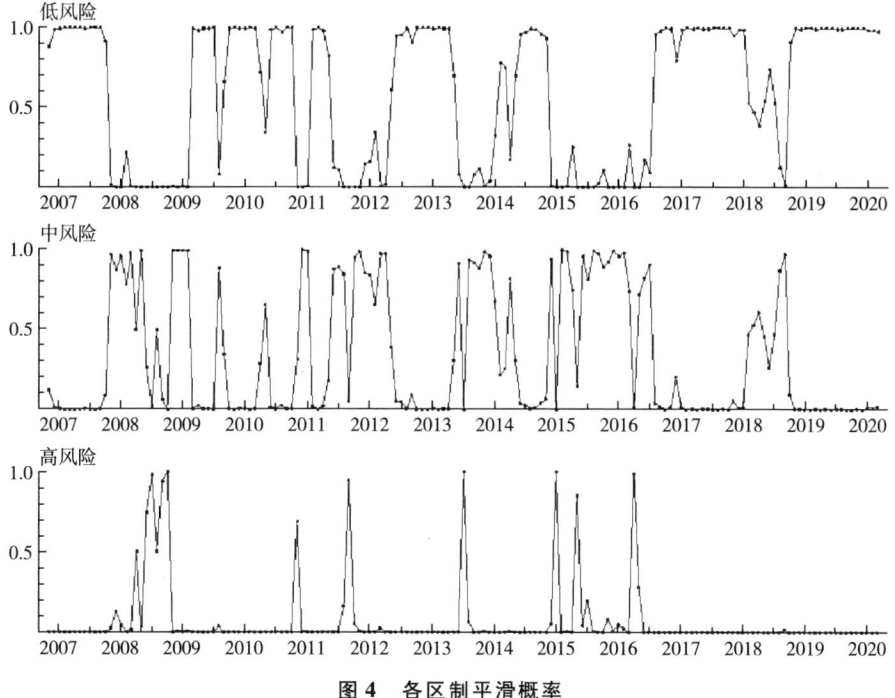

图 4   各区制平滑概率

表 4   区制持续时间

样本个数	区制概率	持续时间
95.2	0.5954	8.68
54.3	0.3329	3.06
11.5	0.0716	1.43

表 4 显示我国金融市场大部分是处于低风险状态，中风险状态占到样本区间的 33%，只有极少数时间处于高风险状态，图 4 的平滑概率图则表明了三种不同风险状态所处时点的差异性。具体来说，在 2008 年下半年金融危机全面波及我国金融市场、2010 年金融危机过后我国货币全面收紧时、2011 年的欧债危机、2015 年两次股市震荡以及 2016 年受到经济下行与供给侧结构的双重压力后，我国金融市场在 2008 年下半年、2010 年末、2011 年 6 月、2015 年 1 月、2015 年 6 月以及 2016 上半年这些时点都处于高风险状态，并且在这些时点之前我国中风险概率都显著升高。此外，可以观察到最近两年我国金融风险的状态：①受中美贸易摩擦的影响，平滑概率图提示在 2018 年处于中风险状态，后来随着中美暂停互加关税，贸易

环境问题有所缓和，我国金融风险又回落到低水位；②2020年初发生的新冠肺炎疫情，由于我国防控及时，政府及时出台减税、缓交社保以及央行降低市场贷款利率等政策，与过去高风险时点相比，疫情并没有对我国金融市场造成非常严重的冲击，所以当时我国金融市场仍处于低风险状态。

总之，马尔科夫区制转移模型较为准确地识别了我国金融市场风险的拐点，并能在金融压力较高时及时发出中高风险预警信号，这说明本文构建的中国金融压力指数具有良好的监测和预警效果。

四 结论与建议

国内外错综复杂的经济形势与不断推进的金融体系改革，在给我国金融市场创造机遇的同时也带来了更大的金融风险压力。鉴于此，本文在借鉴国内外最新研究的基础上立足于我国金融体系实际特点，选取银行、股票、债券、外汇、房地产市场中的14个有代表性的指标，利用CRITIC方法固定赋权和相关系数矩阵动态赋权，构建具有系统性和时效性的动态中国金融压力指数，来实证分析我国的金融压力特征。

研究表明，第一，基于时变权重的CRITIC赋权方式构建的中国金融压力指数能精确识别出我国过去发生的金融风险事件；第二，我国金融风险具有明显的三区制特征，金融市场过去大部分处于中低风险状态，中低风险状态具有明显的持续性，高风险状态有明显向中风险状态转移的倾向。在上述结论基础上，笔者提出以下两点建议。

第一，加强金融监管，稳步推进金融市场化改革。首先，在推进金融改革开放时，适当加强金融监管，坚持稳字为先的原则，遏制金融风险的不断累积；其次，金融监管与金融自由并行，二者应同时作为金融市场改革的工具，让金融业更好地服务于实体经济。

第二，财政政策积极有效，货币政策灵活适度。我国在财政政策上应更加积极，货币政策在稳健的基础上灵活适度，为各类金融企业渡过难关提供支持，消除潜在的金融风险，同时严防金融市场风险的外部输入。

中国中西部南北旅游大通道构建的风险预防研究*

赵临龙**

我国中西部南北旅游大通道，是指位于东经110°的中国陆地版图中轴线附近的区域，从北段满都拉到南端天涯海角，途经中西部9省区市：内蒙古、陕西、重庆、湖北、湖南、贵州、广西、广东、海南，全长3000多公里，其荟萃了我国旅游精品：内蒙古的成吉思汗陵、陕西的黄帝陵和兵马俑、重庆的长江小三峡、湖北的武当山、湖南的张家界、贵州的梵净山、广西的桂林山水、广东的海陵岛、海南的天涯海角。①

一 南北旅游大通道构建的情况

2006年，我们提出《构建中国中西部南北旅游大通道的设想》②（以下简称"南北旅游大通道"），以此整体推动中西部地区旅游的发展。

1. 南北旅游大通道的确定

2014年11月9日，在"2014新丝绸之路经济带建设研讨会"上，《丝绸之路引领下的我国中西部南北旅游大通道构建的思考》③ 引起较大影响。2015年1月4日，陕西省发改委邀请南北旅游大通道的发改委等机构，在西安召开了"包海高铁项目前期座谈会"，会议达成共识，共同争取使该项目纳入国家"十三五"规划并启动实施；2016年全国"两会"

---

* 基金项目：2022年陕西省社会科学精品文库出版资助项目（2022SKZZ015）；2021年度陕西本科教学改革研究项目（21BY158）。
** 赵临龙，硕士生导师，安康学院二级教授，主要研究方向为旅游规划研制。
① 赵临龙：《中国中西部南北旅游大通道的构建研究》，科学出版社，2018，第14~20页。
② 赵临龙：《构建我国中西部南北旅游大通道的设想》，《绿色中国》2006年第23期。
③ 赵临龙：《丝绸之路引领下的我国中西部南北旅游大通道构建的思考》，载陕西省社会科学界联合会专题资料汇编《陕西改革与新丝路新城镇建设研究2014年优秀论文集》，2014，第306~314页。

批准国家《第十三个五年规划纲要》,"包海高铁"列为其中。2016 年 7 月 20 日,国家《中长期铁路网规划》(2016～2025 年),"包(银)海通道"成为"八纵八横"主通道之一。2021 年 2 月 24 日,《国家综合立体交通网规划纲要》提出:构建"678"综合交通网涉及大通道。可见南北旅游大通道在国家建设中的地位。

2. 南北旅游大通道进展情况

在"包(银)海通道"上,首选连接人口密度较大的省会城市路线:包头(银川)—西安—重庆—贵阳—南宁—北海—湛江—海口(称为包海高铁省会线),贯通呼包鄂银、关中平原、成渝、黔中、北部湾、珠三角等城市群,以此高铁拉动各地经济发展。

包海高铁省会线,目前已开通高铁:银川—西安(350km/h)、西安—成都—重庆—贵阳—桂林—南宁—北海(250km/h);动车:包头—呼和浩特—鄂尔多斯(200km/h)、鄂尔多斯—西安—安康(160～250km/h)。此外,高铁(350km/h):榆林—延安—西安—安康、贵阳—南宁进入建设期,以及包头—鄂尔多斯、安康—重庆、北海—湛江、湛江—海口进入开工准备阶段,预计"十五五"初包海高铁省会线基本贯通。

2021 年 12 月 6 日,随着张家界—吉首—怀化高铁(350km/h)开通,标志包海通道线:包头—延安—西安—安康—张家界—怀化—桂林—湛江—海口(称为包海高铁直通线),成为包海高铁的支线,其贯通呼包鄂经济圈、关天经济带、长江经济带、武陵山经济协作区、泛北部湾经济区,是我国重要的一条生态旅游与人文风情黄金线。

包海高铁直通线,目前安康南下开通高铁:郑万高铁重庆巫山—奉节—万州段(350km/h)、张家界—怀化(350km/h)、怀化—贵州铜仁(250km/h)、广西三江县—桂林(250km/h),以及开通动车:重庆黔江—湖北咸丰—张家界(220km/h)、张家界—怀化—贵港—玉林(陆川县)(160～200km/h)、茂名—湛江(200km/h),其中奉节—巫溪郑万高铁支线投入建设中。预计"十五五"末,张海高铁:张家界—桂林—湛江—海口可能贯通。

当前,实际从包海高铁北段的鄂尔多斯乘动车经西安高铁到达南宁换乘动车到达包海高铁南段的玉林。目前,只有安康—张家界(或黔江)高铁、玉林—湛江高铁没有列入近期修建计划。

二 南北旅游大通道的区域优势

南北旅游大通道贯通南北，具有东西辐射的作用，对于我国全域旅游发展意义重大。

1. 南北旅游大通道连接"一带一路"成为国际旅游精品线

历史上，曾经出现世界著名的"沙漠丝绸之路""海上丝绸之路"，还有较大影响的"草原丝绸之路""茶马古道"等，这些古道与南北旅游大通道构成交通网。

北端满都拉口岸作为"草原丝绸之路"的起点之一，西安作为"沙漠丝绸之路"起点和"茶马古道"的延伸点，湛江、北部湾、海口（或三亚）成为"海上丝绸之路"的新起点。南北旅游大通道是"一带一路"在中国境内的延伸线，为其建设提供有力的支持。

南北旅游大通道的提出，顺应了经济全球化与区域经济一体化的世界经济发展两大趋势，将南北旅游大通道融入到"一带一路"中，建立具有世界影响力的国际旅游精品线，构成国际国内"双循环"发展的经济带。北端的满都拉国际口岸 AA 级景区，是连接中国与蒙古国、俄罗斯及欧洲国家的重要关口；南端的天涯海角为国家重点风景名胜区，经三亚母港开启"21世纪海上丝绸之路"，构建起"大草原—沙漠边关—长城古台—黄河壶口—黄土高坡—西安古都—秦岭之巅—长江三峡—恩施大峡谷—张家界地貌—梵净圣山—桂林山水—黄金海岸—天涯海角—大海洋"的国际旅游精品线。

2. 南北旅游大通道是中西部区域发展的重大战略

《第十四个五年规划和2035年远景目标纲要》提出："建设生态文明是中华民族永续发展的千年大计。坚定走生产发展、生活富裕、生态良好的文明发展道路"，明确了可持续发展的绿色产业方向。

目前，中西部地区经济发展与东部地区相比还存在较大差距，只有中西部地区实现现代化，中国才能全面实现现代化强国。构建中西部旅游通道，完全符合党中央提出"生态文明建设"的新时代要求。

南北旅游大通道的构建必须突出绿色经济的可持续发展，全面推进旅游发展，逐步将"南北旅游大通道"提升为"南北绿色经济带"[①]，成为国家区域发展的总体战略"推动西部大开发形成新格局，促进中部地区加

---

① 赵临龙：《中国中西部南北绿色经济带构建研究》，科学出版社，2012，第8~10页。

快崛起"，推动整个中西部经济发展，全面实现社会主义现代化强国。

3. 南北旅游大通道是中西部地区绿色经济增长极

南北旅游大通道串珠式地连接了中西部地区的城市群、沿线风景名胜区，对于增强各大城市群、经济圈互动交流，对于促进沿线革命老区、贫困地区、民族地区承接东中部产业转移、扩大群众就业创业极为重要。[1]

南北旅游大通道通过区域主要是我国中西部结合处的经济欠发达地区，这些区域的面积和人口分别占到全国的6.1%和5.7%。[2] 出于历史的原因，交通在这里成为瓶颈。目前，从陕西安康—重庆奉节—湖北恩施—湖南张家界，高速公路未完全建成，而且没有直线铁路（未开工建设），成为全国铁路的盲区。但这里的绿色资源非常丰富，从汉江到长江，从大巴山到武陵山，都是全国难得的青山绿水之地，是理想的旅游目的地。世界闻名的张家界奇峰、佛教圣地梵净山、中国最大的河流长江、震撼世界的恩施大峡谷以及西部地区最大的人工湖汉江瀛湖，构成山水画廊生态旅游的精品线，而且厚重的历史文化底蕴所形成的"古盐道"，既是古代的经济通道，也是古代的军事要道。因此，南北旅游大通道的旅游文化廊道，将是中西部地区绿色经济发展的增长极。

4. 南北旅游大通道是沿线旅游节点城市的辐射源

随着现代交通的建设，南北旅游大通道辐射区域更大，带动整个中国旅游经济快速发展。

南北旅游大通道途经9省区市的30多个旅游节点城市，从北到南拥有中国国家历史文化名城12座，拥有中国优秀旅游城市25座，形成的旅游文化廊道包含草原文化—沙漠文化—黄土文化—古都文化—山地文化—江河文化—海洋文化，构成特色鲜明的国际旅游精品线：大草原—沙漠边关—黄土高原—古都景观—绿水青山—黄金海岸—大海洋。

南北旅游大通道将旅游节点城市与其他城市相连接。在国家"八横通道"中，除东北的绥满通道，其他7条通道都与南北旅游大通道横向联系：京兰通道（包头、银川）、青银通道（延安、银川）、陆桥通道（西安）、沿江通道（重庆、奉节）、沪昆通道（怀化、贵阳）、厦渝通道（张家界、重庆）、广昆通道（贵港、南宁）。旅游节点城市沿着南北旅游大通道的文化廊

---

[1] 宋红梅：《包海西部高铁建议方案引关注》，《陕西日报》2015年3月8日。
[2] 赵临龙：《构建我国中西部南北旅游大通道的设想》，《绿色中国》2006年第23期。

道，将旅游线路辐射到河北、北京、天津、山西、山东、河南、江苏、上海、浙江、江西、福建、甘肃、宁夏、新疆、四川、云南等省区市。

三 南北旅游大通道构建存在的风险

南北旅游大通道作为国际旅游精品线，构成国际国内"双循环"发展的经济带，同时兼有军事要道的功能。但从事物的两面性考虑，南北旅游大通道构建也存在一定风险。

1. 南北旅游大通道的高铁投入效益

高铁的公益性并不意味着高铁建设就不追求收益属性。2019年，中国高铁只有6条线路实现了盈利，包括京沪线、沪宁线、宁杭线、广深线、京津线、沪杭线，其都位于沿海发达地区，其他高铁路线都处于亏损状态。[1]

2021年3月15日，《关于进一步做好铁路规划建设工作的意见》明确指出：新建铁路项目要严格按照国家批准的规划实施，未列入规划的项目原则上不得开工建设。同时要求：规划建设城际铁路线路，原则上采用时速200公里及以下标准，规划建设中西部地区路网空白区域铁路新线一般采用客货共线标准。

因此，南北旅游大通道的高铁投入效益，对南北旅游大通道构建有一定影响。

2. 南北旅游大通道的环境污染

包海高铁直通线建设，不仅需要减少施工的污染，更重要的是要保护好绿色生态，严禁杜绝对自然环境的破坏。

（1）旅游行为的污染。草原"旅游垃圾"污染。内蒙古大草原是人们向往的旅游目的地。随着南北旅游大通道的开启，距离呼和浩特仅有65公里1.5小时车程的敕勒川草原，距离包头200公里3小时车程的希拉穆仁草原，也将成为人们草原旅游的目的地。

但在一些草原旅游景点，随着大批游人的到来，原本干净的大草原，却遭到了"垃圾"的污染。目前，"旅游垃圾"已列为矿山和石油开发之后的草原上第三大污染源。[2]

---

[1] 数字财经智库：《中国高铁里程世界第一，却只有6条路线盈利，为什么还要一直建？》，搜狐网，https://www.sohu.com/picture/354997270。

[2] 丁铭：《"旅游垃圾"脏了草原的脸》，《中国环境报》2005年8月15日。

沙漠"旅游垃圾"污染。南北旅游大通道除响沙湾建成 5A 景区外，还有更大的库布齐沙漠。30 年来，我国的治沙工程取得了很大的成就，沙漠里出现了绿洲，也成为人们旅游的目的地。但随之而来，游客在游玩的途中将垃圾扔在沙漠里。"旅游垃圾"已成为污染沙漠的一大公害。由于这些垃圾多是不可降解的塑料制品，很容易使一些植被死掉。[①]

水域"旅游垃圾"污染。南北旅游大通道跨越长江、黄河、珠江、湘江、汉江、渭河等较大河流，直达南海。丰富的河流资源又开发为重要的旅游景区，像长江三峡旅游景区、天涯海角国家风景名胜区等。河流也成为一江两岸的城市景观，像长江奉节县城的沿江夜市、汉江安康市三桥一江两岸景观，其中提出的两地城市标识语"三峡之巅，诗橙奉节""汉水安康，秦汉郡城"都突出"水"的优势，更是绿色环保的标识语。河流资源伴随着旅游形成具有一定规模的渔业养殖产业，使品尝鲜鱼成为城市文化品牌的亮点。

但旅游业的兴起，在景区（江边）产生的生活垃圾，有的未经过污染处理直接排放到水域中，严重污染水质；城市沿河旅游景观，由于厕所缺少污染着城市环境；大规模的渔业养殖，大量的饲料投入水中造成水域污染；等等。

（2）旅游环境的污染。截止到 2019 年，南北旅游大通道涉及世界知名旅游景区和中国国家 4A 级以上景点达 400 个之多，使南北旅游大通道成为具有世界震撼力的旅游线路。

截止到 2019 年，南北旅游大通道省级市自治区涉及人口 3 亿多人，并辐射到全国 15 个相关省市自治区。这是一个巨大的旅游市场，但旅游六要素：吃、住、行、游、购、娱，对于自然环境的污染也是较大的。

旅游生活垃圾污染。随着旅客的增加，旅游六要素都将对环境造成一定污染。其中"吃、住"不仅产生大量的生活垃圾污染，还有餐饮业等造成的空气污染；"行、游"产生大量的生活垃圾，还有私家车排放导致的空气污染等；"购、娱"所产生的农产品销量急剧增加，造成化肥、农药的污染；以及通信技术服务导致的辐射污染，娱乐活动导致的噪声污染等。2015 年 10 月 9 日，全国第一家 5A 级景区山海关景区被摘牌，其原因之一就是环境卫生脏乱。[②]

---

① 丁铭：《"旅游垃圾"脏了草原的脸》，《中国环境报》2005 年 8 月 15 日。
② 旅游部：《近年被撤销的 5A 景区，现在都还好吗？》，搜狐网，https://www.sohu.com/a/278210358_99901749。

旅游的资源破坏"污染"。旅游不仅陶冶人们的情操，有利于人们开阔视野增长知识，还有利于人们增强体质。但在实际中，总有对环境产生破坏的事发生，其影响较大的秦岭北麓境内的违建，由于查处整治不力演变为政治问题。

（3）旅游项目建设的环境污染。截止到2019年，南北旅游大通道上有世界遗产10处，占全国53处的18.9%，国家风景名胜区24处，占全国244处的9.8%，国家5A景区47处，占全国258处的18.2%，从北到南构成全国自然生态和人文风情的旅游精品线。各地继续争创世界遗产、国家风景名胜区、国家5A景区等标志性指标。

旅游项目的建设所带来的建筑施工污染、建筑垃圾污染，以及伴随建设产生的相关配套业的深度"污染"。像三亚红塘湾海域的人工岛新机场，受到《财新周刊》和民间环保组织的质疑被迫停工。最终三亚新机场人工岛工程占地面积由原来的25.95平方公里缩减到15.7平方公里。①

3. 南北旅游大通道的防疫问题

南北旅游大通道作为旅游通道，也是经济通道，更是人员交往通道。但快捷方便的通道也给疫情（传染病）传播带来方便。因此，南北旅游大通道快速传播疫情对人造成的"污染"，也是新情况下的污染问题。

4. 南北旅游大通道的国防安全

南北旅游大通道北面是历史上的"秦直道"，南面是历史上的"湘桂运河"，既是民众的经济之道，也是古代的战争之道，是我国内陆到南海最近的陆海通道。今天，在和平时期，南北旅游大通道依然是国防安全之道。

追求世界和平是我们国家永远的期盼，但世界形势的复杂性，区域战争不断发生。因此，在我国和平时代决不能忘记国家安全，要增强国防安全意识。

四 南北旅游大通道构建的风险预防

正是南北旅游大通道的重要性，使其具有相应的风险。如何破解风险，推动以包海高铁"直通线"建设，是我们必须研究的重要问题。

1. 交通投入回报做到经济效益与社会效益协调一致

我国现代化强国建设，必须建设适度的高铁，形成国家交通网络化。

---

① 赵明：《三亚新机场人工岛填海工程环评重启两年前曾停工》，新浪网，http://news.sina.com.cn/c/2019-09-12/doc-iicezzrq5204686.shtml。

因此，盈利并不是高铁的唯一目的，即高铁投入还要考虑社会效益。因此，安张铁路依然是国家需要修建的南北连接线。

当然，在尽可能的条件下，也要考虑交通的投入回报。首先，根据实际情况，不必修建的交通线一律暂缓修建，客流量较小的城市降低交通修建标准，满足其正常需要即可；其次，对于开通的线路，根据客流量状况安排车次运行时间，对于客流量非常小的车次对其合并，甚至取消车次，相反节假日可以适当增加车次；最后，通过票价调剂吸引人们选择高铁出行，旺季可以适当上浮票价，淡季适当下调票价。

2. 环境保护坚持自始至终不放松

环境保护是长远大计，生态资源更是如此，有的资源破坏后恢复缓慢，有的甚至无法再生。因此，环境保护要从源头做起，全民共同参与，保护好青山绿水和蓝天白云的生态环境，维护国家生态安全和人们美好的幸福生活。

（1）环境保护从建设项目规划做起。对于所有建设项目，首先，从项目规划设计做起，严格按照国家生态红线，规划项目建设区域，并且做好项目环评报告，提出项目环保要求以及生态恢复措施；其次，对于建设项目，要严格管理，坚决按照项目环评报告要求实施，限定施工区域，划定生态底线，并且提出项目工程完工后的生态恢复要求，确保生态安全；最后，对于项目的验收，将生态恢复与项目质量放在同等位置，都要达到项目规划设计要求，并且安全处理项目施工的废弃物，将安全隐患降到最低限度，确保一方平安。同时，对连带项目，也要提出严格要求，减少污染确保环境安全。

（2）坚持绿水青山永续发展。《第十四个五年规划和二〇三五年远景目标的建议》中明确指出：坚持绿水青山就是金山银山的理念，坚持尊重自然、顺应自然、保护自然，坚持节约优先、保护优先、自然恢复为主，守住自然生态安全边界。

打牢绿水青山环保基石。2020年4月20日，习近平再次赴陕西考察，第一站来到秦岭牛背梁国家级自然保护区，他强调："秦岭和合南北，泽被天下，是我国的中央水塔，是中华民族的祖脉和中华文化的重要象征"，并且指出："从今往后，在陕西当干部，切实做守护秦岭生态的卫士"。[1]

---

[1] 张晓松：《习近平：要做守护秦岭生态的卫士》，中国新闻网，https://www.chinanews.com/gn/2020/04-21/9162928.shtml。

这告诉人们必须坚持绿水青山就是金山银山的理念，牢固树立环保意识，严守生态环境底线。

构建特殊生态的保护区。在绿色生态经济发展中，对于稀缺的生态资源和脆弱的生态环境，以及珍稀的动植物，要更加注意保护。通过建立自然保护区，限制人为的破坏，减少旅客的影响。自然保护区以科普教育为主，对外进行半开放的考察活动，通过宣传教育，增强旅客保护大自然的意识。

确保旅游六要素环保到位。旅游六要素反映了旅游活动的全过程，旅游者要使权益得到保障和义务得到遵守。首先，旅游经营者，按照现代旅游景区的新要求，满足旅游配套服务设施，并且制定必要的安全措施，对于生态环保区域给出环保禁止提示；对于危险区给出危险禁止区标示；对于残疾人、老年人、未成年人等提供绿色通道等。其次，旅游配套服务者，在优势特色农产品生产加工销售中，将环保放在首位，避免化肥、农药、化学品等对农产品的污染。最后，旅客严格遵守公民道德规范和旅游文明行为规范，尊重当地的风俗习惯、文化传统和宗教信仰，形成爱护旅游资源、保护生态环境的意识。同时，对旅客进行环保宣传教育，保护好绿水青山，针对旅客破坏生态环境和旅游设施的行为，给予适当的处罚教育，以唤醒其环保意识。

3. 树立国家安全意识

作为具有国防功能的南北旅游大通道更是要将质量放在重要位置，做到百年大计质量第一。南北旅游大通道建设的质量，将高于其他旅游通道，其不仅事关民用经济的未来发展，还能在关键时刻承担特殊的任务。如高速公路不仅能行驶各种特殊的车辆，而且还具有飞机跑道的作用。应以国家的生命线要求来建设南北旅游大通道，确保国家长久治安。

同时，在靠近边境线的南北旅游大通道，还应该具有防范的措施。如一些特殊的路段和特殊的大桥，在常态情况下，可以通行无阻；但在非常时期，也可以让这些路段和大桥自然关闭无法通行，确保国家安全。

统筹发展和安全视域下风险治理共同体构建研究

刘雅静[*]

党的十九届五中全会历史性地将"统筹发展和安全"纳入经济社会发展五年规划的指导思想，提出要把安全发展贯穿到国家发展的各领域和全过程，防范和化解影响我国现代化进程的各种风险，筑牢国家安全屏障。这一现实任务为我国风险治理研究指明了新的方向，学界需积极探索实现这种转型的路径和策略。本文以共同体思维为主要分析视角，以风险治理的话语体系重构为中轴，将研究重点聚焦于统筹发展和安全背景下风险治理格局的深度转型，旨在为建设风险治理共同体这一重大现实问题提供理论思路与实践逻辑。

一 话语体系的重构：构建风险治理共同体的语境转换

风险治理共同体是对统筹发展和安全背景下我国风险治理实践探索新要求和一系列重大现实问题做出的理论回应，其蕴含了独特的内在逻辑和价值预设。

（一）共同体语境下风险治理逻辑起点的转换：从离散的个体到整合的共同体

中国传统文化和价值观念体系中个体与共同体的关系，更多的是以强调个体对群体的依附性为主，长期以来秉持的是群体权利重于个体权利的逻辑，导致长久以来，在以血缘宗法、伦理本位为依据的中国传统社会中，个体逐渐湮没、消融于共同体之中。新中国成立以后，检视70余年的

---

[*] 刘雅静，中共宁夏回族自治区区委党校决策咨询部教授，主要研究领域为应急管理、社会治理等。

社会治理实践，可以清晰地透视个体与共同体关系变迁的演进历程，其间大致呈现三种不同的样态。一是从新中国成立后至20世纪80年代初期，伴随着人民公社制和单位制的推进，实现了对城乡原有共同体的重塑，构建了一个将个体牢固内嵌于国家权力运行机制的政治社会生态，这一阶段两者的关系呈现个体受控且依附于共同体的样貌。二是改革开放后，伴随着家庭联产承包责任制对农村集体经济的解体和经济体制改革对单位制的瓦解，单位人开始向社会人转变，个体在体制外获得了生存发展的资源，实现了个体对共同体束缚的解脱和自我的重构，促发了个体独立主体意识的觉醒，也带来了个体与共同体的疏离甚至是断裂。三是进入21世纪以来，市场经济体制的逐步健全与政府职能转变的深入推进引发了中国社会的结构性转型，政府、市场、社会的三元结构逐步显现，个体的自主意识与权利意识日益增强，以注重个体利益为导向的价值观念逐渐取代了共同体利益优先的价值取向。个体主义的盛行、人际关系的疏离和过度功利化以及由此引致的社会道德规范失灵、缺乏共识性认同等现象也日益显现出其负面效应，导致个体与个体之间、离散的个体与共同体之间张力的持续增大，并最终影响到社会的良性运转。但与此同时，现代风险社会的来临又对社会凝聚与个体联结的方式产生了极大的影响，面对各种显性、隐性的风险以及由此带来的诸多不确定性，分散的、原子化的个体无法仅凭自身力量有效应对，在内心深处安全感与归属感的驱动下，其比任何时期都更加需要并依赖于合作行动来解决问题、化解风险，遵循多元、平等、协商价值理念的共同体的构建因而成为风险治理创新的有效选择。风险治理共同体的最终旨归在于通过共同规则约束下的自觉行动，促使原本孤岛式的个体超越狭隘的自我，积极参与风险治理，增进彼此间的相互依存，进而在消弭个体利益冲突的基础上促进整体利益的实现。

（二）共同体语境下风险治理结构的转换：从中心—边缘到多维互嵌

我国传统的风险治理模式遵循"政府中心主义"的治理逻辑[1]，各级政府扮演着风险治理任务的分配者、具体治理行动的实践者等多重角色。

---

[1] 吕洪刚：《风险社会中共同体的审视与建构逻辑——兼论中国疫情防控中社区应急治理的经验与智慧》，《中国应急管理科学》2021年第3期。

在这一思维下，政府居于风险治理的绝对主导地位，成为风险治理的实际主体，而市场主体和社会力量则因资源要素的匮乏居于治理格局的边缘位置，充当了风险治理的直接客体。风险治理体系中主体与客体的分离，使得资源要素的不均等化在不同空间逐步积聚，并借助权力资源的运用使这种格局不断得以巩固，从而形成了中心—边缘式结构下的控制与支配关系。这种一元化的治理结构相对较为脆弱，单一化的治理链条具有明显的不可逆性，政府部门和公职人员一旦出现工作失误极有可能会造成不良后果。同时，政府风险治理能力的不足、治理成本偏高等也使其合法性遭到了质疑。有鉴于此，传统的风险治理框架逐渐显露疲态，调整和优化风险治理结构势在必行，现代风险治理也因之出现了排除政府中心主义的倾向。对于现代社会而言，社会风险和问题呈现全局性、整体性与局部性、分散性共存的特征，政府无法在有限的权力与资源条件下仅凭一己之力去解决如此复杂多样的社会问题，必须在此过程中引入其他合作主体，借助协商渠道共同应对处于动态变化中的各种社会问题和风险隐患，以此规避偏离风险治理的轨道，并避免陷入决策失误、社会失序的境地。同时，伴随着社会流动性的提升和现代科学技术的迅猛发展，资源要素的配置不再停留于原本的固化状态，也不再只倚重于物质与权力资源，信息、数据、技术等要素在经济社会发展中的作用日益彰显，赋予了原来的治理客体——市场主体和社会力量更多的参与资源，其越来越多地介入到风险治理的现实行动中，使得风险治理结构日益呈现柔性变化的趋势，中心—边缘结构开始逐渐消融，社会网络出现了从单中心支配结构向多中心参与结构的转变图景。在此变迁过程中，在共同体思维和价值旨向的引导下，伴随着政府一系列治理改革方案的出台与实施，多元治理主体深度合作的机会渐趋增多，合作方式也日益多元化、灵活化，呈现"多维互嵌"的特征。依据风险治理任务的具体情况和实际需求，政府部门、市场主体、社会力量和社会公众等多元主体可以在共同体场域中采用多种更为有效、优化的互嵌组合形式，以更加柔性化的治理结构体系赋予风险治理新的内涵，促进风险治理体系现代化目标的实现。

（三）共同体语境下风险治理方式的转换：从单纯制度依赖到制度行动并重

在中国风险治理机制变迁历程中，制度约束与社会行动的关系变迁始终伴随其中。在传统的风险治理机制中，制度作为维系社会良序运行的规则发挥着至关重要的作用。制度体系的构建与引导约束使得基于个体利益的社会关系网络能够正常运转，在此基础上展开的集体行动在多大程度上能够促进公共利益的实现，也极大地依赖于制度体系的效用发挥。一方面，借助制度体系对治理主体的有力约束，限制风险治理行为的随意性与结果的不确定性；另一方面，依托强制性的制度体系对个体具体行为的引导、规约与管控、禁戒，避免风险治理体系陷入因社会矛盾和利益冲突而引发的无序和混乱状态。改革开放40余年来，伴随着经济转轨和社会转型，社会领域呈现多重性社会矛盾与社会问题，风险治理的复杂性与不确定性提升，单一的制度规则逐渐难以应对，为弥补制度体系逐渐式微的扩展性、延续性功能，一系列补充性制度的出台成为不可避免的替代举措，但由于制度供给领域的诸多影响因素，新旧制度之间又存在相互抵触的现象，制度体系的协调性、一致性和系统性尚未真正形成，导致了制度效用的衰减。当制度体系已难以妥善解决日益复杂的社会关系网络中不同利益主体间的矛盾与冲突，更无法通过有效的集体偏好汇集促成集体行动的时候，诉诸共同体的社会行动模式便应运而生。这种行动是共同体中的个体在彼此依存的背景下，在相互信任的情感基础上展开的集体行动。当然，基于共同体的行动并不意味着对充当个体行为与集体行动中介的制度的放弃或漠视，而是强调制度与行动的并重以及正式制度与非正式制度的共存。这意味着共同体语境下的风险治理重心将从唯制度论向行动关注转移，进一步调适制度设计与集体行动的关系，重新描绘勾勒一个包含正式与非正式制度互嵌的风险治理行动框架，为市场和社会力量参与风险治理提供更大的制度性空间。在此框架中，为了破解单纯依托正式制度形成的"治理之困"，需要在共同体成员之间强化以价值观念、伦理道德、风俗习惯、村规民约等形式存在的非正式制度，充分发挥其对成员行为方式的评价、激励、制约功能，引导共同体关系网络中的各行动主体实现相互理解、达成内部共识，在相容性利益基础上采取理性的集体行动，进一步促成制度化集体行动机制的健全与完善，形成多元行动主体权利、责任、利益的动态平衡，最终有效提升风险治理共同体的整合性与治理效能。

二　潜在挑战的审思：构建风险治理共同体的问题探察

作为统筹发展和安全背景下的必然产物，风险治理共同体体现了现代风险社会对"共同体"理念与价值的追寻,但其在建构过程中会受到多重因素的影响和制约。换言之,作为一种新的风险应对机制,风险治理共同体能否成为新的社会联结纽带,这取决于其对现实挑战的回应与超越。

(一)社会成员公共精神与责任意识缺失形成严峻挑战

风险治理共同体就其本质而言,首先表现为价值共同体,其构建与运行需要以社会成员普遍遵循的公共价值准则、责任伦理等为基本支撑,公共精神与责任意识也因而成为构建风险治理共同体的重要价值内核。但从目前的现实情况来看,社会成员公共精神的式微与责任意识的流失已成为掣肘风险治理的一大现实难题。一方面,改革开放以来,伴随着中国社会由总体型向分化型、由封闭僵化型向开放包容型的变迁,社会结构松散化、价值取向个体化、行动方式自主化的发展趋势日趋明显,随之而来的是公共价值信念和公共德性的淡化与落寞,价值层面去公共化、去权威化、去中心化趋势的凸显以及个体性与公共性之间矛盾的加剧,不同程度地出现了个体权利意识碾压共同体价值的现象,导致共同价值认同的普遍缺失与弱化。另一方面,社会成员的责任意识也不可避免地遭遇了冲击。在价值个体主义的影响下,私人领域的优先级被置于社会公共领域之上,社会成员更为看重自我权利的维护与自我利益的获取,对社会公共事务和公共利益的关注度则相对较低,倾向于奉行明哲保身、佛系无为、冷漠消极的处世原则,集体责任感遭遇冷落,集体主义价值观逐渐式微。公共价值认同的偏差和责任伦理的淡化导致社会公众层面普遍缺乏参与风险治理行动的内生动力和强烈自觉,在相当程度上对风险治理共同体的构建形成了严峻的挑战。

(二)行政权力边界模糊阻碍风险治理效能提升

在风险治理共同体的理论建构中,传统风险治理体系中的治理主体与客体在社会环境演化的过程中,在共有愿景的引导和共同规则的约束之下,在理性协商、达成共识、协同行动的基础上,成为合作行动者,最终凝结为彼此嵌入、功能耦合的有机共同体。因此,在风险治理共同体的语境下,政府与市场、社会之间是一种强调互动、协商、合作的共生关系,这就要求政府与市场、社会摒弃传统的博弈求胜思维,寻求相生相随的协作路径。[①] 事实上，这种多元主体联动的结构也正是风险治理共同体的本意所在。近年来，虽然随着"放管服"改革的深入推进，政府赋权还权于市场与社会、激活市场主体和社会力量动能等已成为普遍共识，多元主体协同合作的治理实践格局也已初具雏形，但行政权力外部边界不够清晰、不愿或不想向市场和社会放手、对社会力量缺乏信任等境况仍在各地不同程度地存在，同时公众对政府过度依赖的传统惯性思维也依然广泛存在，使得风险治理转型难以彻底摆脱"强行政、弱治理"的困局。整体而言，在目前多元主体共治的风险治理体系设计中，行政权力边界不清晰引致的权力越界、治理资源更多为行政力量主导、体制内行政力与体制外自治力不均衡等现象仍然普遍存在，未能从根本上理顺政市关系、政社关系，致使风险治理实践中市场组织和社会力量定位不够明确、参与度相对较低，在一定程度上妨碍了其治理功能的有效发挥，进而又在无形中阻碍了风险治理共同体效能的提升。

（三）形式化参与居多弱化风险协同共治效果

风险治理共同体的逻辑意蕴内在地包含了互动、参与、包容等理念与价值，而协同共治强调平等参与、充分表达与协调联动，其精神实质、实践样态与风险治理共同体的体系架构天然具有高度的契合性。形式多样的协同共治能够为风险治理共同体的整体性建构奠定坚实的微观基础，有助于实现风险治理共同体中各方主体的有效连通，最终推动形成风险治理结构的多维互嵌样态。而且，作为多元主体间通过互动、商议、合作解决问题的方式，协同共治内在地强调在求同存异基础上对社会整体利益的维护，有利于协调危机情境下多元复杂的利益关系，促进根本利益的一致，并尽可能拓展共同利益。因此，协同共治在风险治理场域中各个层面的实践能够不断织密共同体内部的参与网络，能够引导多元治理主体各明其责、各尽其责、各得其所，进而促成社会风险的防范和化解。但总体而言，当前协同共治的整体实践状况仍然难以满足构建风险治理共同体的现实诉求。风险协同共治的独特优势与价值发挥依托于核心主体与其他治理主体的实质性参与，而目前政府以外的其他主体参与虽然已渐呈常态化之势，但由于受到基层风险协同共治机制不够健全、部分主体风险协同共治

[①] 徐顽强：《社会治理共同体的系统审视与构建路径》，《求索》2020 年第 1 期。

意识薄弱、风险协同共治能力不足、风险协同共治过程规范性有待提升等诸多因素的影响，很多仍以形式化、标签化参与为主，且缺乏主动参与，往往是按需被动补位，表明市场主体和社会力量未能真正以利益相关者的角色融入风险治理体系。这些短板的存在一定程度上阻滞了风险治理中社会成员的主体性身份认同，导致协同共治实践与统筹发展和安全视域下风险治理共同体要求还有明显差距，其作用发挥仍然有待进一步深化。

三　建构路径的重塑：构建风险治理共同体的实践路向

风险治理共同体的建构作为统筹发展和安全背景下一种人为的、有意识的系统实践活动，其构建的基本理路中蕴含着共同体成员的价值判断、认知和选择，涉及治理主体之间的权责边界划分与协同共治行动。

（一）规范社会成员的公共价值导向，为风险治理共同体建构提供强大的精神动能

作为一个理性化色彩较为浓郁的术语，风险治理共同体的建构必须以共同体成员的公共精神认同和责任伦理共识为核心价值支撑。各治理主体的价值观念和取向事实上充当了衡量风险治理共同体建构目标和治理效能的价值标尺，不仅反映出多元主体对社会公共事务、公共问题、公共利益的认知状况，而且对其具体的参与动机和治理实践发挥着重要的指导作用。但就风险治理共同体中复杂的多元主体结构而言，其价值观念和价值取向不可避免地会呈现多重性、复杂性和差异性的样态，多元价值目标之间的辩驳与冲突成为一种常态化的存在。[1] 这就要求在建构风险治理共同体的过程中必须秉持开放包容的原则，从尊重多元治理主体的价值和利益差异出发，借助围绕价值导向、责任伦理的平等对话、充分交流和互动协商，适度调整甚至重新定义自身的价值理念，形成公共精神和责任伦理，体现共同体价值认同的公共性意义。具体而言，首先，要积极塑造公共精神。公共精神蕴含着平等、互信、合作、自律、责任、担当等公共品质，能够超越个体的私人性和工具主义的窠臼。概言之，在多元主体聚集和互动的共同体场域中，公共精神是抵御原子化个体价值主义极度泛滥、超越

---

[1] 李雪松：《社会治理共同体的再定位：一个"嵌入型发展"的逻辑命题》，《内蒙古社会科学》2020年第6期。

狭隘自我利益追求、消解社会风险困境的有效精神力量，也是各个治理主体相互嵌入、相互融合、共生共享的重要精神纽带。因此，在风险治理实践中要有意识地厚植和形塑公共精神文化基因，通过对公共精神社会空间的有效涵养，促进公共精神的生成与发展，引导多元主体和社会成员自觉从公共存在的视角进行自我角色定位，确立公共价值追求，进而激发出其高度的社会关怀与参与意识，并以此为价值循环前提，有序、理性地进入社会公共生活领域，借此持续优化风险治理共同体的软环境建设。其次，切实强化责任伦理意识。风险治理共同体的构建及运行要求多元主体对各自承担的责任与义务形成清晰的认知并达致共识。当前，随着风险治理公共性的拓展，多元主体参与治理的合法性保障与资源支持逐步增强，应抓住这一有利契机，借助多层次、多形式行之有效的宣传教育和相关制度的完善，不断增强公众的共同体责任意识，引导其树立正确的公共责任伦理导向，使其认识到自身在风险治理中的平等主体地位和责任所在，克服不愿参与的"搭便车"心理，树立责任共担意识，积极主动地承担相应的风险治理责任，进而使责任感逐步内化为社会品行与公共德性。同时，要切实提升各类主体参与的自觉性，使其能够有效介入各类风险治理实践，为风险治理共同体的构建与运转贡献智慧与能量，进而汇聚起建构风险治理共同体的强大精神动力和价值支撑。

（二）厘清公共权力边界，为风险治理共同体建构提供良好的政治生态

构建风险治理共同体需要以治理权力生态的重塑为逻辑基础和基本前提。公共权力的边界与内容应伴随风险治理共同体的构建与发展而不断做出适应性调整和优化，尤其要有效抑制行政权力天然的扩张冲动，将其规约在合法合理的界限内，并进一步明确其他各类治理主体的职权边界，从而使核心主体之外的其他主体能够掌握更多的风险治理权力和治理资源，自主设定行动路径，如此方能实现多元治理主体在权责一致基础上的良性互动。为此，首先，在构建风险治理共同体的过程中，政府应主动适应治理角色定位和职能转变趋势。政府作为风险治理共同体中的权力责任主体和核心节点，与其他主体相比，负有更深层次的、更为广泛的风险治理责任。在风险治理实践中，政府要充分发挥自身对权威治理资源和社会公共资源统筹分配调度的优势，从根本上消除对市场和社会力量的"他者"化

歧视，积极主动地向市场和社会放权赋能，收回"全能"触角，逐渐退出政府力不从心和不适宜的领域，与市场主体、社会组织、社会公众等依法分享风险治理权力，并为多元主体的权力行使提供坚实的制度保障和必要的政策激励，通过渠道的拓展、平台的搭建、规则的健全，使市场和社会力量能够在其擅长的专业领域发挥适当作用，进而实现风险治理共同体中的良性互动、协商共治与合作互惠。其次，在风险治理共同体场域中，要有意识地突破传统的路径依赖，着力推动风险治理资源在政府、企业、社会组织等多元主体之间的流动与分散，逐步形成治理资源的社会化配置机制，在更广阔的治理空间中，赋予各治理主体平等的参与机会和相应的实体权力，使多元主体能够以平等身份并依托相对均衡的风险治理资源，共同介入风险治理实践活动，形成强大的合力效应，进而实现风险治理效能的最大化。最后，考虑到我国社会组织发育的相对滞后、社会自我调节机制的相对缺失以及基层民众自治能力的相对弱化，一定时期内公共权力的分散与下放有可能会引致新的权力边界的模糊性，甚至出现公共权力或社会权力的越界行为。因此，需要在多元主体沟通和协商的基础上，持续优化风险治理制度体系和具体方案，尤其是在政府循序渐进转移权力的过程中，要进一步明晰权力转移清单，确定具体的转移保障措施及后续监督等问题，使公共权力的转移更为规范，同时，对于社会权力的边界也应以制度形式进行必要的约束和限制，从而在确保社会力量实质性"在场"的同时预防其可能的越界行为，营造出多元主体既不缺责也不越责的权责互补格局，有效避免权力冲突而导致的风险治理风险。

（三）优化风险协同共治机制，为风险治理共同体建构提供浓郁的社会氛围

在风险治理实践中，协同共治是有效联结各方主体、协调各方治理行为的基本模式和关键环节。协同共治能够在激发公众参与风险治理动能的基础上，促使不同社会阶层和群体之间形成沟通交流、包容互信与合作互惠机制，是"共同体"精神的实践彰显，也是助推风险治理共同体建设的有力抓手。当前，要依托风险治理共同体的制度框架和协同共治在风险治理中的实践格局，以推进协同共治的常态化、规范化和实质化为目标，有针对性地完善协同共治机制，织密协同共治网络，使各类主体在此基础上形成风险治理共同体。具体而言，首先，要进一步完善基层风险协同共治机制。基层是与社会公众利益诉求和社会矛盾冲突直接碰面的场域，鉴于基层治理情境的特殊性和治理内容的复杂性，政府不可能包揽所有的基层风险治理事项，而必须通过形塑基层风险治理共同体来有效激活社会自治功能。为此，必须进一步健全城乡社区风险协同共治机制，最大限度地激发社会公众的参与热情，通过制度保障、规则制定、科技支撑等途径让公众在风险治理中真正享有知情权和参与权，并引导其在尊重法制、遵从规则的前提下依法、理性、有序地介入到风险协同共治实践活动中，助力打造富有效率的基层风险治理共同体。其次，着力打通国家机关与基层社会的风险协同共治体系，以行政资源推进风险协同共治结果的落实和运用。各级政府要真正树立风险协同共治的理念，进一步规范风险协商共治的程序，通过政府、市场、社会、公众之间的沟通、协商、合作、共治，从根本上杜绝"形式化参与"等现象，以期尽最大可能将反映公众诉求、化解社会矛盾、防范社会风险、促进社会和谐等落实到风险治理的全过程，如此才能形塑有效的反馈激励链条，持续拓展风险协同共治的关系网络，实现真正意义上的实质性的多元主体协同共治，进而从主体层面有力支撑风险治理共同体的整体性构建。

基于风险演化的城市社区安全融合治理研究

赵　秋　李　颖[*]

当前人类处于风险社会中，风险社会的秩序逐渐向网络化、平面化扩展，区别于等级化、垂直化的秩序，风险社会中人人都是风险的触发者、后果承担者。

一　问题的提出

习近平总书记指出："加强城市运行管理，增强安全风险意识，加强源头治理。"[①] 针对风险演化与城市社区安全的逻辑关联，社区安全治理路径还需进一步优化。

（一）风险类型的多样性是社区治理的内容

乌尔里希·贝克认为：风险既是科学的建构，也是社会的建构。[②] 由于社会发展迅速，政治、经济、文化和科技等方面都成为风险隐患点、爆发点。风险的种类涵盖多样，不仅包括传统安全问题，同时也涵盖新兴风险问题。城市公共安全囊括的承载体多，包括大型公共室外活动场所、"生命管线"等基础设施、学校医院单位等大型综合体。社区是人口、生产资料、社会资源等各类生产要素在特定时空范围内的汇集点，因而大量城市风险在此孕育、滋生、蔓延，其主要表现为：生产与生活风险叠加、自然风险与人为风险串联、传统风险与新兴风险共生等，社区安全成为社区治理的重要内容。

---

[*] 赵秋，中共重庆市委党校硕士研究生；李颖，教授，中共重庆市委党校经济管理教研部。
[①] 中共中央办公厅国务院办公厅：《关于推进城市安全发展的意见》，《人民日报》2018年1月8日。
[②] 〔德〕乌尔里希·贝克：《风险社会》，张文杰、何博闻译，译林出版社，2018，第192页。

（二）风险演化的复杂性是社区脆弱性形成的因素

城市社区是市民居住的生活空间，如果居民的生活秩序、相关利益、使用的基础设施等发展失衡或得不到保障，公共安全问题便潜移默化地开始萌芽，那么城市社区的某个失衡问题极易在某个时间点成为城市社区公共安全的致灾因子，引发公共安全问题，进而直接影响整个城市的发展和运转。可以说，城市社区稍有疏忽，城市社区"小风险"会酿成城市公共安全的"大悲剧"。由于风险演化具有复杂性，社区韧性面临巨大挑战。一方面，城市社区集中的空间物理属性与强人口汇合，内在张力增大风险发生概率，促使其所带来的严重后果随着城市人口、规模的变化扩大，加重风险带来的伤害。另一方面，城市发展空间承载着人口、科技、经济、文化等外部发展链条，各个链条之间又极易产生碰撞甚至缠绕，使城市社区治理更加复杂。

（三）风险的衍生性是社区治理的挑战

当前，随着大数据、能源技术等新兴科学技术的兴起，诸多领域处在产业化突破的临界点，传统的生产方式、产业组织方式发生着深刻的变革，新兴风险不断涌现。在这一背景下，城市系统的脆弱性、易损性凸显，社会矛盾与冲突不断增加，各类风险因素交织并增多，城市风险的衍生性特征日益突出。作为城市公共安全的子系统，社区公共安全秩序也在很大程度上受到制约和影响。由于风险的衍生性，社区在对其规律的把握上产生了较多的不确定性，牵一发而动全身的效应在新兴风险发生的过程中表现得尤为明显，如何统筹兼顾多方主体利益以及在风险后果处置中达到最优解是当前社区在安全治理中面对的困难。此外，资源的不合理分配、贫富分化、人口老龄化、邻里纠纷和婚姻家庭问题都可以衍生出群体性事件或其他社会安全事件，这些都考验着社区安全治理效能。

二 城市社区安全治理的主要内容

当前，我国风险的制度化程度正在加深，人为不确定性风险的影响特点更加鲜明，安全发展的内涵和外延更加丰富。

（一）重构治理结构适应社区安全风险新形势

当前城市社区治理更加成熟科学，各社区自身都在积极探索适合自身发展需求的治理模式。我国进入新发展阶段，习近平总书记指出："我们的事业越前进、越发展，新情况新问题就会越多，面临的风险和挑战就会越多"①。我国处于经济转型和行政体制改革的关键阶段，社会结构、个体社交网络等环境因素发生变化，一些具有较大影响的风险事件不时出现，城市社区安全形势也变得更加严峻。社区通过优化组织关系，重构组织结构将治理组织体系由垂直结构转变为横向网格结构，治理过程由行政控制转变为民主协商。重构政府与社会的关系，社区治理主体不再以政府为单一行政体。反之，社区自治组织成为社区安全治理的载体，在居民、企业、市场等方面治理主体组织结构呈现横向化、网络化的趋势。

（二）加强治理主体参与，满足社区安全多元化需求

在多元主体协同共治政策方针影响下，基层政府部门越来越认识到多主体参与是大势所趋，是社区公共安全治理的根本遵循。按照"党委领导、共治共享、以人为本"的治理原则，遵循"自治、共治、法治"的治理理念，通过政府、街道、社区、市场、居民等多主体进行协同共治，发挥各主体的优势，为城市社区公共安全治理提供了新思路和新方法。一方面，通过社区内设党群服务中心，充分发挥了基层党组织的领导作用，深入贯彻落实党的方针政策，正确引导基层治理方向。另一方面，发挥作为基层群众自治性组织的居民委员会在联系党和政府、把工作任务落实到基层群众中的纽带作用，正确处理好物业纠纷、社区治安、环境卫生、流动人口隐患、网络安全等工作。同时，网格化治理模式如"网格长"代表参与制度的实行，按照协同治理的思路以满足不同群体对安全的需求。此外，社区志愿者队伍和社区组织的发展和壮大，不仅为社区发展注入社会资本，也为社区各主体如居委会、社区组织及社区居民之间搭建沟通合作桥梁。

（三）健全治理机制提高社区安全治理效能

社区的发展建立在公共安全、组织管理、公共服务等与社区公共安全

---

① 《习近平谈治国理政》，外文出版社，2014，第23页。

密切相关的各子系统的联合运作之上。虽然社区内部复杂的系统网络提升了彼此的联系频率和依赖程度，方便了生活，促进了生产，但也模糊了安全的边界，导致各子系统难以"独善其身"，提升了新旧风险叠加、发生连锁反应的可能性。实践证明，科学高效的治理机制是有效应对复杂风险局面的关键。社区公共安全治理机制包括领导机构和工作机构的治理机制，它涵盖了信息收集、风险识别、应急指挥、决策、执行、调度、舆情引导、反馈、评估的方方面面。通过建立健全社区治理主体协同机制、安全防控机制、社区应急机制等，能有效确保公共安全治理信息畅达、反应迅速、指挥得当、执行到位、措施科学、保障有力，全面提升城市社区公共安全治理能力。

（四）优化安全服务，加强社区韧性建设

城市社区面临传统安全与非传统安全的双向压力，牢固树立忧患意识，居安思危、防范风险挑战要一以贯之。为此，加强社区韧劲建设亦即降低社区脆弱性成为社区安全治理的关键。一方面，需要增强社区的物理韧性，即在道路规划、安全设备供给、环境美化等基础设施方面提升社区在风险面前的抗逆力。与此同时，在影响社区安全的外部环境上也要积极提供相关服务，如引入心理咨询团队、法律人员、调解工作室等为解决社区内出现的邻里矛盾纠纷、家庭问题、就业问题等提供帮助。由于社区人员成分复杂、人口流动性大、管理难度大，为提升社区安全治理精准化水平，使社区安全治理工作与社会安全发展的趋势和需求保持同步，还需要提升管理服务的科技化水平，即在社区内搭建网格化管理信息服务系统，以更好地维护城市社区的良好运行秩序。

三 城市社区安全治理面临的挑战

社会快速发展，社会现代性发展的内在悖论在社会自身的抗拒和反驳，即社会矛盾中进一步显现出来。社会风险与发展相依相存，但经历演变和转化，风险不再是单一结构要素构成，风险构成因子更加复杂。城市社区安全治理面临诸多挑战，而社区承灾能力仰赖于地方政府、社区企业、社区医院、社区学校、社区居民等主体的高效协作，不同区域、不同城市或者同一城市的不同社区在承灾能力方面具有较大区别，但整体承灾能力还有所欠缺。

（一）治理内容范围不适应风险的多样性

城市社区安全治理不仅面临着传统风险和新兴风险的双重考验，其治理内容涉及生产生活、公共卫生、社区治安等诸多方面，需要采取各类举措进行应对，这进一步加大了城市社区安全治理难度。以城市社区中高楼消防安全为例，近年来事故频发：2017年广东省汕尾市海丰县发生火灾事故造成8人死亡，2019年重庆涪陵区发生火灾事故造成6人死亡，2020年1月重庆市渝北区加州花园发生火灾。这就需要社区：在风险发生前，牢固树立安全意识，做好安全隐患排查工作；在风险处置过程中，将风险因子的交织串联作为安全治理工作的参考因素。然而，我国许多社区安全治理的内容存在相当大的局限性。近年来，随着科技的迅猛发展，风险灾害的形态以大众始料未及的方式突发，社区内关于物业、出行等权益纠纷，共享经济、快递、网购等智能生活引发的新兴风险不断涌现，如网暴引发的社会治安事件、电信诈骗等，这些都造成了城市社区安全治理范围的扩大。

（二）治理认知能力不适应风险的复杂性

正确的风险认知是有效应对各类风险的前提。然而，一方面，现实中地方政府和社区工作者忧患意识不强，灾害结果的预见性不强，灾害防范工作不到位。这是因为：社区内缺乏专业人才，且工作人员相对来说年纪偏大，对产生的新兴风险认知不足，影响灾害处置过程和结果。同时，由于当前我国社区风险应对基础弱、战线长、任务重、人力资源和资金有限，社区公共安全治理工作强度大，导致一些社区面对风险时掉以轻心、疏于管控。此外，相当多社区的安全治理关注点停留在灾害处置阶段，在事前预防和事后恢复学习环节存在局限性。另一方面，由于社区宣传教育活动较少，且缺乏长期性和针对性，社区居民参与热情欠缺、主体意识缺失。加之各主体之间的角色职能限制和政府行政权力干预的影响，自治积极性被挫伤，多元主体的积极作用难以完全释放出来，这也导致各主体风险认知不足、在公共安全治理的过程中联动不够。

（三）风险的不确定性导致安全治理边界难以把握

我国城市社区公共安全治理起步晚、发展尚不健全，导致其与社区治理的边界区分并不清晰。当诸多治理主体共同参与时，职能范围和管辖事务的划分不同，在治理范围和对象中容易出现交叉重叠的现象。一方面，属事属地责任不清。由于社区公共事务繁杂，针对一些安全问题需要依托执法部门进行执法，而社区自身并没有执法权。城市社区公共安全建设需要资金注入，但是由于社区和基层政府无法承担支出，没有资金作为治理坚持的后盾，形成了"巧妇难为无米之炊"的尴尬境地。另一方面，属事本身边界不清。社区公共安全治理的各主体对自己职能范围和管辖事务的划分理解不同，容易造成属事本身边界不清的现象。基层政府职能部门自身的主体责任没有理顺、边界模糊，造成社区公共安全治理工作协同联动效能不高，各职能部门难以实现无缝对接。风险因子的构成要素复杂，风险背后的逻辑关联规律难以把握，因此治理不能仅限于问题发生地、仅针对发生的单一风险，要充分考虑其背后的逻辑关联。

（四）治理资源配置结构不适应风险的应对

城市社区公共安全治理日益暴露出条块分割、信息沟通不畅、资源难以整合、协调力度不够、重复建设严重等问题，这就要求社区在集中、优化和统筹社区治理资源的基础上，构建统一领导、权责一致、权威高效的公共安全治理体系。合作治理成为当前应对安全问题的新思路，但目前我国社区公共安全治理资源呈现分散性的特征。"多元要素全面发展与有限资源科学分配的不断博弈"[1]，治理资源成为各主体争相掠取的猎物。不仅行政资源条块分割，部门之间的融合互通程度不够，"各自为政"也导致资源配置重复浪费，造成资源配置不平衡，资源难以有效聚集，钱、力没有用到"刀刃"上。与此同时，社区资源短缺闲置，社会工作者能力又有限，外部资源筹措渠道缺乏，社区居委会与外部资源失去链接平台，进一步导致社区资源不足。此外，各主体对资源的占有、使用、处置和收益的权利分配不一，也造成社区社会资源分散碎化。风险的交织叠加对社区资源配置要求更高。然而，风险应对的各要素或者子系统在功能、性质、资源方面自成体系，有自己的运行程序和方式，若将其简单相加，并不能实现风险系统性应对的整体最优，因此需要科学的优化整合、合

---

[1] 姜晓萍、田昭：《授权赋能：党建引领城市社区治理的新样本》，《中共中央党校（国家行政学院）学报》2019年第5期。

理的结构布局。

（五）治理手段运用与风险发展的不规律性不匹配

由于我国城市社区服务体系建设还处在初级阶段，社区在公共安全的日常服务供给方面主动性和专业性不高，对风险演变规律的把握不足，相较于风险发展的不规律性而言，其治理手段尤其是技术工具的运用存在局限性。新一轮的科技革命和产业变革不断被推进且蓬勃发展，科技支撑在坚持和完善共建共治共享的社会治理制度中逐渐承担起重要职责。当前社区在科技手段的运用过程中仍旧存在弊端。一方面，城市社区信息化基础设施薄弱、治理技术手段单一、安防设施等公共设施落后，例如，地下车库无电梯、视频监控等安防设施数量不足、标准不高等，风险预警监测平台的缺失等，对公共安全造成威胁。另一方面，科技与社区安全治理融合不够，尤其是深度融合缓慢，导致对区域内的人、地、物等信息的统筹整合不足。此外，社区大数据治理手段运用也存在不足，未能有效发挥大数据在风险决策中的支撑性作用，而这主要是由于各部门信息平台对内使用，信息统计口径不一、兼容性差，运算法则只针对部门的单项业务，各部门之间难以实现数据库的精准衔接和信息共享。

四　加强城市社区安全融合治理路径措施

加强城市社区融合治理，在健全党组织领导的自治、法治、德治相结合的城乡基层治理体系的基础上实现"五治融合"，即通过社区自治、善治、德治、智治、法治相结合，提高社区安全治理效能。

（一）提高社区自治能力

党的十九届四中全会明确提出："社会治理是国家治理的重要方面。必须加强和创新社会治理，完善党委领导、政府负责、民主协商、社会协同、公众参与、法治保障、科技支撑的社会治理体系。"[①] 以科学的顶层设计，整体把握全局，成为城市社区安全治理的行动指南。实现人人满意的城市社区安全治理目标，需要明晰城市社区公共安全治理主体的角色定位，推动多方参与主体协同治理，提升治理的科学化、专业化水平。面对

---

① 《十九大以来重要文献选编》（中），中央文献出版社，2021，第287页。

城市社区公共安全问题，一方面社区基层党组织要有科学的制度安排，整体把握全局。例如一些风险表现形式纷繁复杂，解决问题需要审时度势。另一方面，积极推进社会协同治理，避免矛盾的扩大化，及时有效地处置风险以减少社区安全事件的发生。因此，有必要引导公众积极参与，对社区公共安全和利益相关事项进行自主决策，对街道办事处和社区居委会的工作和服务进行民主监督，以此提升社区居民对社区的责任感、归属感和认同感。

（二）加强社区安全德治建设

一个社区的认同度越高，社区意识越强，社区凝聚力也就越强，而社区成员对社区的依恋度越深，其治安状况越好，社区居民对社区治安状况的评价也就越高。加强社区安全德治建设，一方面，需要培育社区公共安全文化氛围，积极开展社区公共安全宣传培训活动，以建立统一的社会价值取向为目标指向，注重对公共精神的尊崇和维护，从而从思想层面促进社会和谐发展。另一方面，需要建立完善的社区规章民约，以良好的制度约束社区公众行为，使社区主体认同并遵守公共规范和公共原则，从而形成良好的社区安全规范。此外，还需要培养普遍的社会信任意识，建立相互信任、守望互助、邻里情谊、热心奉献、休戚与共的社区关系，借助社会参与、展开义务工作、构建社会网络等方式，使所有成员具有强烈的社区和家庭责任感，形成强烈的社区共同体意识。

（三）加强社区安全法治建设

在倡行法治国家的现实背景下，依法行政使社区在安全治理中更加规范，能够有效维护社区日常活动秩序，使居民在安全感、归属感的获取中提升对社区的信任度。治理现代化反映出民主科学、文明规范的特点，因而社区安全治理也需要以科学高效的法律规则为基础开展一系列日常活动。为此，一方面要健全社区公共安全治理法治体系。目前的法治体系所涉及的法律法规并没有对居民、社会组织等主体参与公共安全治理的权利和义务作出明确规定，其治理主体的角色和职责没有得到认可，主体作用和功能没有受到重视，对于政府监管的"度"也没有详细界定，所以完善法治建设十分必要。另一方面要加强法治宣传培训。一是通过广泛组织开展法治宣讲、制作宣传横幅、发放宣传单、便民联系卡等方式，提高社各主体的相关法律知识水平，增强社区人员的法律意识；二是街道、社区可以聘请法律顾问，为社区矛盾纠纷、社区安全治理决策咨询提供法律意见。总之，通过法治规则明确和限定社区各治理主体之间的互动路径，在关注治理规则和秩序的同时以制度供给回应现实治理需求，推动治理多元化和规范化。

（四）提升社区安全善治水平

实现社区善治目标，要以良好的道德基准对行为做出规范，以有力的法治建设作为社区安全稳定运行的保障，通过建立全社会互动参与的合作模式，发挥治理效能。为此，一方面要扩大社区安全治理队伍建设，大力培育发展社区社会组织，使其在心理疏导、资源链接、灾害救助、危机干预、社区矫正、禁毒戒毒等方面提供更加专业化、个性化的服务。同时，推动志愿服务，引导志愿服务组织和志愿者在有关部门、专业机构的组织下有序参与公共安全治理。加强志愿者队伍建设，发挥社区志愿者在社区安全宣传教育、社区治安管理、纠纷矛盾化解、应急服务等方面的支持性作用，形成广泛参与、互帮互助、群防群治的公共安全服务格局。另一方面要对社区公共安全价值资源进行整合。也就是说，社区规划要明确社区现有的公共安全空间资源，将政府规划与社区居民诉求紧密结合，并在此基础上明确社区各类业态分布和相关配套设施的建设，以人人享有的治理目标稳定社区运行秩序。除此之外，还要建立健全安全治理机制，完善有效、多元共治的社区治理体系。在自治、法治、德治有机结合、相互衔接和补充下，最终实现社区安全治理效能的整体提升。

（五）丰富社区安全智治手段

社区快速增长的人口、不断完善的基础设施与城市环境的动态变化相互作用、互有关联，给传统的城市社区公共安全治理带来了新的挑战和契机。随着大数据、物联网、5G技术等的发展，我国公共安全技术整体得到了升级和发展。"互联网＋社区"行动计划、"区块链＋民生"技术逐渐被广泛普及，全国在推行以科技支撑为试点示范中得到的经验，指引着新技术在社会治理中的应用和发展：将现代信息技术与社区公共安全治理相结合。简言之，即一方面要加强社区内信息化基础设施建设，扩大监控摄像头的覆盖范围、打造一体化的实时监测系统和平台，追踪平台不局限于电脑或手机等单一配备系统等。另一方面要加强社区治安巡防队伍的建设，加大专业化设备的投入，做到人和物实时互动，以高效联动的人防、物防、技防，有效遏制社区治安中盗窃抢夺等事件的发生。总之，从现实来看，城市社区公共安全风险防控面临着新旧风险交织、风险边界扩展的压力，有效应对风险综合发展的局面，尤其需要进一步提升风险防控与应对的智能化水平。

第四编

应急管理学科建设研究

构建安全文化教育体系的思考与实践[*]

范维澄[**]

一 背景与意义

发展是我们党执政兴国的第一要务，安全是安邦定国的重要基础。从党的十八届三中全会提出来健全公共安全体系到党的十九大、十九届五中全会，再到党的十九届六中全会公报当中都强调了统筹发展与安全。我国公共安全形势总体向好，但是依然严峻，在很多方面相互耦合，各类风险灾害类事件造成的损失也比较严重。

在公共安全领域，原来大家强调公共安全主要是靠科技管理和双轮驱动，未来我们要强调公共安全是靠科技、管理和文化三足鼎立支撑。

在安全文化这一块，重点就是要提升民众的安全素质。培育安全文化，提升安全素质，要落实到安全的行为。安全素质涉及很多方面，包括安全的意识、安全的知识等，通过实现和演练形成安全的技能，同时还要强调安全的伦理、安全的理念、安全的价值观等。

我们提出要构建智慧精准的多层公共安全防控体系。

一是各级政府要提升应对急难险重突发事件的保障能力。因为在各级政府的手中有国家级的应急救援队伍，国家队、主力军，有国家保障的物资和装备。所以，急难险重任务就靠各级政府来应对。

二是在基层，包括社区、企业、学校，要夯实基层的公共安全保障能力，在突发事件发生时进行自救和互救。

三是每个人关系更加密切，涉及家庭和个人。有安全韧性的民众、安全韧性的社区、安全韧性的城市乃至我们构建的安全韧性的社会。

---

[*] 本文根据作者在"中国应急管理创新论坛（2021）"上的主题演讲整理。
[**] 范维澄，中国工程院院士、清华大学公共安全研究院院长。

安全文化教育这一块看来还是很重要的，历史上也有这样一些奇迹，例如"桑枣奇迹"，2008年"5·12"汶川大地震，桑枣中学2200多名师生在1分36秒内安全转移，创造了零伤亡奇迹。日本在2011年发生了9级大地震，引发了海啸，在重灾区有一个釜石小学，184名学生全部成功逃生。所以我们需要考虑建立多层级宣教体系，助力提升安全素质。

这里面还有一个例子就是2020年11月19日，日本一艘载有52名小学生的海上渡轮触礁沉船，沉船的短短10分钟里，没有出现1例伤亡。

我们国家党和政府也高度重视安全文化教育，出台了一系列的文件都强调了安全文化和应急科普教育，出台了很多政策进行鼓励，特别强调完善公民安全教育体系，推动安全宣传进企业、进农村、进社区、进学校、进家庭，普及安全知识，培育安全文化。

国际上有不少可以借鉴的经验，很多国家也对安全文化高度重视，多措并举，发达国家也有一种共识，就是保护生命，减轻损失。首先是开阔自己的视野，强调了自救互救能力，发达国家多采用场馆和基地相结合的模式。在现阶段，美国和日本万人所拥有的安全教育场馆的数量是我国的近10倍。

在安全文化这方面，我们觉得应该是安全意识+安全知识+安全技能+安全理念，这个是安全教育应急科普的核心组成部分。

安全教育和应急科普的目标不仅要培养自救能力，还要培养互救的意识和技能，在共生社会中发挥自己的价值。应急科普知识宣传的途径由原来的仅重视知识的传授转向重方法，做课题解决型的学习，重参与，模拟灾害学习，重体验，以灾难为师，向应对灾难的实践学习。

从安全文化和应急科普问题分析来讲：第一，规范组织，靠组织体系来进行安全文化教育；第二，专业人才队伍，这方面缺乏专职导师和一些必要的装置装备，可能会影响培训的效果，导致参与学习的人积极性不高；第三，包括要建立评价激励机制，经过学习之后，来评价我们到底达到了什么样的水平，要建立教育培训体系，同时要协同覆盖各方面的受众，还需要保障经费。

二 研究与创新

在清华大学公共安全研究院，我们初步研究构建安全文化和应急科普的体系，调研了政策方面的支持，包括学科建设、人才培养、产业引导、设施配套、社会资源共享等。同时，分析了当前可以利用的一些技术，这些技术比五年以前或者十年以前已经有了很大的进步，包括安全科技、人工智能、大数据、可视化、虚拟现实、"互联网＋"等。业务体系，这里面讲到了场馆和校园。产业生态，我们分析了安全文化教育体系的上游行业、本行业以及下游的行业，如果能形成一个完整的产业链条，也有助于安全文化和应急科普体系的建立。整个体系既包括线下的安全馆、基地、专题体验中心，还有线上的安全教育平台。

我们这里做了一些事情，第一，研究构建科学系统知识体系，构筑 7×24 小时安全知识空间。左边这块我们列出了一个人在一天的时间段里面大体都待在一种什么样的地方，这里面涉及家庭、各种公共空间，也涉及自己工作的地点。基于风险理论，通过受众、灾种、场景多维度构建科学系统的知识体系。

第二，注重体验式教育，让安全文化入脑、入心、入行。美国学者爱德加戴尔的学习金字塔，可以从听讲、阅读、视听、演示、讨论、实践等方面供其他人学习。在教学方式上结合场馆基地开展互动式体验式的教育，重实践，趣味性也要提升。

第三，推行融入式教学，实现"安全＋教育"，包括融入新的内容、"安全＋健康＋科技"等方面。同时，融入新技术，将安全文化与应急科普教育融入互动体验、沉浸式新技术手段，探索出更加丰富多彩的安全教育形式。

第四，研究构建安全素质评测体系，激发持续受教的动能。从安全意识、安全知识、安全能力三个维度进行量化评测，建立安全素养评测体系，通过评测和反馈来激发受众对象提升安全素质的内在动力。

第五，线上与线下结合，专业性与传播性并重，打造"六位一体"的教育体系。我们建立了安知库、安全教育课程体系。其中包括安教云，即安全教育的云平台，进行线上支持；有安全体验馆和基地，进行线下支持。安意能就是安全素质测评的体系。

第六，开展社会化托管服务，创新安全教育模式。推动政府主导多元社会化参与，开展专业托管式的教育服务。所以安全文化发展也是安全服务业的重要组成部分。

教育模式存在缺师资、缺课标、缺课时、缺教材、缺设施、缺评价等问题，这就导致了其周期比较长，耗费精力，效果也相对较差。一个社会化托管的教育模式有利于形成闭环，可以提供保姆式的服务方式、融入式的教学形式、科学化的安全测评、可视化的安全绩效，其投入相对低而且见效比较快。

第七，从单一政府主导向多元市场导向转变。这一块非常重要，实践证明，如果安全文化教育只是靠政府财政的支持难以持久。由政府主导向多元市场转变，就可以实现自我造血。

三 实践与积累

安全文化教育这块非常重要，所以有一种使命的召唤，我们也感到责任重大。清华本部成立了清华大学公共安全研究院，清华大学在合肥也成立了一个事业单位，即清华大学合肥公共安全研究院。再加上清华建筑学院和美术学院，整合专业力量，成立了安全文化教育研究发展中心，全面布局安全文化教育的新业态。

初步构建了全方位立体化安全文化与应急科普能力体系。从上往下看，上面是进行科学的顶层设计，当中有线下安全文化的教育体系，有线上安全文化教育平台，再往下有中小学生安全教育托管服务，还有从业人员安全培训服务。两边一个是知识体系，另一个是测评体系，整体建设了一个运营体系。

（1）打造安全文化应急科普知识体系，我们称之为安知库，专业性、传播性也比较强，强调了互动、体验式、沉浸式的教育，重实践，趣味性比较强。这里有青少年一系列的安全教育课程和教材，有主题动画视频和专题图文展板。

（2）研发了线上安全教育云，共建平台化服务生态。建立了一套体系、三项服务，基于安教云服务体系，面向国民发展安全文教服务，面向场馆提供运营管理服务，面向市场伙伴实现资源共享服务。

（3）建设了安全教育的场馆，覆盖全生命周期的"建营一体化"。围绕城市安全教育体系形成了两项能力：一是场馆全体系的建设能力；二是场馆全周期实践能力，包括顶层设计、展项研发、传播宣传和品牌的树立等。

（4）聚焦未成年人辐射社会公众，创新安全文化教育。强根基、拓资源、建体系、铸品牌。目标群体包括了服务内容、运营载体，最后是如何支撑这样的服务，同时构建一整套标准化的运营体系。

（5）规划实施文化的强韧工程，建设安全文化博物馆，构建科普教育体系。可以构建安全文化博物馆，这里面可以展示古今中外深厚的文化底蕴，也能体现中华文化的自信，提升民众的安全文化素质。

我们做了一个调研。我们的先人提出来了很多理念，体现了我们古代的安全文化，而且这些理念一直到今天我们还在学习和使用。包括老子当年讲的"安危相易"。"亡羊补牢"是《战国策》里面的，"居安思危"孔子和孟子都讲到了。还有"以人为本""预防为主""防微杜渐""有备无患""长治久安""应急救灾"等。通过文化教育全方位增强民众的安全意识，掌握安全相关的科学知识和技能，提升全民安全素质，形成人人要安全、讲安全、懂安全、会安全这样一个局面。

这个案例是大型综合性公共安全教育基地，在清华大学合肥公共安全研究院现在已经正式动工的第二期，我们拿出了比较大的面积，占地35亩，34000平方米，有8个主题，250多个展项，建立了一个安全博物馆。安全博物馆和安全体验馆有所不同，我们把安全博物馆的功能定位为文化传播、科研平台、体验培训、产业带动。

再有一个案例是中小型综合性公共安全教育基地，如杭州城市应急安全的体验馆等。还有专题性安全教育体验馆，有的专门对生产安全建立了体验，有的专门针对自然灾害建设安全教育体验馆。

校园其实是一个很好的教育平台，在合肥市经开区我们提供了一个全托管的安全教育服务，在北京也建立了一个校园安全教育服务示范点，以全托管的模式进行优化，社会多方协同相互配合，共同促进。

在清华大学合肥公共安全研究院建立了熠能星安全文化体验馆，开展了不少的活动，中小学生非常感兴趣，提升了学生们进行安全文化教育体验的兴趣。

四 总结与展望

第一，安全文化教育是一项系统化、社会化工程，需要政、学、企以及各类民间组织共同参与。

第二，加快制定相关标准，建立科学系统的课程体系和评测体系，提升设施服务能力，培养专业化人才队伍，落实经费保障。

第三，充分发挥社会力量，依托专业机构，开展安全文化与应急科普教育的社会化服务。

应急管理专业人才培养与学科建设

——来自应急管理本科专业高校联盟的探索

雷晓康[*]

近年来,特别是2020年初教育部批准一批院校开办应急管理专业以来,我国应急管理专业迅速发展,成绩斐然。西北大学应急管理学院具有深厚扎实的研究基础,又是首批获批开办应急管理专业的院校,2021年6月10日倡议成立了应急管理本科专业高校联盟,在联盟范围内不断探索应急管理人才培养与学科建设经验。现结合我院学科发展、人才培养以及推动应急管理本科专业高校联盟建设的情况进行介绍。

一 西北大学应急管理学科发展情况

西北大学应急管理专业的"本、硕、博"已经贯通,已在2021年9月正式招录学生,目前在应急管理人才培养体系上是比较全面的,博士后流动站也设立了应急管理研究方向。

我们在应急管理方面的研究开端于2003年"非典",2004年组建了应急管理团队,2005年承接了国务院原应急办的项目,出版了一系列著作,参与了陕西省"十一五"应急管理体系建设。2009年,承担了对陕西省应急管理体系建设的评估工作,并出版了"地方政府应急管理丛书",策划了应急管理丛书和地方应急管理的报告。

对于应急管理研究,目前我们希望把西北大学相关的学科有效地进行整合,进一步开展跨学科研究。近年来,取得了很多跨学科的研究成果,体现为我们拿到的国家社会科学基金项目、国家自然科学基金项目、教育部项目和国家级省部级项目,我们还围绕应急管理方向出版了一系列著作。

---

[*] 雷晓康,西北大学公共管理学院(应急管理学院)院长,博士生导师,陕西省中青年社科拔尖人才。

2019年，我们申请了教育部和应急管理部关于应急安全智慧学习工程的试点项目，在2020年3月，西北大学入选全国19家应急管理学院试点、面向应急安全智慧学习工程项目。在这个背景下，学校在2020年4月成立应急管理学院，应急管理学院挂靠西北大学公共管理学院，"两块牌子一套人马"。在推动应急管理学院建设的过程中，我们与陕西省应急管理厅达成协议，共同建设西北大学应急管理学院。

应急管理学院正式建立以来，我们加大了应急管理学院建设力度。2020年申请获批应急管理本科专业；2021年9月，"本、硕、博"都开始招生，应急管理本科是设在管理科学与工程一级学科下从理科招生的本科专业。硕士点和博士点都设在公共管理一级博士点下招收学生。目前我们按照国务院学位办关于在公共管理一级学科下的应急管理课程目录设置课程体系，进行博士研究生和硕士研究生的培养。

二 基于应急管理本科专业高校联盟的人才培养探索

人才培养是一个多元的、复杂的、动态的过程，特别是对于应急管理方面人才的培养，所需要的不仅仅是新文科，更可能是一个新综合。过往我们虽然没有招收应急管理专业的本科生，但是在应急管理领域的研究比较多，过去我们在行政管理方向下或MPA研究领域里都涉及应急管理。在过去没有正式设立应急管理专业的情况下我们做了不少应急管理方面的研究，学生的选题方向也往往在应急管理领域里。

我们从2009年起与原陕西省应急办共同推动了MPA里联合招收应急管理方向的学生。2013年，与原陕西省应急办共同建立了陕西省应急管理培养基地，原陕西省应急办也在我们学校建立了实训基地，相应的专家秘书处都设立在我们学院。共同推动的一个成果是陕西省应急管理研究院落户西北大学，研究院我们聘请了当时的局长担任研究院名誉院长，在建设过程中有很多的政策建言，对陕西省"十一五""十二五""十三五"的建设都做出了很多贡献。

我们向来重视合作交流。陕西省引入了美国突发事件应急指挥系统、德国的防灾减灾系统和中国台湾的防灾减灾系统，都落户在西北大学，共同培养陕西省的应急管理干部。

2020年挂牌成立应急管理学院以后，我们推动了产学研一体化，在应急产业联盟、应急产业园区、应急体验馆等方面多维发力，全面推动西北大学应急管理学院产学研一体化基地的建设。

2021年6月10日，在应急管理学院成立一周年之际，我们推动了应急管理本科专业高校联盟的成立，联盟基于2020年初全国审批的20多家应急管理本科专业（授予管理学学位，专业代码为12011T）。当天，多位院长共同探讨新的本科专业的人才培养问题。

在广泛征求联盟专家意见的基础上，我们讨论出了应急管理本科专业课程体系以及课程名称。基于此，我们整理了拓展阅读书目，有95名来自20多个院校的专家学者反复沟通，最终形成了应急管理本科专业的拓展阅读书目（共20本书）。为了满足硕士研究生培养需求，我们在此基础上筛选出了应急管理专业硕士研究生的阅读书目（共10本书），这10本书也进入了研究生水平测试范围，一年半以后硕士研究生需要参加水平测试，通过以后才可以进入开题环节。

与此同时，我们也基于这一平台——应急管理本科专业高校联盟，推动了应急管理本科专业课程体系建设以及教材撰写。目前第一本书《应急管理概论》的稿子已经报给高等教育出版社，有望2023年初出版。

在学生培养方面，我一直在谈一个思路。虽然应急管理专业是国家新设专业，实际上，在以往的发展过程中有很多院校，例如河南理工大学、暨南大学等，已经在这个领域深耕多年，还有很多工程技术领域的学校也长期深耕这一领域。西北大学在人才培养过程中一直贯彻这样一个理念：要对得起家长的信任，对得起学生的选择，对得起社会的重托。在这种大理念的带领下，我们通过教师们的集体备课会来统一和推动教师们整个知识体系的重塑与构建；我们也在应急管理本科专业高校联盟范围内推出了《应急管理文摘》和《应急管理简报》。

在培养过程中，我们不断探索怎么样让学生去感知应急管理的情境和过程，我们推出了"看电影，学应急"系列活动，通过观看并讨论灾难型电影，让学生从中感知风险，进行情境构建，并研讨有无更好的应对方式。我们通过加强调研，让学生对于风险防范和企业安全生产以及隐患排查有所感知。通过"正学"读书会让学生在学术体系和理论构建方面有所进展。

与此同时，我们也加强了应急管理团队教师的学术研究的推进，举办应急管理团队系列学术研讨会，2021年已经举行了三期，基本都是周日晚上举行，通过教师们的研究带动整个应急管理学科的发展。

为提高教学效果，我们推出了"翻转课堂+师生互动、教学相长"的模式。我们在一定范围内，让每一个学生模拟应急管理部门的某一个职位，比如：陕西省应急管理厅不同的部门、应急管理部不同的部门中的某个职位，以这个职位为线索，关注这个职位在过去一周、一个月里面承担的重大工作，或者在应急管理过程中的一些新变化。

我们围绕热点及时开展相关讨论，围绕中央政治局第33次集体学习，生物安全、网络安全等活动，及时跟进当前热点研究应急管理。与此同时，我们还注重知识的传播，如利用"西大应急"公众号促进知识传播。

三 学科建设：现实思考、理论回应

作为文理公管法融合的综合类大学，西北大学应该如何开展应急管理学科建设，应如何回应现实需求，应如何通过学科建设支撑人才培养，这些都是值得我们持续思考的问题。

在推进学科建设过程中，我们特别注重以下三个维度。第一个就是学科本体和分支的问题，第二个是有待解决的关键问题和主要任务，第三个是人才培养体系，在应急管理专业教材体系的问题上非常突出。我们非常感谢河南理工大学原院长夏老师给我们团队建设做出的重要贡献。

我们用范维澄院士的公共安全科技"三角形"框架：一是关于突发事件，我们研究突发事件发生、发展到成灾演化的规律；二是要看承灾体，突发事件发生所产生的破坏及其对承灾体造成的损失；与之对应的是应急管理，在灾害体系中，如何进行人为的干预。与"三角形"相对应的是研究突发事件发生发展的机理、突发事件的致灾机理以及防灾救灾的体系和方法。

关于应急管理学科的本体仍然是探讨致灾机理，成灾的基本原理是：在孕灾环境中，致灾因子作用于具有脆弱性的承灾体，致使承灾体受到破坏。对于致灾因子和脆弱性的管理就归因到风险管理，这是应急管理的第一个阶段，要减少灾害发生。

应急管理的第二个阶段涉及救灾的组织和方法，救灾离不开政府公共权力。政府公共权力在救灾中的利用涉及宏观层面和战术层面上的不同知识体系，主要体现为社会动员体系、能力建设体系、灾情的控制与恢复体系的建设，以及预警体系建设、应急预案等专项规划。

从学科的关键问题和主要任务来讲，我们认为它的关键问题在于最大

限度地避免和减少灾害对于人财物、环境和发展的损害,主要任务仍然在于预防和处置突发事件。学科建设应该遵循基本逻辑:从有待回应的社会需求到人才规格,到能力的规格,再到培养方案,最后落脚于我们的教材体系建设。

最后,引用《中国应急管理的结构变化及其理论概化》,这篇文章于2015年发表在《中国社会科学》上,这篇文章里面构建了"彗核"这个概念,实际上是突发事件发生过程中我们的救援,包括政府的应急管理,救援和处置预案体系综合能力。但是我们往"彗尾"去探索的时候会发现,突发事件每一次处置过程中可能都会涉及彗尾部分的内容,比如说社会变迁、治理转型、政府构架以及政策体系与运行体制。在前端治理过程中我们有相应的、应景的制度和能力建设,但是后端更加涉及学科建设的情况。

以上就是我从三个维度对人才培养及学科建设的思考。"道阻且长,行则将至;行而不辍,未来可期。"在我国社会发展进入新常态、经济进入高质量发展阶段的大背景下,社会各界对应急管理的需要比以往任何时候都更迫切,社会各界对应急管理专业人才的需求攀升,发展"顶天立地"的应急管理学科,培养高质量的复合型应急管理人才,是我们不懈的追求。

第五编

应急管理科技产业支撑研究

矿山水灾应急管理[*]

武　强[**]

首先，我想对一些基本的概念在这里跟大家分享探讨一下。

第一个概念，应急管理与应急是什么关系？从应急的角度来说，我们从字面意思来理解的话，除了应急管理之外，应急还应该包括应急的科学技术、应急的文化等范畴。所以，将来到底是从应急管理的角度还是从应急角度来讲，我想大家应该探讨思考这些问题。

第二个概念，就是安全与应急管理是什么关系。过去讲安全，公共安全也好，生产安全也好，还有一些自然灾害事故、医疗突发事件。我们讲安全，一般来说讨论的是安全问题发生前我们该怎么做，从技术上怎么让它尽量少发生。但是发生以后，安全人员也要参与应急管理。在2018年中华人民共和国应急管理部成立之前，所有涉及安全或者灾害事故的这些领域、不同的部门和不同的行业都有应急管理。也就是说过去所说的安全包括应急管理，现在倾向于把应急管理单独拿出来作为一个独立的一级学科。同安全并列起来，当然是好事，但是安全同应急管理之间的边界在哪里，应该有所界定。应明确这几个基本概念。

我想讲的第二个问题是应急管理的定位，其外延边界到底在哪。我想分三个方面谈谈自己的理解。

第一，应急管理应该从狭义的角度来讲，从字面来理解应急管理应该包括什么。我想这主要是指事故发生以后我们如何来进行涉险人员的自救互救，包括现场指挥人员如何指挥，科学技术、探测仪器装备，一些产业文化和科普。但是我认为狭义的应急管理用一句话来说，事故发生之后我们所做的事情应该叫应急管理。

---

[*] 本文根据作者在"中国应急管理创新论坛（2021）"上的主题演讲整理。
[**] 武强，中国工程院院士、国际欧亚科学院院士、国家煤矿水害防治工程技术研究中心主任。

第二,应急管理部目前所做的工作主要是狭义的应急管理。如果说应急管理部已经把矿山局、国家地震局、消防这些部门的工作包括进来的话,除了矿山安全、地震和消防之外,现在的应急管理部应该主要是指狭义的应急管理,主要的工作是指事故发生之后所做的工作。

谈完狭义的应急管理之后,我就想谈谈广义的应急管理。从广义的应急管理来讲,不仅仅包括事故发生之后应该做些什么工作,还包括在事故发生之前,如何进行隐蔽致灾因子的探测,事故发生之前的预兆判识,包括一些组织管理、物资、人员、资料、演练培训等。这些虽然是事故发生之前的,也应该包括到应急管理部当中。

更广义的应急管理就是把安全和应急管理合并起来,统称为应急管理,这个范畴就太大了。应急管理部将来的发展,这个概念应该从狭义的应急管理逐渐过渡到广义的应急管理。就是不仅仅要考虑事故之后所做的事情,事故之前的事情,至少是事故之前的部分事情应该纳入应急管理范畴。

第三,我想谈谈应急管理的人才培养和学科建设。现在大家都知道国家正在筹建应急管理大学,包括未来的应急管理大学以及我们现在各个综合性大学的应急管理学院,对这些学校来说主要培养的人才应该是按全灾种大应急考虑。

另外一种是很大的范畴,对不同的部门、不同的行业、不同的灾种来说,应急管理的特色是不一样的。所以对大量专业性的院校,比如矿业大学、石油大学、各种医学院,以及一些自然灾害的研究院,这些单位所培养的人才应该针对自己特殊领域的单灾种进行专业应急救援。这两种类型的人才我们都需要,当然前者主要是将来为应急管理各个政府部门来培养的。

下面介绍一下关于煤矿生产安全的基本情况。这是 2000~2020 年煤矿每年的产量,去年是 39 亿吨,煤炭消费占一次能源消费总量的比重是 57.7% 左右。如果从生产角度来说,煤炭在我国一次能源的生产占比为 69%。为什么煤炭在消费领域占比只有 57.7%,在生产占比达到 69%?可能是有新的能源进来了,实际上风能、太阳能、光伏可再生能源并没有增加多少,而是因为大量的能源进口。

我们现在强调的煤炭生产消费占比降低了 12 个百分点,从消费的角度、统计的角度是降低了,实际上潜在的威胁是什么呢?国家的能源安全问题，我们如此高的能源对外依赖度是相当危险的。

我们在2002年的时候生产100万吨煤就死4.5个人，到去年死0.059个人就可以生产100万吨煤，总的来说，煤炭安全形势大幅度好转。

下面我讲一下关于矿山透水灾害的应急救援当中应该注意的几个问题。我是从广义的应急来讲的，首先矿山的灾害事故发生之前，应该做些什么工作？

第一，加强基础工作，包括组织机构的配置、预测预报工作、勘探工作、规章制度的建设、防治水工程的完善、隐患排查、科技治水、抢险救灾的队伍建设、组织人员的培训，这些都属于应急管理应该管的范畴，就是在事故发生之前我们应该做的。

第二，组织管理，包括人员物资资料的储备、应急演练培训，这一部分也都是应急管理的范畴。

第三，水灾预兆信息的捕捉和辨识能力，任何事故在发生之前，从开始孕育到发生这样一个漫长的过程当中实际上会暴露各种各样的预兆信息，只不过我们没有捕捉到这些信息，或者捕捉到了，但判别错了，导致事故的发生，实际上如果能够把预兆信息捕捉好，很多事故都可以避免。

任何事故发生之前都是有预兆的，这些都是应急管理应该管的事情。这是事故发生之前我们应该做的。

另一部分工作就是应急管理今天看到的，事故发生以后我们应该做些什么。从矿山安全来说，我们有基本的处置要求，有接警报警。

第三个就是突水以后的水量估算，这对抢险救援也是非常重要的。

第四个方面，就是事故发生以后，首先是涉险人员应该怎么来开展科学的自救互救，减少人员伤亡，这些知识和技能是非常需要的。

一般来说发生事故以后，井下人员首先逃生的路线应该是向着能够连接井底巷道的竖井方向往外跑，因为只要跑到井底车上就可以升井。但是也有一些不成熟的经验认为，只要跑到高处水就淹不着了，这种情况下有的时候如果突水量小的话，跑到高处之后，等水退下去工人就可以出来。但是如果水量很大，把巷道都淹没了，工人就必死无疑，所以我们要采取正确的自救互救措施。这是事故发生以后，涉险人员的自救互救经验。

事故发生以后，作为抢险救灾的现场指挥者，应该做什么才能够尽量减少灾难？一个是判断水灾的性质，另外一个是了解井下被困人员所处的位置与淹没水位的关系。第一种情况是被困人员所处的位置比淹没的水位要高,这种情况下被困人员成功获救的可能性很大,打钻输水,水位降下来人就可以出来了。第二种情况,如果井下被困人员所处的位置比淹没的水位要低,人员在下面,水在上面。大家可能就要问了,为什么水在上面,人在下面,怎么会不淹没呢?这就是井下的特殊现象,因为井下人所处的位置是一个封闭的巷道,一旦出水,水下来以后,就把巷道所有的空气进行高度压缩,如果空气压缩的压力与水压能够持平的话,形成一个压力平衡汞,就相当于形成气泡效应,虽然位置低,但是淹没不了,因为形成了一个水的平衡界面。在这种情况下,你作为一个现场指挥者绝对不能赶快指挥在外面打一口井,预期一排水人就能够出来了。但实际上一个钻打下去,只要把这个气地面爆空以后,这时候没有原始的气泡效应了,水压就会把被困人员淹没。

所以事故一旦发生,针对不同的情况现场指挥者如何开展科学的指挥,这对于成功的抢险救援意义非常大。

关于水灾智能应急管理信息平台,如何利用现代信息技术,云平台、大数据、物联网、区块链,如何利用这些技术研发出水灾抢险救援的智能化应急信息系统,这对于我们成功的应急管理和应急救援都是意义非常重大的。

数智时代的城市安全与应急

杜跃进[*]

数智时代，现实世界和虚拟空间的融合日益加深，导致信息网络空间中的安全威胁可以渗透到物理世界中，因此需要考虑这种融合的安全性问题该如何应对。应急响应是安全的关键环节和抓手，这一点在传统安全和信息网络安全中是有共性的。不过，信息网络安全更多面对的是人为蓄意破坏，加上数智时代下迅速扩大的网络攻击者具有"无死角、跨时空、超隐蔽"的特点，这对新的融合世界的安全带来极大挑战。面对未来的安全，需要围绕人与人对抗的本质，从过去以产品为中心的思路转为以能力为中心，建立能够不断成长的安全能力体系。同时要以城市为单位，围绕具体场景，结合数字化发展和安全威胁的变化，建立开放的协同创新环境，持续改进和提升城市安全能力。

一 应急是安全的关键环节

无论在传统安全领域，还是在信息网络安全领域，应急都是关键环节。在传统安全领域，存在各种因素导致的突发事件，需要通过应急响应的方式应对；在信息网络安全领域，安全事件更多的是由于隐蔽的攻击者蓄意造成的，更加难以预料，"事件响应"或者"应急响应"就显得更加重要。因此，我们可以看到现实世界和虚拟世界中的安全模型具有相似性。

图 1 是罗伯特·希斯（Robert Heath）在《危机管理》一书中提出危机管理 4R 模式：缩减、预备、响应、恢复。[①]

---

[*] 杜跃进，大数据协同安全技术国家工程研究中心常务副主任，天津智慧城市数字安全研究院主任，360 集团首席安全官。

[①]〔美〕罗伯特·希斯：《危机管理》，王成等译，中信出版社，2001。

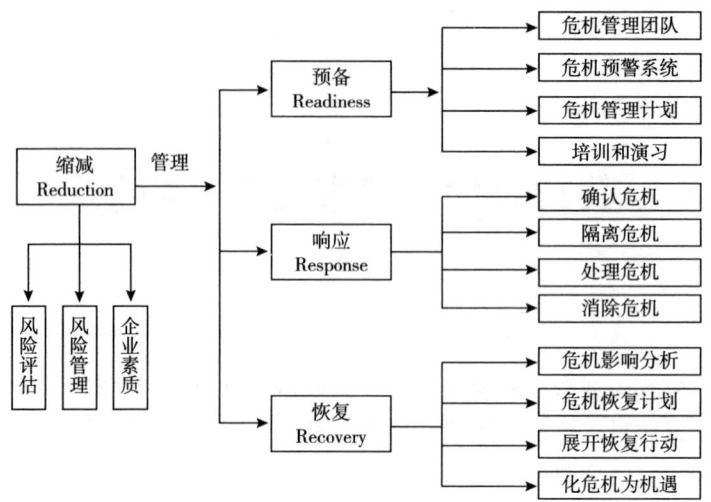

图 1　罗伯特·希斯提出的危机管理 4R 模式

在网络安全领域中，PDRR 是一个被普遍认可的经典模型，即安全是由防护（Protection）、检测（Detection）、响应（Response）和恢复（Recovery）组成的，如图 2 所示。风险主要来自人为破坏，一切工作都需要建立在攻防对抗的基础上，因此实际上这里的"响应"是可以将所有工作串联起来的关键环节。

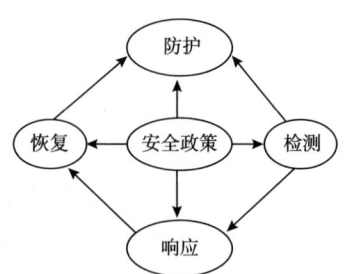

图 2　信息网络安全领域中的经典模型 PDRR

但是，信息网络这个看不见摸不着的虚拟世界，和人们容易直观理解的现实世界有很多不同，这导致对信息网络安全的理解经常出现误区。例如很多人还没有理解为什么"没有绝对的安全"，为什么不能只靠购买安装网络安全防护设备来解决安全问题等，这些问题有待人们树立更加正确的安全观来解决。

如今，伴随着新一代信息技术的深入发展，我们正在快速迈入新的数字化智能化的时代：原来的计算机变成了无所不在的智能设备，原来的计算机网络变成了无死角的全面互联，原来的业务逻辑变成了大数据驱动，原来的软件程序变成了人工智能。在这个新时代中，安全问题更加复杂化，这至少体现在两个方面：一是原来的信息网络世界深度交织融合，变成一个相互依赖关系异常复杂的整体，导致安全挑战发生质变；二是信息网络世界和现实世界的相互融合日益加深，虚拟世界中的安全威胁和风险蔓延到现实世界中，并且打破了现实世界的很多基本规律，给安全带来全新挑战。

因此，当前需要充分认识到信息技术的两面性，在应用新技术建设数字社会的同时要对引入的新风险加强研究；要意识到在这个新的时代，不仅要考虑原来的安全问题，还要应对来自虚拟世界的蓄意破坏。城市是人类生活和工作的核心场所，智慧城市或者数字城市的安全问题应当如何应对，特别是新型应急响应怎么做，就成为当前非常重要的课题。

二 数智时代的城市安全正在被重新定义

1. 数智时代具有软件定义、泛在互联和数据驱动这三个基本特点

软件定义，指的是智能化时代下，软件无所不在，成为定义设备和系统功能的基本要素。小到嵌入式或手持式的各式智能终端设备，中到人们驾驶的汽车、火车或者运转的工厂，大到整个城市甚至国家的重要基础设施，都离不开软件的驱动。软件实际上在定义一切事物的过程和功能。

泛在互联，指的是万物每时每刻都连接在网络上。各种智能设备，不需要人为操作，都是自动通过网络和后台相连，实现软件升级、参数调整甚至实时计算的。今天说联网，已经不是20多年前用户安装网络后通过家里的计算机上网浏览信息的概念了，而是我们生活、工作、学习中几乎所有的事情，背后都需要一张互联网络的支撑，没有这张网络，整个社会都无法运转。

数据驱动，指的是大数据时代到来以后，我们的各行各业都开始逐渐依赖数据做决定，而不是像过去那样基于逻辑分析或者预先确定的流程规定。在信息化的早期，人们用计算机和软件把原来的业务流程自动化，提高效率并且减少人为因素的错误。但是在大数据时代下，则是通过大数据的分析计算结果，决定业务工作的下一步操作。例如我们今天使用的导航系统，不再是通过静态道路信息给出静态结果，而是通过实时大数据的计算不断调整导航建议。这个现象，在如今的各行各业、在不同的生产企

业、在城市管理和运行等各个领域,都开始越来越普遍。

2. 数智时代的基本特点带来全新的安全风险,开启了大安全时代

数智时代的上述基本特点,导致传统的安全概念发生了本质变化,进入新的"大安全"时代,更准确地说,是新的数字安全时代。

如前文所说,信息网络安全主要面对的是攻击者的蓄意破坏。因此,任何一个新技术、新业务的诞生,任何工作生活环境的变化,都会有攻击者从中寻找新的攻击机会。

第一,软件定义一切,意味着一切皆可被攻击,因为软件中的漏洞是无法避免的。计算机软件诞生以来,尽管从学术研究界到产业界的人们做了各种努力,但是迄今为止全世界还不存在任何一个主流软件是找不出漏洞的。这不是程序员的态度或者能力问题,而是软件日益复杂导致的一个必然结果。过去几十年间,世界上最优秀的软件和系统,也只能是在攻防过程中不断改进软件的设计和实现方式,减少简单的漏洞、增大攻击者利用漏洞实现攻击的难度、通过容错容灾等技术保障系统运行的可靠性。而当软件无所不在的时候,有几家厂商能达到这样的顶尖水平呢?于是,所有的智能设备、智能系统,都存在被攻击者入侵的可能,而且多数情况下甚至入侵的难度都不大。

第二,万物互联,意味着攻击者可以从世界上的任何角落实施攻击,还可以设计各种复杂的跳板来隐藏自己,因为网络都是通的。人们可能会想到通过"不联网"来规避这个风险,但是一方面如今真的"不联网"基本上越来越无法做到,因为今天我们已经不可避免地"沉浸"在网络环境中了,大量业务或者基础性功能都需要网络实现,而且数据的内外网交换实际上也不是像人们想象的那么可靠,对攻击者来说经常可以用作攻击通道;另一方面人本身就是一个薄弱环节,攻击者通过对他们的诱骗或者收买,也是可以实现远程网络攻击的目的的,这样的攻击案例比比皆是。2010 年的"震网"事件①证明了通过互联网实现对工业系统的攻击,从那之后这类案例也越来越多。

---

① 震网病毒,又名 Stuxnet 病毒,是一个席卷全球工业界的病毒。作为世界上首个网络"超级破坏性武器",Stuxnet 的计算机病毒已经感染了全球超过 45000 个网络,伊朗遭到的攻击最为严重,60% 的个人电脑感染了这种病毒。计算机安防专家认为,该病毒是有史以来最高端的"蠕虫"病毒。蠕虫是一种典型的计算机病毒,它能自我复制,并将副本通过网络传输,任何一台个人电脑只要和染毒电脑相连,就会被感染,资料源于百度百科。

第三，数据驱动，意味着攻击者不一定需要利用软件漏洞，还可以通过在数据上做手脚实现攻击。而且这种攻击对于防御者来说更加难以识别，因为当前实现大数据处理的人工智能具有"不可解释性"（例如我们无法理解阿尔法狗下围棋的逻辑，但是知道下它的棋肯定比人类选手厉害），因此我们无法根据逻辑来判断人工智能给出的结果是否正确，这让"数据投毒"的行为更加难以被发现。

于是，在数智时代下，攻击行为可以做到"无死角、跨时空、超隐蔽"，而且攻击行为可以通过虚拟的网络空间破坏现实的物理世界。

3. 当前的危机是，安全对抗的领域扩张太快，安全意识和能力严重不足

很多人对网络安全的认知还停留在过去，认为那是搞计算机或者信息化的人的工作，和自己没关系，或者和自己的行业、企业没关系。实际上，原来网络空间的安全对抗，正在极速地扩张到其他领域，而那些领域还完全没有准备，这是当前最大的安全危机。

这种扩张主要在三个维度上表现出来：一是网络攻击可以触达的对象，从最早的计算机发展到现在的智能设备，从计算机网络发展到通信网络，后来又发展到社交网络、城市和社会基础设施以及各行各业的业务网络等；二是网络攻击的对手，从最早只是为了好玩或者炫耀技术的攻击者，发展到以窃取敏感重要数据信息的攻击者、以勒索诈骗等各种方式获利为目的的黑灰产团伙组织以及具有政治动机的团伙甚至国家级攻击队；三是网络攻击造成的危害，从计算机系统瘫痪导致信息丢失或者工作效率降低，到通信基础设施瘫痪引发危机事件，再到隐私或者敏感数据泄露、金融财产损失、人身安全危害、城市基础设施瘫痪、各行各业的生产业务中断或者生产事故、社会混乱等。

可以看到，来自虚拟世界的安全威胁，正在触达我们工作生活中的每个角落。受到这些诱惑，网络中的各种攻击力量这些年来发展极其迅速。可是很多人依然以为网络安全的事情和自己没什么关系。同时，我们所积累的安全力量还主要停留在过去的以计算机通信网络、系统和数据安全这样的小圈子中，无力快速延伸到亟待保护的更大的空间中。

4. 数智时代的城市安全是新领域，面临新挑战

从城市的视角来看，问题发生本质变化的根本原因，是原来相互分割的世界，进入了相互深度融合的阶段，这使得问题更加复杂。

首先，城市是服务于人的，城市中的人群是城市的核心组成部分。城市人群的生活、安全、工作、社交、文化等需求，是城市的软性组成部分，更是城市的目标和意义。在这类安全需求上，人们容易理解的是公共安全。

同时，城市是由物理世界组成的。为了服务于城市的目标，城市由道路、车辆、建筑、水电气等基础设施，医院、学校、商场、工厂、企业、社区、政府等实体组成。危害到这些实体正常发挥作用的安全因素，过去主要是自然灾害、公共卫生事件、生产事故、社会群体事件，以及战争等极端情况等。

如今，城市的组成中还有一个"看不见的部分"，和前两个部分实际上融合到一起了，这部分使得城市发展成为智慧城市，或者数字城市。这个发展阶段主要可以理解为四部分：一是信息化阶段，即以计算机为基础的信息系统的引入；二是网络化阶段，即以互联网为基础的全面联网阶段；三是数字化阶段，即以大数据和大数据技术为基础的数据驱动阶段；四是智能化阶段，即以人工智能技术为基础的智能决策阶段。城市中不同的组成部分，正在和这些数字技术相融合，进度和深度可能不同，而且还在持续变化中。随着这种融合的加深，城市的这些组成和功能也会受到信息系统安全、网络系统安全、数据安全、人工智能安全等安全风险的威胁。

这时候，我们无法像过去一样分门别类地来看城市安全了。所有的传统安全，以及网络安全、数据安全、云计算安全、人工智能安全、工业互联网安全等所有的非传统安全概念，全部都交织在一起，构成一个复杂系统。这是问题发生质变的原因。

5. 未来安全的基本方向

面对全新的和复杂的问题，如今并没有简单的答案，但是可以看出未来的方向。

第一，需要认识到，如今的数字城市安全是一个复杂巨系统问题，基本的方向是综合集成分析、敏捷迭代、灵活调整、不断成长和升级。需要围绕这样的思路，来设计相应的机制，建设配套的手段，形成相应的能力。

第二，要把过去以产品为中心的安全思路，改为以能力为中心的新思路。网络安全的本质是人与人的对抗，是不可能依靠某个产品来战胜对手的。网络空间中的攻击者，过去"顺手牵羊"的多，那时候通过安全产品加上简单的配置和运营，就能够规避绝大部分风险。但是过去15年左右的时间中，随着网络环境与资源、攻击对手的动机和组成等方面的变化，网络攻击越来越向"精准有目标"发展，特别是高级持续威胁（APT），更是会针对特定目标长期进行定制化准备和部署，这时候原来方式的效果就急剧下降了。面对新的情况，必须回到人与人对抗的安全本质上来，把核心放到对抗能力的建设上来，通过与潜在对手的能力比较估算自身的能力要求，通过不断进行实战检验衡量自己真实的能力水平，通过有计划的体系性工作不断提升自己的能力。安全产品在这时候是服务于能力的，是能力建设的组成部分。

第三，未来安全不可或缺的基本要求，也是数字化和智能化，并且需要持续创新。和别的领域一样，未来数字城市安全的能力建设，同样需要数字化转型和智能化升级。没有大数据和相应的处理技术，就无法建设复杂系统的综合集成分析能力。因此，未来的城市安全也需要依赖安全大数据，并且需要依赖专门的人工智能技术才能进行及时有效的复杂分析与应对。除此之外，网络空间中的对抗，防守方受到各种限制，处于被动和战略劣势地位，必须采用大规模协同的方式才有可能扭转这一点，"各人自扫门前雪"是必然失败的。所以新的能力体系中还必须具备智慧协同的能力，即在掌握大局的前提下做出最佳反应，而不是"头疼医头、脚疼医脚"的对局部事件的简单响应。攻击者也会主动变化，能力也会不断提升，因此防守方的能力还必须做到持续提升。

三 相关实践和未来设想

1. 能力成熟度的使用已经成为安全领域的趋势

能力成熟度的概念，最早就是美国提出来的[1]，后来这个理念被用在很多不同领域。国际上，通过基于能力成熟度的网络安全能力来评估和指导网络安全体系建设，已经成为重要的实践模式。

美国国防部在推广网络安全能力成熟度模型（CMMC）[2]，以应对持续

---

[1] CMM，软件能力成熟度模型是一种对软件组织在定义、实施、度量、控制和改善其软件过程的实践中各个发展阶段的描述形成的标准，资料源于百度百科。

[2] 快速了解美国国防部的网络安全能力成熟度模型认证（CMMC），https://www.secrss.com/articles/37338。

针对国防工业基地（DIB）和国防部（DoD）供应链的高级网络威胁，将要保护的信息数据类型与相关的威胁范围相结合，在多个网络安全标准、模型、框架之间博采众长，形成网络安全能力综合性构建的最佳方案。同时，美国能源部和美国国家标准与技术研究院（NIST）共同开发了网络安全能力成熟度模型（C2M2）[①]，旨在持续监测和改进电力、天然气和石油等关键基础设施中面向 IT 和 OT 融合的各项网络安全实践。目前，美国能源行业已将 C2M2 作为重要工具，用于评估和改进网络安全计划，以及提升运营弹性。

在欧盟，《欧盟网络安全法案》规定，欧盟网络安全局（ENISA）应推动各成员国制定和实施国家网络安全战略。为此，欧盟网络安全局在 2020 年 12 月发布了国家能力评估框架（NCAF）[②]，以衡量成员国网络安全能力的成熟度。该框架的落实将帮助欧盟各成员国开展国家网络安全能力评估，提高各国对网络安全能力成熟度的认识，识别有待改进的地方，进而指导各国逐步构建网络安全能力。

英国牛津大学的全球网络空间安全能力中心（GCSCC）创建了国家网络安全能力成熟度模型[③]，由英国外交部的网络安全能力建设计划资助和开展。在全球具备广泛的影响力，美洲国家组织（OAS）、世界银行（WB）、国际电信联盟（ITU）和英联邦电信联盟（CTO）等国际组织在许多国家和地区都部署了这一工具，推动国家级网络安全能力成熟度的自我评估，并将评估结果转化为切实的政策建议、投资战略以及能力发展优先次序，为决策者发展本国的更加先进、更加成熟的网络安全能力建设提供参考建议。

在我国，安全能力或者能力成熟度的概念也日益被广泛接受。2005 年我们提出了"国家网络安全能力模型"，从"能力要求""能力建设要素""安全威胁"三个维度建设应对大规模网络安全事件的能力，其中能力要求部分采用了 PDRR 的思想，能力要素部分则包括"人员/组织""平台/产品""流程/资源"三部分。2015 年我们提出了数据安全能力成熟度模

---

① 网络安全能力成熟度模型（C2M2），https：//www.energy.gov/ceser/cybersecurity – capability – maturity – model – c2m2。
② 国家能力评估框架（NCAF），https：//www.enisa.europa.eu/publications/national – capabilities – assessment – framework。
③ 国家网络安全能力成熟度模型（CMM），https：//gcscc.ox.ac.uk/the – cmm。

型（DSMM）的概念，由"能力建设要素""数据生命周期""能力成熟度等级"三个维度组成，其中能力成熟度等级使用的就是美国提出并被全球认可的概念。DSMM 于 2019 年正式成为国家标准[①]，并被工业和信息化部纳入《"十四五"大数据产业发展规划》中[②]。

在城市安全方面我国也有探索。"基于成熟度理念的区域网络安全能力评估"被中国管理科学学会评为 2021 年度最有价值案例，这是我国首个以城市为单位的安全能力成熟度模型。我国还有很多城市开始启动城市安全大脑的工作，而安全大脑的本质就是以能力为核心的安全体系。

2. 通过开放创新的方式快速提高安全能力

在实际工作中有一个问题经常困扰着各方，就是发展和安全如何平衡。我们希望做到新技术新业务推出的同时，就已经做好了安全设计和考虑。但现实中这一点越来越困难，因为当前正处于高速变化的数字革命中期，再加上指数级升高的复杂性和不确定性，无法那么早预见到可能的安全问题。

可是今天我们又不能像信息化发展的初期那样，先往前走，然后再看安全问题该怎么调整。因为今天的环境已经彻底不同了。刚有计算机、计算机网络甚至互联网的早期，信息技术特别是信息网络还没有那么广泛，吸引攻击者的有价值资源也有限，因此那个时期是可以先不考虑安全的。但是今天完全不一样了，全球有无数各种动机的攻击者每时每刻都在虎视眈眈地寻找一切可以利用的机会，每一个漏洞和薄弱环节都会被他们捕捉，每一个有价值的资产都会被他们惦记。因此，今天任何刚刚开发出来的产品、刚刚上线的业务或者平台，都不能再有侥幸心理，需要做好面对攻击的准备。

应对这个悖论的一个方式是大范围地开放协同创新，这种模式的有效性也被当今科技界的很多案例所证明。数智时代的安全，需要用这种模式加快创新速度、提高创新水平。2021 年，大数据协同安全技术国家工程实验室联合中国计算机学会大数据专委会等机构发起的"数字安全公开赛"（XWAY2021）就是一个成功的尝试。这个比赛整理出数字安全领域不同

[①] 信息安全技术 - 数据安全能力成熟度模型，全国标准信息公共服务平台，http://std.samr.gov.cn/gb/search/gbDetailed? id = 91890A0DA63380C6E05397BE0A0A065D。
[②] 《工业和信息化部关于印发"十四五"大数据产业发展规划的通知》，中国政府网，http://www.gov.cn/zhengce/zhengceku/2021 - 11/30/content_ 5655089. htm。

方向的技术挑战，通过公开悬赏的方式寻找最佳答案。因为参赛者极其踊跃，在半年多的时间内，覆盖全国两百所以上大学的近两千支队伍提交了极大量的创新算法，并以反复竞争的方式从中选出效果最好的方案，取得了很好的效果。同时为了能够开展持续创新，这些内容还会公开放在"安全大脑国家新一代人工智能开放创新平台"中，形成数字安全领域的专业创新社区，共同积累研究场景、科研数据、技术成果等。未来需要探索将这样的机制更好地和需求方以及研究圈的对接。

3. 加强数字城市安全研究

本次数字化转型和智能化升级还在过程中，城市的安全目前也不可能依靠成熟产品或者方案，而必须伴随整个数字城市的建设和发展过程而不断完善。这个过程本质上是持续创新的过程。因此，围绕城市的各种场景和需求，结合数字化技术和业务的演进、安全威胁与风险的变化，打造开放协同的持续创新环境十分重要。2021年，天津市成立了天津智慧城市数字安全研究院，核心目标就是联合与衔接各方资源，围绕智慧城市安全中的各种新问题，不断进行创新和探索，支撑城市安全能力的不断升级。

四　总结

数字城市安全是当今重要的研究课题。应急响应是将安全工作串联成为整体的关键环节。在数智时代下，城市安全和应急也离不开数字化转型和智能化升级，但是这个过程中要考虑到全新的数字安全风险的应对。由于虚拟世界将现实世界融合成一个极其复杂的整体，这一方面导致问题的复杂性发生了质变，另一方面导致安全的性质发生了变化，即各种安全都需要考虑网络攻击者的蓄意破坏。以人与人的攻防对抗为基本规律，以安全能力发展为中心进行技术建设和制度设计，以开放协同创新作为持续改进升级的手段，以城市为单位进行落地示范，这是适应未来安全形势的基本思路。

充分利用移动开放平台打造智慧应急数字化社会动员平台

冯宇彦[*]

一 应急社会动员体系建设的主体需求

为有效精准地处置突发事件，必须借助社会动员才能在较短时间里集中、配置大量的物资、人力与信息资源；必须在集中民意、民智基础上提升应急管理体制与机制的科学性与有效性，才能使应急管理的方针、策略赢得社会公众的理解、支持与配合；同时可以通过社会监督不断提升应急管理效率。所以，应急管理需要有效的社会动员机制支撑。

应急社会动员的对象主要包括非政府社会团体，如宗教、商业、企业、非政府组织等；社区团体，如学校、居委会（村）和其他基层组织等；以及家庭及个人。

应急社会动员体系建设的主体需求为：建立联系网络、组织救援队伍、实行培训教育、收集上报信息、准备应急资源、建设应急场所、辅助信息发布及舆论宣传、配合政府救援行动、实施自救互救等。

政府侧则需要制定政策法规、设定组织机构、明确沟通渠道机制、统一协同指挥、建立管理制度规范、提供各类资源保障、完善补偿机制。

二 应急数字化社会动员平台的建设目标

依据政府侧及社会侧城市安全风险监测预警及应急指挥需求，结合当前移动互联网、云计算、大数据及人工智能等新兴信息技术的蓬勃发展和广泛应用，建设应急数字化社会动员信息化平台和工具，助力打造网络

---

[*] 冯宇彦，腾讯智慧政法合作部应急行业总监。

化、移动化、智能化的应急社会动员体系，最大限度地提升社会动员的广度和深度，实现第一时间进行响应、第一时间获取信息、第一时间实施救援的建设目标。

三 应急数字化社会动员平台的建设思路

针对应急社会动员体系的政府侧及社会侧需求，应急数字化社会动员体系的建设有如下四个方面思路。

1. 打破传统的政府业务应用系统内部建设、内部使用的运维模式，建立互联网化开放平台

传统的应急管理业务应用系统，由政府投资主导建设下发，同时也仅限政府内部人员使用，面临功能迭代慢、下级创新想法无法自主实现、难以满足不断变化的业务要求等问题，很难触达基层人员和社会公众，很难保证系统的易用性和先进性，传统预算制项目建设模式也无法快速根据业务需求进行迭代更新，缺乏时效性。利用互联网理念和技术建立开放平台，让地方政府、基层部门和企事业单位发挥主观能动性参与系统建设可以从根本上解决上述问题。

2. 利用移动互联网通信技术建立三方协同四方联动的移动协同工作平台

利用移动互联网通信技术，针对政府侧工作需要，建立私有化部署的、满足国家等保三级要求的，同时支持PC端及移动端的协同工作平台，还可以利用微信的统一身份认证能力与政府侧、企业侧移动协同工作平台进行联通，实现现场信息采集报送、任务下达与远程指导、实时音视频举报、现场音视频指挥等简单易用实用功能的发挥，实现政府、基层部门及非政府组织的三方内外协同和与公众的四方联动。

3. 建设统一的互联网端及移动端门户入口，扩大影响力，增强民众互动

为了保障社会动员的权威性和统一性，由应急管理部组织建设统一的社会动员互联网端及移动端门户，特别是社会公众常用的微信小程序和公众号，统一社会动员的入口，同时建立第三方移动应用接入门户、功能接口及维护管理规范，鼓励各省市县乡镇地方部门、基层街道社区、非政府单位开发对接面向公众服务的应用，形成矩阵式社会动员应用体系。可极大提高社会动员的广度和深度，扩大社会影响力。后续可通过实战评估，择优推广,形成良性循环,促进应急数字化社会动员平台的可持续发展。

四 应急数字化社会动员平台的建设内容

依据上述建设思路,建议应急数字化社会动员平台建设内容如下。

1. 搭建开放的三方协同四方联动的移动协同工作平台

利用移动互联网通信技术,搭建开放的移动协同工作平台,包含组织管理、身份权限认证管理、移动应用管理、消息推送管理、音视频会议管理、群组管理、日程管理、文件管理、小程序管理等功能,改造升级当前内部管理的社会动员 App,一部分改造为移动工作平台内置的工作台中的协同工作 H5 模块,接入移动协同工作平台,并通过开放的认证体系将社会救援力量使用的企业微信 App 与群众使用的微信打通,能够实现政府、基层部门及非政府组织的三方内外协同和与公众在一套通信录体系下的四方内外联动,完成信息发布、灾情上报、任务派发、任务反馈、灾情统计等工作,提升快速、精准救援能力。

2. 发布各类社会救援力量使用的企业微信协同平台统一行动

基于企业微信政务版打造 SaaS 化社会救援力量协同平台,各个社会救援力量可以把这些模块接口接入所用的企业微信的工作台,通过统一的后台系统,形成不同社会救援力量的统一工作模式,他们的一些个性化需求可以自行开发解决。这样有利于形成应急管理部、各地方应急管理部门和基层部门之间的协同,实现信息发布、灾情上报、任务反馈、协同会商等功能,同时利用企业微信的群消息能力和内外部通信录打通能力,与救援力量的队员和常备志愿者之间的联系和互动,拓展了志愿者队伍的覆盖面,通过逐步推广,甚至可以覆盖全国志愿者。

3. 建设面向公众的微信小程序和公众号,扩大影响力,增强民众互动

微信小程序依托微信生态,是当今最具有影响力和公众触达能力的移动端应用方式,不需要安装,随时升级更新功能,可以通过转发和群发进行快速推广。建设官方面向公众的微信小程序和公众号,包括预警信息发布、应急工作通知、举报投诉、一键求助、避难场所查询、志愿者查询、培训教育、应急小游戏等功能。

4. 建设互联网端及移动端社会动员门户统一入口

建设全国统一的社会动员互联网门户,统一应急社会动员的入口,包括应急管理部社会动员相关信息发布、活动公告、工作通知、组织建设、

社会力量注册、评估认证、培训教育、公众互动等栏目以及各级政府、各专业部门、社会单位应急相关移动端入口等内容，形成矩阵式社会动员应用体系。

5. 鼓励各省市区县打造自身小程序接入应急管理部统一社会动员门户

鼓励各省市区县打造自己的小程序加入社会动员信息发布联盟，建设社会动员移动信息发布系统，当事件发生时根据事件所需救援力量和物资情况，向附近一定区域的社会救援力量和志愿者发送相关预警信息及调配指令，实现事件附近社会救援力量及志愿者的精准通知、快速调配。

6. 搭建强大的智能数据平台对社会力量反馈的海量数据进行智能处理

利用互联网海量大数据处理技术，搭建数据分析处理平台，包含智能算法、数据治理工具、大数据平台，形成完整的采、存、用、管体系，对社会力量反馈的海量数据进行清洗、整合、归并、统计，同时引入 GIS 能力，进行可视化智能应用，如路线规划、调度分拨、辅助决策和救援任务分发，大大提升应急救援的科学性、反应速度和效率。

数字变革背景下的风险治理

钟雯彬*

一 当代风险治理的数字变革背景

"十四五"期间,我国面临着三个百年大局的相互叠加:百年未有之大变局深度调整,百年未遇大疫情持续影响,两个一百年奋斗目标历史交汇,三个大局相互交汇,塑造了新时期错综复杂的时代背景。2021年起我国进入了新发展阶段,我们不仅要看到其内涵的"新"的发展基础,更要看到其"新"的发展难度,认清其"新"的发展环境。从"新"的发展基础看,我国累积了雄厚的综合国力,发展站在了新的历史起点上;从"新"的发展难度来看,根据党的十九届五中全会的部署,15年之内我们要实现国内生产总值的翻番,也就是说人均GDP要突破两万美元,实现一个世界上最大的发展中国家向世界上最大的中等发达国家的转变,难度可想而知。更何况我们现在面临的"新"的发展环境与以往又有很大的不同,无论是国内的还是国外的,面临的挑战都非常严峻。尤其是外部环境,世界进入了动荡变革期,给我们带来了很大的直接冲击和风险,面临更多的逆风逆水。在更加不稳定不确定的世界中,面对艰巨的发展任务,需要更高水平的安全来保障发展进程的推进。这将对我国风险治理提出更高的要求。需要我们寻求和摸准一些变革性的力量来入局和破局。而数字文明的演进,就是主导发展方式与治理模式变革的一个重要变量。

近年来,全球数字化的演进本已风起云涌。2020年的新冠肺炎疫情使数字变革进程加速。数字技术成为推动未来经济社会发展的一个重要力量,不仅变革着技术、变革着经济,同时变革着生产方式、社会结构、生

---

* 钟雯彬,中共中央党校(国家行政学院)应急管理培训中心(中欧应急管理学院)党总支副书记。

活方式，尤其是国家、政府、社会的治理方式，推动着人类社会向一个更高的文明形态进步和发展，推动文明的代际跨越和代际转化。

当今世界，全球的数字蝶变非常迅速，各国都在加快数字经济的布局，加强政府的数字化转型，提升数字社会的治理能力。很多国家都把数字化的转型与国家的发展战略融为一体，通过数据不断释放相关的红利。未来，一个国家所拥有的数字治理能力将成为国家层面竞争力的体现，数字主权也将继海陆空天之后，成为另外一个大国博弈的空间。在这个巨大的变革和异常严峻的竞争面前，中国也正在加速进行战略谋划。党的十九大提出要建设数字中国，四中全会提出数据是生产力，五中全会提出要加快数字化发展，等等，这是中国在应对这场大变革时的重要布局。我们应当以一种顺应历史潮流的方式，科学地参与这一轮全球数字秩序的重构。这一轮数字秩序的重构连接着人类文明的未来。

中国的数字化变革经历了从科研院所等特定行业向全社会扩张、从静态到动态的连接、从技术主导到内容主导、从以设备为中心到以人为中心的过程。习近平总书记强调："要鼓励运用大数据、人工智能、云计算等数字技术，在疫情监测分析、病毒溯源、防控救治、资源调配等方面更好发挥支撑作用。"[①] 我国凭借在数据技术领域积累的领先优势和强有力的组织动员能力，广泛应用互联网、大数据和人工智能等数字技术，在疫情监测分析、病毒溯源、防控救治、资源调配等公共卫生和应急管理方面起到重要支撑作用。疫情给中国风险治理数字化转型提供了一个极速扩展的舞台，很多技术从实验构想进入"实战"阶段，为加强和创新风险治理开拓了更加广阔的空间，展示出中国面向未来数字化治理模式的韧性和后劲。以大数据为代表的各种数字技术加速向风险治理的各个领域迅速渗透，数字驱动的治理模式加快形成。我国作为后发国家和人口大国，在信息技术发展上，具有独特的技术代际跨越优势和市场超大规模优势，某些领域已经站在了前沿。这是历史给予中国的重大机遇，我们要赶上这一次变革，及时调整跟进。

风险治理事关统筹发展与安全的大局，理应抓住这个变革的机遇，抓住这个建设的窗口，谋划新的布局，推动新发展阶段的安全治理大变局的塑造与提升。与此同时，数据的开放和流动对传统的风险治理模式产生了

[①] 《习近平关于网络强国论述摘编》，中央文献出版社，2021，第28页。

极大的冲击，传统治理模式在迅速发展的数字社会面前暴露其局限性。"每个社会都需要创造适合自己的治理方式，社会的演变要求更新每个时代的治理模式，这一更新的必要性在21世纪初尤为迫切，因为我们这个时代的治理模式没有跟上社会发展的步伐"。[①] 基于此，进一步认识与分析数字变革的价值、特征、规律，对照转型背景下风险防范化解的发展现实与瓶颈症结，及时调整风险治理逻辑，为加快推进风险治理以及应急管理现代化提供改革思路，不仅必要，而且迫切。

二 数字变革给风险治理带来的机遇与挑战

随着数字革命的兴起，将数字技术与制度治理深度融合的数字治理模式已经成为时代的标志。为风险治理装上数字化的引擎，也将成为高质量发展的必然回应。党的十九大提出建设数字中国以来，数字中国建设的核心内容、战略思路逐渐清晰，涉及数字政府、数字经济以及数字社会三个方面。目前数字中国建设在推动基础建设、服务保障、平台支撑以及创新探索等方面都具备了坚实的基础，即将进入全面加速期。风险治理也不同程度地嵌入这三个方面的全面发展，大数据、5G、区块链、人工智能等新兴技术被日益广泛运用于公共安全风险治理实践，围绕风险识别、风险预测、风险分析、风险评估、风险控制等环节，在数据采集、灾情研判、决策辅助、预警预测、资源配置、力量调度等重点领域，开展多维度归类、分析和研判，成为风险治理创新的重要推动力量，有效促进风险治理低成本高效能的逐步实现。

数字变革背景下风险治理逐渐显现出不同于以往的发展态势，面临数字化转型的挑战和机遇。一方面，数字技术在风险治理领域的广泛使用，除了带来更科学的决策、更高效的管理、更有力的监督、更符合需求的服务，以及更有预见的风险防范之外，它对治理理念、主体构建、治理机制以及治理方式等方面具有深远意义，增加了治理升级的无限可能和强大动力。数字技术不仅赋予风险治理新的价值理念，而且它的技术革新突破了时空限制，拓展了虚拟空间的对话平台，能够有力推动风险治理的多元化转型。风险治理关注的问题通常是安全问题或者矛盾冲突的高度浓缩，揭示着公共问题的深层根源，往往事关牵动国家与社会、政府与民间、法制

---

① 〔法〕皮埃尔·卡蓝默：《治理的忧思》，陈力川译，三辰影库音像出版社，2011，第1页。

与伦理等治理的核心议题。公众对风险治理以及应急管理的数字化参与，可以在很大程度上突破"政府应急管理—多元治理"的途径制约，并实现风险防范化解的全民覆盖和参与。它的多元共治破解了风险治理原有的难题，形成了共建共治共享的风险治理格局，能够重塑我们治理的新机制，尤其是它创新的路径和方法，建立的用数据说话、数据决策、数据管理、数据创新的治理形式，能够解决我们以往面临的风险治理当中公众参与规模不足、时间缺失、空间阻隔等问题，实现治理方式的全面创新。以社会安全风险防范化解为例，数字技术降低了信息沟通成本，提高了政府效率，有利于政府透明和公众监督，加强主体互动。大数据还有助于政府了解社会公众的需求，及时掌握舆情动向，预测人们的行为趋势，有效预防和化解各种公共社会危机事件。

另一方面，我们也应该深刻地认识到数字治理必然伴随着一定程度的非理性的问题。给风险治理带来新的挑战和风险，提升了治理的难度，甚至可能产生新的治理风险和治理困境。有三个方面的挑战需要引起大家的关注。一是匹配性问题。数字社会治理需要我们现实社会跟它匹配，经济实力上要匹配，理念认知上要匹配，能力上也要匹配。二是我们还要警惕对于技术万能的不正确认识。数字治理本身就存在一个技术利维坦的风险。技术并不是万能的，盲目的技术崇拜会忽视风险治理的复杂性、多元性和冲突性，把风险治理的复杂活动简化为技术替代，从而陷入"技术乌托邦"。数字技术介入治理引发的去属地化、过度留痕、利益失衡等问题本质上是不同治理主体间的关系失调问题。单靠数字技术无法彻底解决。风险治理数字化转型还必须要以人为中心，人民至上，生命至上，体现了应急管理的"权利观"和"公平正义"，以及人文关怀。还需要通过民主决策、平等协商、多方沟通，构建社会"智"治共同体。三是要防范数字治理形式主义。平台繁多，事事留痕，给基层干部带来新的负担，形成了愈演愈烈的数字形式主义和数字官僚主义。数字治理内卷是传统治理内卷的延伸和放大，在事关人民生命安全、公共安全的风险治理与应急管理领域危害甚大。当然，还有日渐引发大家关注的数字治理自身潜在安全的问题。目前，数字技术运用中存在制度缺位的现象，对个人安全风险存在威胁。海量数据运用不当，可能危害公共安全乃至国家安全。技术运用强权化压制了公民、社会组织参与社会治理的活动空间。风险治理以及应急处置中的数字鸿沟、刻板印象、同情疲惫等问题，都会加剧建立在数字不平等基础上的生存鸿沟,这些问题值得警惕。

我们应当认识到,数字赋能并未在根本上改变风险治理在理念层面的价值追求以及制度层面的运行逻辑。其引入只是加速治理方式和流程的信息化,推进组织目标的实现。强调数字实践的优点不应夸大其实际功用。风险治理本身依旧主要依赖于科学、专业和技术,并且伴随着更为漫长的制度构建和文化积累。对于风险治理数字转型固有的正面性与负面性,必须要有明智的认知,并采取有效措施来合理平衡与把握。

三 风险治理数字化现实推进困境分析

实践中,风险治理的数字化转型运用越来越广泛,广受关注。但是在不少地方与领域,对于风险治理数字变革的理解与推进还有些片面,存在一些问题。

在认知层面,考虑"技术赋能"较多,考虑"技术赋权"不足;即使在赋权维度,也大多停留在"技术赋权政府"观念层面,倡导利用数字技术推动政府内部变革。没有将"技术赋权政府"拓展为"技术赋权社会",没有把关注点从"政府变革"拓展到"社会变革"。在顶层设计层面,缺乏完整的战略布局,没有根据自身的实际情况和需求进行数字化风险治理体系的科学构建,盲目照搬或直接套用其他地区的建设模式,甚至还有一些地区盲目"一刀切"。在运行层面,不少地方数字技术应用形式化色彩较重,"智慧含量"不足,规模化落地进程缓慢。在内容层面,不少大数据技术应用没有稳定的自主数据来源,实际上只能做到基础性信息统计。治理手段革新未与技术进步同频共振,一些标榜"智慧"的领域,所谓的智慧化手段只是把人工填报表改为手机端填写或扫码录入,用浮于表面的"智慧化"形式,固守传统治理的底色。在协同层面,风险治理涉及多个政府部门,应急、住建、自规、民政、公安、卫健等部门建设数据系统大多"以条块为主",数据采集系统没有实现互联互通、信息共享。多头管理的状况易导致数据孤岛、数据壁垒,耗费了大量的人力物力财力,投入产出效益低。在效能层面,一些系统设计、研发都不错,但宣传运用不到位,群众知晓率低,线上线下流程衔接还不够顺畅,群众认同感、体验感不高。

四 风险治理数字化转型需要突出重点做好充足准备

"十四五"期间,数字技术将加速群体突破,数字化转型将在更广范围、更深层次加速推进，信息革命正向新高度、新阶段持续跃升。面对风险治理升级换代进程中的挑战与困难，需要我们用更充足的战略思维和更广阔的格局视野应对。

第一，观念的准备是最重要的。"相比于技术层面创新，思维方式变革在大数据时代更为重要"。① 相对滞后的地区要主动拥抱这个变革，相对先进的地区也存在认知升维问题。在风险治理领域，要守正创新，发挥群防群治的中国特色风险治理优势，思维要从技术赋权政府拓展到技术赋权社会，关注点要从政府变革转变到社会变革，不仅要技术赋权，也要技术赋能，要避免穿新鞋走老路的问题。

第二，要从宏观战略层面做好顶层设计。"网络安全和信息化对一个国家很多领域都是牵一发而动全身的"，"是一体之两翼、驱动之双轮，必须统一谋划、统一部署、统一推进、统一实施。"② 党的十九届五中全会通过的《中共中央关于制定国民经济和社会发展第十四个五年规划和二〇三五年远景目标的建议》以及2021年两会通过的《中华人民共和国国民经济和社会发展第十四个五年规划和2035年远景目标纲要》，设了专章，对于中国的数字化发展做了全面的部署。2021年国务院政府工作报告从技术要素、组织治理以及应用生态方面勾勒出一个全方位的数字中国建设新途径。面对风险治理数字化基础薄弱的现状，国家应急管理顶层设计应当把数字化工作当作一项全局性、系统性、战略性的工作来抓，把握战略定位，明确战略重心，细化战略部署，与应急管理事业发展一体规划、同步推进。应急管理部、国家发展改革委牵头编制了《"十四五"国家应急体系规划》，其中提出科学应急、智慧应急，形成共建共治共享的应急管理新格局的目标，突出完善灾害事故监测预警网络、系统推进智慧应急建设等重点，对"十四五"期间信息化建设进行专门布局。国家减灾委印发了《"十四五"国家综合防灾减灾规划》，对地震科技创新、信息化支撑等方面也作出了具体安排，部署了若干防灾减灾科技支撑能力建设重大项目，为适应新形势新要求提供防灾减灾人才储备和技术储备，增强发展后劲，提高极端情况下大震大汛等大灾防范应对能力。坚持风险治理数字化"一盘棋"，明确综合部门、专业部门权责，加强分工协调，推进形成职能优

---

① 孙轩、孙涛：《大数据时代公共管理应用决策4-思维：理论思考与实践探索》，《上海行政学院学报》2019年第1期。
② 《习近平谈治国理政》，外文出版社，2014，第197~198页。

化、协同高效、权责明确、运转灵活的数字化风险治理体制。

第三,要做好制度准备。风险治理是一项系统工程,涵盖风险识别与分析、风险评估、风险决策、风险处置行动四个基本面向。要从立法上、政策上、工具箱上作出一系列配套动作与措施跟进。技术创新固然是核心力量,但是制度创新更不可缺少,一定要牢牢把握住科技创新和制度创新双轮驱动。习近平总书记在中央全面依法治国工作会议上的讲话中也指出:"数字经济、互联网金融、人工智能、大数据、云计算等新技术新应用快速发展,催生一系列新业态新模式,但相关法律制度还存在时间差、空白区。网络犯罪已成为危害我国国家政治安全、网络安全、社会安全、经济安全等的重要风险之一。"① 当前,我国在网络安全保护、网络信息服务、网络社会管理等重要领域的互联网法律框架初步构建完成,《网络安全法》《数据安全法》《个人信息保护法》等关键法律已经出台或正在加紧制定中。"十四五"期间,我国数字法治建设应当从细化重点法律制度、协调整体立法体系、探索新技术、新应用立法等方面进一步充实法律制度,提高整体治理水平。

第四,要做好技术与基础设施准备。云计算、区块链、人工智能等新兴技术将深化应用,依托其开展的风险治理场景进一步增加。跨地区、跨部门、跨层级的监测预警数据打通共享仍是风险治理数字化转型的重点突破领域,政府应急管理与风险治理数字化转型将更多纳入外部主体来参与,打造"政府主导、社会协同、公众参与"的良性数字治理生态。要攻坚关键核心技术,提升技术创新能力,推进新型基础设施建设。

第五,做好能力与基础准备。"网络空间竞争,归根到底是人才竞争。"② 要加快数字技术人才培养与建设,持续提高技术创新能力。做好人才储备、公民素养、文化氛围、社会环境等方面的配套基础工作。

数字化是推进风险治理体系创新的关键环节。这是一个全新的工作,没有成熟的经验可以借鉴。这意味着我们既要放眼未来,眺望远方,也要回到历史找寻规律,更要立足现实去行动去创新。

---

① 《习近平谈治国理政》第4卷,外文出版社,2022,第293页。
② 《习近平关于网络强国论述摘编》,中央文献出版社,2021,第46页。

对应急物流能力建设的思考[*]

徐 东 王 磊 吴 量[**]

进入新时代，随着国家总体安全需求和人民群众对安全要求的不断提升，以及国家治理体系和治理能力现代化的发展要求，应急物流能力建设面临前所未有的挑战。坚持以习近平新时代中国特色社会主义思想为统领，以习近平总书记关于应急物资保障体系和国家储备体系建设一系列重要指示精神为指导，全面加强应急物流能力建设，对于国家应急管理能力建设具有重要作用，对于国家治理能力提升具有重要意义。

一 应急物流能力建设的意义

（一）应急物流能力建设是"国计民生"的重要保障

应急物流能力建设对于国家治理能力的提升具有重要意义。作为直接关系民生安全、社会稳定的组成部分，在突发事件应对中，应急物流是人民群众生命安全、以"人民为中心"国家大计的可靠保证。只有不断加强应急物流能力建设，才能在应急响应启动时，统一、高效调度所需应急物资，快速、准确向事发地投放集中，并及时、合理地发放到最需要的人手中，为应急行动提供有力保障。

（二）应急物流能力提升是国家应急管理体系建设的目标要求

应急物流能力提升，根本是要解决应急物资平时、急时供给保障效率

---

[*] 本文为国家社会科学基金专项"国家应急管理体系建设研究"课题"健全国家物资储备体系研究"的阶段性成果。
[**] 徐东，中国物流与采购联合会应急物流专业委员会主任，国防大学联合勤务学院教授，博士，博士生导师；王磊，京东物流公共事务总监，博士；吴量，国防大学联合勤务学院博士研究生。

问题，是实现习近平总书记"要建立国家统一的应急物资采购供应体系，对应急救援物资实行集中管理、统一调拨、统一配送，推动应急物资供应保障网更加高效安全可控"① 要求的关键，是应急物资供应链保障能力提升的核心，是国家应急管理体系建设的目标要求。

（三）应急物流能力现代化是国家治理能力现代化的重要指标

应急管理体系和应急管理能力现代化是国家治理体系和治理能力现代化的重要组成部分，是打造共建共治共享社会治理格局的必然要求，是维护我国海外利益安全和公民权益安全，进一步扩大对外开放的必然要求。因此，作为"综合应急保障能力"的重要方面，应急物流能力现代化是国家治理体系现代化的重要指标。

二 应急物流能力建设的目标

应急物流能力提升是系统性目标，主要通过建立完善"大应急"管理体制机制，加强应急预案体系、法规标准体系、全事件全灾种的应急资源筹措网络体系、全供应链管理技术体系、四级储备体系、物流支撑体系建设，以各项建设目标的落实推进应急物流能力的全面提升。

（一）"全生态"打通的"大应急"体制机制

立足国情，着眼世界，以总体国家安全观和习近平总书记系列重要讲话为指导，在国家治理能力现代化建设总体进程中，进一步统筹完善"大应急"管理体制机制，解决好应急管理"生态体系"中各层级、跨机构、全社会以及"体制"内部各职能部门的有机协同、高效响应问题，将是决定我国应急管理能力体系建设成功的关键。建立集中管理的指挥体制，充分发挥应急时刻应急管理部门的综合应急协调职能，努力形成"党委领导、政府主导、部门联动、全民参与、社会协同、综合应对"的应急管理大联动格局，在应急物资保障中至关重要，是"大应急"的发展方向。一是建立采储结合的筹措机制，进一步优化政府储备、社会储备、产能储备三者之间的关系与配比。二是建立统一的调拨配送机制，在指挥与管理体

---

① 《习近平主持召开中央全面深化改革委员会第十二次会议强调完善重大疫情防控体制机制健全国家公共卫生应急管理体系 李克强王沪宁韩正出席》，中国政协网，http://www.cppcc.gov.cn/zxww/2020/02/14/ARTI1581682408179386.shtml。

制统一的基础上,由一个部委(部门)或应急指挥机构,统筹辖区应急物资资源与应急运力,牵总辖区内的应急物资调拨与配送,把政府物资、社会物资、捐赠物资做到一体控制与调拨统筹,进一步做到应急物资管理集约高效。三是建立平急结合的运行机制,旨在将应急物资保障体系、能力建设和应急产业建设结合起来,以最大限度地降低社会投入总体成本,并确保平时体系与行动模式能快速转入急时体系与行动模式,应急结束后,又能快速恢复生产与运营,最大限度地减少对经济的冲击。

(二)科学完备的应急预案体系

建立健全横向到边、纵向到底的预案体系,提升应急预案质量,提高应急预案的有效性,制定相应的应急评估和演练计划,发现并跟踪解决问题,检验和提高应急能力。一是完善应急储备保障预案。分储备种类,分行政层级,分事件(灾种)种类,建立应急储备预案,就实物、流通(社会)、产能(厂家)、国际(采购、捐赠)形成启动有据、衔接有序、梯次保障的应急储备保障预案。基于预案,建立平急一体的储备协同机制,把预案完善与机制完善结合起来,既不能有案无制,也不能有制无案,任何一方滞后,都无法做到保障有力。二是优化应急调拨预案。各级根据应急需求与运力、通达条件,区分不同事件与物资装备品类,并与辖区应急运力、交通网络、基础设施条件紧密结合,细化完善应急调拨预案。根据各地不同情况,在预案中提前明确应急调拨的主责及协同部门,明确与细化各部门协同流程与分工,确保第一时间有序开展应急调拨,避免打乱仗的"陋习"反复出现,避免各部门各自为战,甚至各自为政。

(三)完善配套的支撑法规与标准体系

应急物流能力提升,必须以加强应急管理法制和规范性、标准化建设为支撑。一是完善与修订国家上位法。2007年发布的突发事件应对法是我国第一部应对各类突发事件的综合性法律,但是这些年来执行力度似乎不够,其中一方面的原因就是缺乏配套法规支持,影响了其法律的执行力,应启动修订和配套法规建设工作。二是完善国家储备相关法规。目前有关国家储备管理的最高规格法规文件《国家物资储备管理规定》颁布于2015年,与新的国家应急物资管理体制机制已不相符,更是与新的形势任务和储备模式创新严重脱节。三是制订数据与信息化共享规范及标准。由政府主导，尽快出台应急物资数据共享指导办法与标准，切实在做好数据安全使用与数据所有单位权益保护的基础上，加快应急"大生态"相关单位、主体的数据互通，为基于大数据的应急管理体系与能力现代化奠定法规与标准基础。四是制定紧急采购征用办法。加快推进应急物资紧急采购办法出台，优化与提高现行应急物资紧急采购流程与效率，做好紧急采购风险控制与质量管理，进一步调动与释放市场活力，提高市场公平性与透明度，引入国内外更多企业、平台参与紧急采购保障。尽快出台国家应急征用补偿办法，细化办法细则，提升可操作性，明确各相关主体权责利，明确补偿给付主体与可执行的标准，切实维护被征用主体的合法权益，进一步调动全社会资源参与应急物资保障的积极性。五是建立平急一体化配套政策。建立一整套鼓励与支持平急一体社会化建设的法规、政策，调动政府、社会、企业各主体参与应急体系建设和物资装备保障等工作的积极性，特别是营造公平的参与环境、培训应急产业创新、保障各方合法权益，从而以平急一体的思维，优化国家应急物资保障总体投入，实现社会、经济发展与应急保障的最佳结合。

（四）全事件全灾种的应急资源筹措网络体系

国家应急物流能力，是国家总体应急能力的重要支撑，必须与未来国家地位与实力相匹配，在人类命运共同体和总体国家安全观的视角下，支撑国家对外战略、维护国家发展外部环境，在"百年未有之大变局"下，统筹全球应急资源，应对全球性突发事件。一是增强全"生态"的应急资源统筹能力。在法规标准健全与体制机制完善的基础上，以协同机制和信息系统平台为支撑，实现对全应急"生态"体系内应急资源的整体统筹，从而服务应急物资的储备、供应、调拨全流程，做到集约高效、安全可控。二是增强全流程的应急物流调度能力。应急物流的现代化是应急物流能力现代化的支撑条件。这里的应急物流，包括筹措、仓储、运输、配送全环节，从物资装备的需求对接、供应匹配、物资（装备）筹措到运输、配送，对全程进行集约高效的调度，指挥能力、协同机制、信息手段、基础设施与运力等各方面要素有机统筹，是做到应急物资装备保障现代化的必要条件。三是构建全球化的应急物资筹措体系。产业链、供应链的全球化，必然带来应急物资保障的全球化。

（五）应急物资全供应链管理技术体系

新兴技术以及大数据分析能力，要在国家总体应急层面，充分发挥支撑作用。以应急物资供应链管理为例，需求侧、供给侧、支撑侧、指挥侧，要实现高效协同，能对全国总体应急资源进行"一盘棋"的高效协同调度，并基于大数据、人工智能等先进技术实现辅助决策与优化管理。一是增强"全生态"数据、信息获取能力。应急体系的"全生态"数据、信息获取，是各级政府（指挥机构）基于数据进行现代化应急管理的前提。从体制、机制、法规、标准以及技术方案方面加快突破，尽快形成"全生态"数据、信息获取能力，落实习近平总书记"鼓励运用大数据、人工智能、云计算等数字技术，在应急管理、疫情防控、资源调配、社会管理等方面更好发挥作用"[1]的重要指示。二是增强基于大数据的分析与决策能力。需要尽快由主责部门牵头，构建应急物资保障大数据体系，打通物资管理各相关部门、企业物资及产能数据，建立大数据应急保障基础；进一步聚合社会数据、仓储物流数据、搜索引擎数据、社交媒体数据、工业产能数据等，从多个维度形成大数据监测预测模型，分事件分灾种建立多种保障、分析、预测、优化模型。三是增强基于信息流的全链管理与执行能力。提升管理与执行效益，是信息与技术应用的最终目的。在充分数据获取与优化算法基础上的信息流、指挥流，再配合5G、LOT、传感器、末端作业单元，实现人、载具、物资装备、基础设施高效信息互通与互操作，构成了完整、闭环的信息流与指挥流（反馈流），从而做到实时管理指令下达与执行反馈，不断调整优化全过程管理，提升应急物资精细化管理水平与效能。

（六）集约高效统筹的四级储备体系

国家四级储备体系，从中央到省、市、县，传统意义上理解就是政府储备体系。在"大应急""大储备"的概念下，应该是以政府储备体系为骨干，分级建立横向同级政府、社会、企业"多域"资源打通，纵向国家、省市、区县"多维"资源互为支撑的，立体化国家储备"大生态"保障体系，从不同层面、不同灾种、不同级别，对"域内"总体储备物资进

---

[1] 《十九大以来重要文献选编》（中），中央文献出版社，2021，第493页。

行集约高效统筹，平时服务、急时应急。一是进一步优化国家储备模式。从理论层面向操作层面扩展国家储备的外延，明确国家储备包括能力型储备与虚拟储备，为国家储备模式的丰富与创新奠定理论与法规基础。鼓励通过市场化方式加快建设国家储备由实物储备向实物储备与能力储备相结合发展。适合实物储备的物资装备种类由政府以实物方式储备；适合能力储备，或适合少量实物储备、大量能力储备的物资装备，以多元化方式由社会和市场甚至可靠的国际供应能力解决。二是进一步优化四级储备布局。要与地域灾种、事件差异度相结合，与地域民情需求差异度相结合，与地域产能储备相结合，与地域交通网络环境相结合，与地域应急产业发展相结合，统筹优化，尤其是到市到县的储备布局，由于保障范围具体，更应该"因地制储、因需制储"。三是进一步优化储备结构规模。要站在"大应急""大储备"的视角，对政府储备、社会储备、企业与产能储备进行整体结构与规模优化。结构优化指的是不同规模的储备物资种类最优匹配；规模优化指的是具体的种类、数量，精确到仓，进行优化。总体来看，储备结构与规模的优化，从国家级到省、市、县，从宏观到微观，是逐步优化、渐次深入的过程，并以布局和模式优化为基础。

（七）集约高效的现代物流支撑体系

应急物资保障体系，以高效为第一原则，并尽量在此基础上做到节约。这里的高效，就是要满足应急条件下的一切保障指标，包括时效、通达性、载具适配性、妥送率等。把社会、市场物流力量充分调动并有机融入国家应急物流体系，才能在急时充分发挥作用，对政府运力形成有益补充。在运力上做到政府、企业、社会动力融合，在路径上做到陆、水、空多维融合，在范围上实现国际、国家干支线、末端配送全网覆盖，从而实现网格优化、立体协同、全域可达、多维高效。一是国家基础设施建设。应急物流支撑体系需要国家基础设施建设的支持。我国应急管理体系与能力现代化离不开国家交通基础设施的现代化。特别是要加快交通基础设施的"新基建"，加快建立多维打通、多式联运的交通大数据体系，加快建设应急物流集约高效统筹的指挥与调度体系。二是社会运力体系建设。区别于政府与军队运力，社会运力是平时最活跃的运力体系，占国家总体运力的绝大部分，在应急物流中的比重越来越大。社会运力体系的发达程度与应急执行力，是未来应急物流高效保障的关键。要从两个方面提升社会运力应急能力建设，进一步提升我国社会运力的总体能力与保障水平，不断提升产业健康度，降低社会综合物流成本，尤其是管理与调度成本。同时不断完善平急一体的社会化物流保障机制，鼓励优质企业积极参与应急物流体系建设，建立良性的市场化保障模式。三是国际运力体系建设。壮大国际物流通道与国际供应链建设是未来国家应急能力甚至是治理能力的重要组成部分，不仅是国家对外经贸与安全环境的支撑，更是未来基于全球治理与总体安全观的国际化应急能力的重要支撑。要在培育我国国际商贸通道与壮大中国国际化物流企业的同时，统筹考虑应急需求，建立平急结合的国际运力体系，确保在应急时刻国际供应链畅通，维护国家与世界安全。

三　应急物流能力建设的对策建议

"十四五"时期，政府部门应进一步加强统一领导，加强归口管理，坚持系统规划、顶层设计、体系建设、统建统管、融合发展，实施一体化指挥、一体化运作，提高应急物资储备及应急物流（应急物流保障）的效率和效益。

（一）加强应急物资储备与应急物流体制建设

以提升应急物流能力为主线，把推进应急物资保障现代化作为国家应急管理体系建设的重要内容。按照社会主义市场经济和我国行政管理体制改革的总体要求，整合现有应急物流管理机构和资源，构建战略性、全局性、相互协调、密切配合、资源共享的大物资保障体系。系统考虑应对各类自然灾害、事故灾难、公共卫生事件、社会安全事件等突发事件的应急物流需求，明确主管或牵头部门，对应急物流实施集中统一的管理和指挥。按照"第一时间、最快响应"要求，完善相关法规、政策、标准，使应急物资保障在体制机制、指挥流程、协同机制、职责分工、力量融合、动员补偿、第三方评估上有法可依，使军、地、政、企在力量与资源融合上有操作标准。对应急物资储备、生产、采购、捐赠、运输、配送等组织协调、工作流程等法律法规进行修订，明确各利益相关主体的责权利。应建立科学合理的应急物资储备与应急物流体系。要构建集实物储备、合同储备、生产能力储备于一体，中央、地方和基层单位分层分级，政府、企事业单位和个人相互结合的立体化、多层次应急物资储备网络，确保"备得有、找得到"。借鉴国外经验，推动应急物资储备及应急物流专业化与社会化的有机结合，建成国家、地方、军队、企事业单位甚至家庭的一体化储备与应急物流体系。合理安排应急物资储备规模及结构，建设网格化布局的应急物资储备中心库。着力加强中央、省、市、县上下衔接、横向支撑的应急物资储备保障体系构建。中央及省（区、市）地方财政在年度财政预算中，可设立应急储备专款。建立应急物资储备与应急物流决策和监督体系，负责制定储备法规和政策，编制储备规划和计划，收集整理相关储备信息，监督储备计划的实施。

（二）加强应急物资储备与应急物流机制建设

建立健全规划统筹、多部门协同（联席会议）、中央地方联动、需求对接、信息沟通、监管评估、风险管理、储备补充及善后、军民协同保障、社会力量动员及补偿、常态化演练及考核评估等机制，规范指挥流程、职责分工、力量融合、动员补偿、第三方评估等工作，完善应急物流预案。一是建立规划统筹机制。统筹应急物流基础设施规划，在应急物流基础设施网络规划设计时，各相关职能部门应加强沟通，加强在规划决策上合作，制订全面、长远的发展计划，统一规划、设计、建造应急物流的设施设备，这些基础设施包括大型仓库、物流场站、配送中心、物流通道、运载工具和专业化机械设备等。二是构建需求对接机制。畅通需求信息对接渠道，按照"储备需求定期确认、大幅变动实时调整、过时需求及时退出"的原则，及时淘汰老旧物资储备，实现储备需求动态更新。实现新建设施设备与已有设施设备有效衔接和合理搭配，提高国储系统、地方、军队设施设备的通用性，实现资源的整体优化以及一体化。加强研究认证，既要确保用有所储，又要防止储非所用。三是加强信息沟通机制。通过建立联席制度，定期召开联席会议，健全信息报知、情报会商、行动监控与评估等合作机制，为行动决策提供可靠依据。科学整合力量，构建上下贯通、左右相连的信息报知网络。进一步加强沟通联络建设并形成制度，建设应急物流信息共享平台，实现基础数据共用、情报动态共享，确保信息交流畅通。要保证信息质量的优良，对获得的信息要进行合理的筛选、核对、整合，去粗取精，去伪存真，提高信息质量，保证信息的真实性和有用性。此外要建立健全信息系统，将风险辨析、分析、评价和监控、预警等相关功能融入信息管理系统。四是构建监管评估机制。明确平时急时物流监管和绩效评估的责任主体、指标体系、方法流程等，从应急物资储备基本能力评估、运作能力评估、能力生成模式、能力评估组织实施等方面进行全面、详实的分析研究和实践运用，指导平时储备建设，督战急时保障行动，做到全程监管、奖优罚劣。五是完善风险管理机制。建立完整的风险评估体系，通过采取风险预警、风险识别、风险评估、风险分析、风险报告和风险规避等措施，从风险目标设定、风险识别、风险分析和风险应对各环节，建立完善的适应应急物流控制管理的风险决策机制。通过建立安全保密委员会、事故预防检查组、事故原因调查组和制定安全保密手册等，按照安全标准、操作规程执行，避免和遏制各种风险发生。建立完善市场风险防控体系，通过签订监管监控服务合同，并适情签订保密协议，对承担应急物资储备与供应任务的单位或企业进行全过程、全方位、全要素监管监控，及时防控各种风险，防患于未然。六是建立储备补充及善后机制。完善补贴机制、征用机制等各项奖惩机制，对承担应急物资储备与供应任务的主体在人员伤害、经济亏损、资源消耗等方面给予相应适度的补贴补助，以调动应急物流各方的积极性。明确储备补充品种数量、补充渠道、交接时限等，实现生产、储备等部门有效衔接；基于可靠供应商实体目录，依托应急采购机构，利用各类资源及时筹措回补应急过程中的物资消耗，确保储备物资保障的可靠性、持续性、稳定性。研究制订应急储备物资保障善后相关规定细则，规范剩余物资收储条件时机、责任主体、交接程序、逆向物流等，以及突发公共事件处置后的物资回补、利益补偿、效费评估、奖惩激励、典型宣传等善后事宜。七是建立军民协同保障机制。健全应急、储备、发改、交通运输、民航、铁路以及军队、社会、企业参加的应急物资紧急调拨协同保障机制，增强应急管理行政能力，完善跨部门、跨区域、军地间应急联动合作模式，最大限度地促进物流信息、技术、人才、资本、设施、服务等要素军地双向流动、渗透兼容。加快形成军地一体、高效顺畅的应急物资储备调拨协同保障机制，形成立体交织、全功能领域、全物流要素、全保障场景完整覆盖的发展模式，聚优增效，努力提升军地联合应急能力和灾害救助水平。

（三）加强应急物资储备与应急物流法制建设

党中央、习近平总书记把"全面依法治国"纳入"四个全面"战略布局来运筹，作为国家治理的一场深刻革命来设计，作为新时代坚持和发展中国特色社会主义基本方略的重要内容来部署，是站在国家发展战略的高度做出的科学决策。在全面推进依法治国的大背景下，运用法治思维和法治方式，加快构建系统配套、科学合理的应急物资储备和应急物资供应法规体系，完善相关法规、政策、标准，使应急物资保障在体制机制、指挥流程、协同机制、职责分工上有法可依，使军、地、政、企在力量与资源融合上有章可循，明确各利益相关主体的责权利关系，充分发挥法规制度的规范、引导和保障作用，切实通过法治手段提升应急物资保障水平。一是尽快完善各层次各领域应急法律规范，将应急物资保障活动纳入法制保障框架体系内。我国还未出台紧急状态法、公民知情权法、紧急动员法等，难以应对重大疫情、突发公共事件等引发的现实问题，对国家与社会、政府与公民的活动范围和关系，尤其是在紧急状态下涉及的国家权力运行问题和公民基本权利限制与保障问题。逐步完善与突发事件应急机制密切相关的法律制度，包括行政程序法、行政强制法、政府信息公开法、行政征用（征收）法、国家赔偿（补偿）法、行政诉讼法等。全方位、多层次地完善突发事件应急立法是应急物资保障步入科学化、法制化轨道的前提。二是加强应急物资储备立法规划，建立健全应急物资储备法规体系。建立由法律、法规、规章三个层次结构构成的应急物流法规体系，依法对应急物资保障的相关活动环节进行管理，确保应急物资保障各项工作顺利完成。根据立法要求和原则，遵循应急物资保障工作建设和发展的实际，做好立法顶层规划计划，分清轻重缓急，突出重点和急需，建立结构合理、内容全面、协调配套的战略物资储备法规体系，把应急物资保障的各个方面、各个阶段、各个环节的内容都纳入法规化管理中。同时，由于应急物资采购、储备、运输、调拨、配送以及应急物资管理的组织设立等，均缺少相应的法律法规基础，亟须填补法规体系空白、提升法规层次和效力。三是加强军地立法统筹，破除军地法规体系长期分立的局面。目前，军队法规体系和地方法规体系各自分立，规定条款和事项"军地二元"分立问题较为突出。例如，突发事件应对法在规定处置和救援时，只强调了政府调动救援队伍和社会力量，对与军队救援力量相协调、相配合的事项并未涉及，而军队作为突发事件救援和保障的骨干力量，势必因救援保障中无明确法律依据和行为规范，产生协调沟通的时间成本和工作成本。突发公共卫生事件应急条例，对涉及军队医疗卫生机构参与突发事件应急处理的情况未做实质性规定，仅提出"依照本条例的规定和军队的相关规定执行",亟须制定作为龙头的统一的突发事件应对法,综合考虑对军地双方行为约束的要求,制定军地共同遵守的行为法规,明确军地各方应承担的责任和义务、相应的标准、职责和分工,对军地应对突发事件力量协同、技术协同等进行明确规范。四是积极创新立法模式,发挥多元主体主动性规避立法失衡问题。立法中需要注意的是,要打破过去部门立法的模式,努力改变单纯依靠政府有关职能部门起草法律法规的做法,拓宽法规起草渠道,探索委托专家起草、跨部门联合起草等新途径。例如,建立由交通、铁路、民航、邮政、卫生、应急、发改、工信、商务、财政、金融、市场监管、农业农村、民政、公安、海关、军队、外交、红十字会等共同参与的应急物资保障立法起草联合委员会,针对应急物资保障协同、危险品运输、紧急状态动员等问题进行联合起草,实现立法的民主化和科学化。

(四)加强应急物资储备与应急物流智能化建设

依托信息化平台与"生态"大数据,构建社会物资云备灾体系。一是生产环节基于物联网的柔性制造。应对物资需求,精细化调动企业产能,助力供应链上游企业建设柔性化生产线,运用物联网实现紧急状态下跨区域、跨组织的快速转产和供应链配套跟进。二是原料环节基于区块链的精准溯源。利用区块链促进应急供应链的原材料供应、定点生产及质量标准的精准溯源,确保物资供应链保障的有序有力。三是收储环节基于云模式的全栈分布。统一提升应急物资收储能力,利用云部署提升承储企业和储备种类的多样性,将物资的储备种类拓展到各类突发事件的各环节。四是调用环节基于大数据的可视调度。按照短、中、长期供应链需求,基于品类、规模、结构、分级分类等场景大数据,运用 AI 算法精准预测政府和医疗机构的需求,调整日常储备,提升储备效能,减少"备而不用"的问题。

(五)加强应急物资储备及应急物流基础性工作

提升应急物流能力,需要整体部署,长期推进。应注重扎实做好以下基础性工作。一是普查统计储备物资资源。协调各部门组织开展储备物资及资源普查,对各类储备物资装备以及相关仓储及配套设施、仓储作业设备、专业人员队伍等资源进行全面普查,全面掌握各类储备物资及资源规模、质量（可用度）、位置、布局等信息，摸清资源底数和资源潜力，建立应急资源储备综合信息数据库。切实提升对应急资源保障工作的重视程度。二是评估应急物流能力。协调多部门联合开展储备及应急物流能力评估，运用科学计量方法和工具，构建储备及应急物流能力评价指标体系，对照应急储备物资装备需求清单，评价现有储备物资及资源保障满足度，查找短板弱项，梳理供需矛盾，分析原因症结，开列问题清单，提出对策建议，形成评估报告。三是完善应急物流预案。应急物流预案的内容应根据疫情的扩散速度，对应急物资需求的数量及空间分布进行定量预测，以及据此对应急物资包装、存储、运输、配送等环节所需的人员、车辆、场地、设备等资源进行测算和调配。各地区各部门要开展巨灾情境下的应急资源需求测算，针对最大的"假想敌"，按照"底线"情景进行"高线"准备，做好应对极端情况下峰值需求的应急资源准备。四是建立应急物流专业力量。依托大型国有、民营快递物流企业，抽组建立国家级应急物流保障专业力量。对各级党委政府和领导干部，分级分类开展以逼真实战为特点的应急资源管理教育培训和模拟演练，在国家层面和省级层面，开展跨地区、跨部门、跨行业，军民融合的实战化、常态化模拟演练，进行压力测试，检验应急资源管理状况，提高应急保障专业技能和素质，提升应急物流能力水平。五是加强教学、科研和社会宣传。依托军地院校、科研院所、行业组织建立应急物流研究机构，开展应急物流专业学历教育和专业化队伍的任职培训。加大应急物流领域国家课题立项扶持力度，切实发挥理论先导性和实践指导性。开展有计划、常态化应急物流宣传，改变目前只有灾害、疫情来临时才关注应急物流的尴尬局面。高度重视新技术在应急物资保障体系中的作用，加快推进应急物流信息系统建设，确保新理念、新技术为完善国家应急管理治理体系提供坚强保障。六是充分发挥行业组织作用。牵头制订行业标准，协助政府制定相关行业政策，授权建立应急物流企业专业化队伍，开展应急物流行业培训认证，授权开展应急物流保障第三方评估，等等。

智能技术引发的社会风险及其责任治理

李文君[*]

一 引言

风险社会理论认为，现代性自称是一种社会生活的合理形式，但事实上，它是建立在被合理设计的技术人造物和有合理的技术规训所赋予的制度基础之上，且具有自反性。[①] 智能技术的出现也可视为一种新兴风险。[②] 智能时代，以人工智能、大数据、区块链、物联网等为代表的新兴技术赋能社会发展能力呈指数级增长，也伴生着潜在的威胁和社会风险[③]，给社会持续发展带来严峻挑战，甚至对人民健康、个人隐私、国家安全等构成威胁。[④] 英国科学家斯蒂芬·霍金曾警示，大数据与人工智能相结合，将拥有不亚于核武器的威力，当超级人工智能体的目标与人类不符时就会威胁人类，即技术正逐渐超出人类控制，以一种强大的"异己力量"或"异己势力"与人对抗[⑤]，成为支配、统治人类与社会的外在力量。智能技术的野蛮生长和广泛应用究竟是"赋能"还是"负能"仍极具争议。[⑥] 对

---

[*] 李文君，湘潭大学公共管理学院。
[①] 〔加〕安德鲁·芬伯格：《技术体系：理性的社会生活》，上海市社会科学院科学技术哲学创新团队译，上海社会科学院出版社，2018，第93页。
[②] 丁翔、张海波：《大数据与公共安全：概念、维度与关系》，《中国行政管理》2017年第8期。
[③] Niamh M. Brennan, Nava Subramaniam, Chris J. van Staden, "Corporate Governance Implications of Disruptive Technology: An Overview", *The British Accounting Review* 6(2019): 231–258.
[④] Shunichi Hienuki, Kazuhiko Noguchi, Tadahiro Shibutani, Masaaki Fuse, Hiroki Noguchi, Atsumi Miyake, "Risk Identification for the Introduction of Advanced Science and Technology: A Case Study of a Hydrogen Energy System for Smooth Social Implementation", *International Journal of Hydrogen Energy* 30(2020): 15027–15040.
[⑤] 王野林：《科技异化：人与自然关系异化的直接动因》，《人民论坛》2016年第8期。
[⑥] 胡卫卫、陈建平、赵晓峰：《技术赋能何以变成技术负能？——"智能官僚主义"的生成及消解》，《电子政务》2021年第4期。

此，亨利·基辛格在《启蒙运动的终结》一文中呼吁，政治领导者要严肃对待和优化对技术的潜在风险治理，因为我们对技术潜在的负外部性无法完全预测，当其发展到顶点时，可能会带来一个依赖于数据和算法驱动的机器，不再受伦理和道德约束。原被认为是"社会发展决定因素和根本动力"的科学技术，正在成为当代社会最大的风险源。[1]

习近平总书记曾强调："我们一定要密切关注、防范化解高科技的各类重大风险，确保科技尽量在安全的轨道上运行。"[2] 当今社会智能技术发展方兴未艾，智能技术会引发哪些社会风险，其内在逻辑是什么？如何将责任治理嵌入智能技术引发的社会风险之中，鲜有学者对其进行综合分析。基于此，本文运用分类思维划分智能技术引发社会风险的类型，分析智能技术引发社会风险的内在逻辑，并基于负责任治理视角对智能技术产生的社会风险提出治理路径，一方面为智能技术的责任式治理研究做出贡献，另一方面为推动技术向善和科技治理体系和治理能力现代化建设提供实践启示。

二 智能技术引发社会风险类型

智能技术会引发哪些社会风险呢，则需用分类的思维来划分。不同的主体存在不同的风险感知和风险承受能力，可能在甲看来是风险的东西而在乙那就不是风险，如在车间工人、服务人员眼里看来智能机器人的发展会使他们面临失业的风险，但在程序员来看，智能机器人并不会引发失业反而创造了更多的就业岗位，因此对智能技术引发的社会风险进行分类时首先需要考虑的问题是"风险是谁的风险"[3]，即主体可成为智能技术引发的社会风险分类维度或标准之一。同时，风险是有"时限性"[4]的，有些风险在现在看来是风险，不代表将来也是风险；同样有些风险在现在看来不是风险不代表将来不会转化为风险，如大数据运用引发个人隐私的风

---

[1] 〔德〕乌尔里希·贝克：《自反性现代化：现代社会秩序中的政治、传统与美学》，赵文书译，商务印书馆，2001，第223页。
[2] 参见马宝成《全面践行总体国家安全观着力防范化解重大风险》，《行政管理改革》2019年第4期。
[3] 梅立润：《人工智能到底存在什么风险：一种类型学的划分》，《吉首大学学报》（社会科学版）2020年第2期。
[4] 郑谦：《风险类型演化下的产权诉求如何引发社会抗争——一个对群体性事件发生的多重视角分析》，《兰州学刊》2019年第5期。

险，在短期内缺乏有效的监管造成了风险，但随着国家治理水平的提升及监管机制的完善，今后可能就不是风险。因此在对智能技术引发的社会风险进行分析时还需要考虑"风险是什么时候的风险"，即时间维度也是智能划分技术引发社会风险维度或标准之一。总体来看，主体和时间成为风险类型划分的核心维度。一般而言，主体维度可划分为国家和社会两个方面，时间维度含短期和长期两个部分。根据上述分析，本文认为智能技术引发的社会风险主要体现在失业风险、隐私风险、安全风险、伦理风险四个方面（见表1）。

表1 智能技术引发社会风险类型

	国家主体	社会主体
短期	失业风险	隐私风险
长期	安全风险	伦理风险

1. 失业风险：国家主体面临的短期风险

随着智能技术席卷全球，智能家居、智能机器人、无人工厂等极具竞争力的"新型脑力劳动者"正替代人类劳动，导致国家主体面临失业风险。人工智能发展的初衷是服务人类，但其自主性及由弱人工智能向强人工智能演进历程中正在"可控"与"失控"两极之间向"失控"转移。[①]当其逐渐取代部分职业时将导致部分人失业，短期内引发社会动荡甚至失业潮席卷全球。麦肯锡全球研究院的研究显示：2016～2030年，约有15%的全球劳动力（4亿工人）可能被人工智能取代，咖啡店和餐馆75%的工作可由机器人取代，餐饮服务人员将面临新一轮的失业潮；世界经济论坛调研数据显示：2015～2050年，主要工业化国家由于机器人和人工智能的冲击，工作岗位将净减少510万个。美国莱斯大学计算机工程教授摩西·瓦迪表示：2045年人类失业率将超过50%。科技革命给劳动密集化产业带来革命性发展，加剧技术失业和就业两极分化[②]，若无法有效处理很可能引起社会民众对科技进步的敌视甚至成为"愤怒的失业者"，引发新"卢

---

① 张成岗：《人工智能时代：技术发展、风险挑战与秩序重构》，《南京社会科学》2018年第5期。
② 王娟、尹敬东：《以智能化为核心的新科技革命与就业——国际学术研究述评》，《西部论坛》2019年第1期。

德运动"。① 即使智能技术能够产生"就业创造效应",但引发的"就业替代效应"更为明显。因此,在智能技术迅速发展的时代,短期内国家主体面临智能技术引发就业冲击导致的社会风险问题不容小觑。

2. 隐私风险:社会主体面临的短期风险

在当代信息哲学家创始人卢西亚诺·弗洛里迪看来,每个人是由他的信息组成:"你就是你的信息",对个人信息的侵犯可以视为是对个人身体的侵害,个人信息形成的隐私是"我们最珍爱的财富"②。保护隐私就是为了保护人的尊严。然而随着大数据、人脸识别、"深度伪造"技术的运用,几乎每个人的信息都在非知情的情况下被获取泄露甚至滥用,大量的个人隐私数据泄露已成为全球关注的焦点,这个问题的解决刻不容缓。截至2020年,世界众多知名企业遭遇信息泄露,如美国 Facebook 应用程序数据泄露达5.4亿条;最大规模的单次攻击是美国市场营销及数据聚合企业Exactis 公司的泄露事件,所泄露的个人信息高达3.4亿条,持续泄露数据量最大的是美国雅虎公司的账户泄露事件,全球30亿个雅虎账号均惨遭泄露最终导致公司破产,被 Verizon 收购。③ 黑客攻击、技术操作失误、信息安全投入与保护目标价值不匹配、企业内部人员泄露数据非法作案导致隐私数据泄露。因此,在互联网、大数据、云计算、物联网技术支撑下隐私数据大规模泄露在时间上可能延续数年,短期内难以消除,引发的社会风险不容忽视。

3. 安全风险:国家主体面临的长期风险

安全是客观存在的一种未受威胁无危机的状态。在动荡不安的世界变局中,传统安全与非传统安全相互交织错综复杂引发更多安全风险。科技革命在一定程度上给国家安全治理带来根本性挑战④,也会从国家竞争战略稳定性、社会治理有序性、科技应用稳定性等方面对国家安全产生冲

---

① 姚建华、徐偲骕:《新"卢德运动"会出现吗?——人工智能与工作/后工作世界的未来》,《现代传播(中国传媒大学学报)》2020年第5期。
② 〔德〕卢西亚诺·弗洛里迪:《第四次革命:人工智能如何重塑人类现实》,王文革译,浙江人民出版社,2016,第167页。
③ Andy Greenberg, Marketing Firm Exactis Leaked a Personal Info Database with 340 Million Records, http://www.wired.com.
④ 阙天舒、张纪腾:《人工智能时代背景下的国家安全治理:应用范式、风险识别与路径选择》,《国际安全研究》2020年第1期。

击,导致传统安全与非传统安全领域面临新的"安全困境"。[1] 智能技术的使用不当则会给公共安全乃至国家安全带来危机。智能时代,人工智能技术面临着被武器化使用的风险,导致不同国家均有在科技军事化应用中强化战略竞争的倾向。科技强国凭借自身优势更易形成获取霸权的进攻性需求,而科技弱国为维护国家安全不得不通过寻求科技武器的扩散采取激进反制措施和制衡手段,使原有国际战略失衡及安全格局出现更大的不稳定性和不确定性风险。[2] 当今社会,国际竞争日趋激烈,部分发达国家将科技作为强化政治统治和经济地位的重要手段,不可避免地选择通过科技提升军事威慑力[3],安全风险的有效应对成为国家主体面临的长期挑战。

4. 伦理风险:社会主体面临的长期风险

科技伦理与科学技术发展形影相随。科技伦理是指从观念和道德层面上规范人们从事科技活动的行为准则,它规定了科技工作者及其共同体应恪守的价值观念、社会责任和行为规范,以期推动科技活动负责任地开展,科技向善发展。"特殊意志的善""善本身的规定"构建了科技伦理应然的逻辑。[4] 智能技术对伦理或社会秩序的建构方式并非决定论式的,而具有高度的不可预见性和偶然性。算法黑箱、工具理性和价值理性的内在张力以及人类对风险认知与应对能力的有限性是伦理风险产生的根源。整个科技社会制度让每个行动者在完整的科技活动中充当单个环节的活动者,必然导致科技主体的碎片化,加大了科技活动及其后果责任主体的治理难度。如何确认责任边界,引导科技成果符合"伦理接受和社会满意"是社会主体面临的长期挑战。

三 智能技术引发社会风险的内在逻辑

奥利科沃斯基从吉登斯的"结构二重性"中发展出"技术二重性"概念,将技术理解为"既可赋能,也能制约"的使用结构。的确,智能技术的应用提升了社会风险治理效能,但其应用引发的社会风险也是风险社会

---

[1] Robert Jervis, "Cooperation under the Security Dilemma", *World Politics* 2(1978): 167–168.
[2] 陈劲、朱子钦等:《底线式科技安全治理体系构建研究》,《科学学研究》2020年第8期。
[3] 陈锡喜:《人类命运共同体:以科技革命为维度的审视》,《内蒙古社会科学》(汉文版) 2018年第5期。
[4] 陈爱华:《论现代科技伦理的应然逻辑》,《东南大学学报》(哲学社会科学版) 2018年第3期。

的典型表现，演化成为一种新的利维坦，即"技术利维坦"。技术创新演化扩散理论的提出为我们透视智能技术与社会风险的内在逻辑提供了理论观察窗口。该理论认为技术的出现、选择和扩散过程具有不确定性、复杂性且扩散结果无法预测。技术扩散是以价值、利益和制度为潜在背景的，以期推动创新的技术在其他经济领域和更大地域空间范围的应用。从智能技术的扩散与应用过程来看，智能技术引发社会风险内在逻辑体现在生成、转化、行动三个层面。

1. 生成逻辑：价值观念是智能技术引发社会风险的逻辑起点

逻辑起点是一个理论的起始范畴，其内涵贯穿于理论发展全过程。社会风险的研究起源于风险社会理论，以贝克和吉登斯为代表的"风险制度学派"反思了工业革命带来的风险，认为社会风险是一种客观事实。智能技术引发的社会风险由智能技术自身负价值的风险和技术工具价值的风险两个部分组成。智能技术自身负价值是指智能技术在开发和使用过程中，行为人尚未尽到注意义务或者尚未意识到技术使用不当引发的社会风险，由于未知世界的无限性和个人认知能力的有限性之间存在张力，技术自身负价值无法规避。技术工具所引发的社会风险是指技术在使用过程中，行为人未将个体责任视为一种美德，利用技术管理漏洞或制度缺陷实施的行为。技术工具从不只是价值中立的人工制品，其开发与运用受到价值观念和管理制度的影响，主要体现在三个方面。一是技术开发者形而上学地理解科技探索无禁区的科学理念，并将智能技术应用于社会的过程纳入科技探索无禁区范畴，不考虑技术引发的伦理和社会问题，缺乏风险意识引发的社会风险。二是随着科技竞争日渐白热化，技术开发者不顾科技伦理道德，利用制度缺陷和管理漏洞执意逾越规则和底线，研发应用某项智能技术，从而博得某种名利，埋下社会风险的种子。三是利欲熏心的人不顾智能技术潜在的威胁和风险，强制性地将其在经济活动中推广与使用，以谋取更多利润。

2. 转化逻辑：制度缺陷是智能技术引发社会风险的逻辑中介

逻辑中介是由一系列概念、范畴所组成的中间环节，是联系逻辑起点和逻辑终点的纽带。制度可以引导人的行为，健全的制度以刚性约束控制人类的风险行为，规定人可为与不可为的界限，并鼓励人们履行责任。制度的缺陷为技术引发社会风险埋下隐患。制度设计和变迁是由制度供给和制度需求两方面因素综合决定的。从制度供给层面来看，风险治理是政府依托官僚体制,针对社会风险根源及表征,实现行政权力有效输出,化解或缓解社会风险的过程。然任何制度都无法回避制度设计者和实施者的"有限理性"和"独特利益视角"局限,这种局限导致社会风险治理形成"有组织的不负责任"。一是我国社会风险治理的基本路径是制度设计、机构设置和职能分工,受有限理性影响,看似全新系统科学的制度可能存在设计缺陷;二是社会风险治理依托官僚制进行详细权力和职能分工,形成社会风险的责任配置,在詹姆斯·多伊格看来,效率是最简单的安排,通过这种安排,责任能够准确无误地集中到政府官员身上,即某项不良后果的产生归咎于某个主体,但智能技术引发的社会风险具有复杂性,完美的分工体系并不存在,往往存在分工空隙导致责任盲区,看似分工明确的社会风险治理体系陷入了"不负责任"。从制度需求层面来看,伴随着我国社会主要矛盾的转变,公民迫切需要相应的制度安排解决威胁人类的社会风险。智能技术引发的社会风险的"脱域性",暗含了其治理需要多元治理主体的有效协同。企业作为一张利益相关者缔结的契约网,资本的逐利性及利益协调机制的不完善,让作为"经济人"的企业组织追求自身利益最大化;基于刚性的"行政区行政"模式与条块经济管理体制的制度组合已在政府体制中形成了"路径依赖",在社会风险治理出现了权力真空和治理盲区,难以满足发展需求。

3. 行动逻辑:利益驱动是智能技术引发社会风险的逻辑终点

逻辑终点亦即逻辑范畴体系中的逻辑终项,即终极范畴。从利益维度上来看,行为人面临智能技术引发的社会风险必然受到自身利益的影响。这种利益结构分为作为"公共人"所具备的公共利益最大化、作为"经济人"的个人功利最大化、出于"系统维持"目标形成的对组织和上级领导忠诚的政治升迁利益三种利益视角。三种利益完全难以重合,实现一种利益需要与其他两种利益妥协,"实然"层面的利益妥协必然降低社会风险治理效能,提高治理成本,无法实现"应然"层面的高效社会风险治理。智能技术的发展在为社会风险治理的高效性提供了技术支撑和强大的供给意愿及能力的同时,也引发了一系列社会风险。尽管以认知单元为分析起点的个体主义理论范式和始于环境的背景主义分析范式为社会主体的风险认知提供了理论参考,但社会风险认知具有局限性,加之部分技术人员宣扬技术自由论,导致了技术应用场景的平民化趋势,技术应用的平民化掩盖了其可能导致的社会风险,使潜在的社会风险不易察觉,无意打开了技术的"潘多拉魔盒"。在利益的驱动下，技术开发者和技术应用者利用智能技术挟持政府、社会组织、企事业单位等特定对象来谋取特定的利益，以实现自己有关目的的高新技术研发与应用的行为逻辑，其潜在风险不言而喻。

四 智能技术引发社会风险责任治理模式探析

任何科学和技术不仅是技术性的，更是社会性和政治性的建构，责任的概念应建立在对此观点的正确理解上。[①] 智能技术的安全性、功效性以及可能引发的人类尊严、隐私等潜在伦理、法律和社会问题等一并考虑在内，这既是责任的体现，更是责任的要求。针对智能技术引发的社会风险，一方面要对现存的智能技术引发的社会风险进行针对性治理，并总结治理经验，预警未来智能技术应用的潜在风险，以期实现前瞻性治理；另一方面，需要从智能技术引发社会风险的内在逻辑探索责任治理模式，构建责任嵌入式与个体赋权式相结合、责任规制式与企业牵引式相结合、责任分配式与利益整合式相结合的责任治理模式，为治理智能技术引发的社会风险提供理论参考。

1. 责任嵌入式与个体赋权式相结合——基于智能技术开发者的个体责任治理模式

算法作为智能技术开发的核心内容之一，本身具有复杂性。公众难以理解其迭代运算过程和内在运行机理。基于智能技术开发者应构建责任嵌入与个体赋权相结合的责任治理模式。责任嵌入与个体赋权的本质是将责任内嵌于算法代码开发的过程之中，并赋予算法研究团队和智能技术开发者一定的权限，规定其应当承担的责任，实现智能技术开发过程中刚性治理与柔性自治的良性互动。

从个体维度来看，智能技术开发者要摒弃"技术至上"和"唯利益论"的理念，将负责任视为一种美德，以负责任的科研观引领智能技术研发，即通过建构责任观念引导人的行为。从组织管理维度看，在赋予智能技术开发者权限的同时，要提升行业从业人员的道德自律性，建立不同行业的行为规范，成立科技道德伦理道德委员会，通过定义道德准则和监督审查促进行业规范制度化，通过制度引导人的行为，鼓励人们履行职责。

---

① 张贤明、张力伟：《风险治理的责任政治逻辑》，《理论探讨》2021年第2期。

而且要在判断社会风险生成路径的基础上，明确规定人可为与不可为的界限，以刚性约束来控制由人类滥用智能技术引发的社会风险行为。从文化维度来看，要营造科技向善的文化氛围，开展科技人员的伦理教育，加强科技的道德伦理建设，强化以人为本、对公众负责的科技伦理和文化价值观。责任嵌入式与个体赋权式治理相结合既能有效避免个体赋权式带来的分散治理、去中心治理和个体权益化治理的缺陷，也能弥补责任嵌入式柔性约束的不足，实现智能技术开发者个体责任治理，推动智能技术的向善和可持续发展。

2. 责任规制式与企业牵引式相结合——基于智能企业的社会责任治理模式

根据利益相关者理论，企业组织是一张利益相关者缔结的契约网络。作为契约网络中的契约人，其工具价值的可塑性为转变已失偏颇的价值追求提供可能，即从唯利是图走向社会责任，从自我封闭走向开放合作，理应尽其应尽的社会责任。以智能企业为牵引元点充当了"类政府"角色，对其进行责任规制和责任约束。

从个体维度看，智能技术的发展对企业管理者的技能提出了新要求，企业管理者要通过不断学习，发挥理解、整合与创造"知识"的作用，掌握其发展规律及内在逻辑，推动人机共生条件下组织效率的提升与人机协作的价值共创的实现。从组织管理维度看，一方面，智能技术潜在的负外部性呼吁责任式创新的开展，强调行善和避害基本准则的嵌入，并对其潜在的威胁、社会价值、成本收益进行评估，接受群众、媒体、科学家、政府等组织的责任审查，预测技术应用的社会风险、潜在威胁和社会价值，实现智能技术应用的前瞻性和责任治理。另一方面，要基于对公众负责的理念，加强技术沟通与法律体系建构，限制和规范有潜在危害的技术的开发和滥用，实现科技成果的互惠式治理，引导人机互利共生。从文化维度看，需要形成人机互利共生的信仰，培育科技向善的组织文化，为展开人机协作及人机互利共生的价值实现奠定共识基础。责任规制式与企业牵引式相结合的治理模式，企业在充当"类政府"角色过程中通过责任约束效用发挥智能企业的社会责任。

3. 责任分配式与利益整合式相结合——基于智能技术利益相关方的责任治理模式

威尔逊认为，权力和没有任何阻碍的判断力是责任不可或缺的条件，如果权力被划分成一些部分，并分配给很多人，就会变得模糊，如果权力是模糊的，就难以明确责任。责任分配是实现风险治理中责、权、利统一的决定性因素。利益整合的实质是协调不同利益主体关系，实现利益共享。智能技术发展大体经历了科学研究、技术开发和社会化应用三个阶段，引发的社会风险具有不可预测性和脱域性，造成了风险责任主体难以确定和权力排他或责任推诿的"反公共地悲剧"，治理陷入了"有组织的不负责任"。合理划分不同主体、不同层次、不同阶段的法律责任，构建有效的风险责任治理体系，是实现风险治理责任落实的基础。

从个体维度来看，科学研究初期应以"创造有用且可行的知识"为责任准则；科研过程中要保障研究过程可重复，其责任主要是确保科研成果的有效性及可行性；科研后期要将科研成果在科学共同体内部共享，实现产业与社会价值增值。通过对科研生命周期的全过程管理，明确不同周期的不同主体的责任，实现科研全过程的责任治理。从组织管理维度看，智能技术引发的社会风险是一个环环相扣的链式结构，一个环节的治理效果会直接影响到随后的风险治理效能。而责任治理意味着从开放科学到开放社会的全周期全过程治理，这种责任达成的语境是多元主体参与开放创新，涵盖"包容性"和"透明性"两个层面，包容性回答"将谁纳入技术开发过程"，它有赖于公民有效参与、媒体监督、政府监管、利益相关者的相互协调。"透明性"则指"开发内容与过程的可见性"。从文化维度来看，在全球化背景下智能技术引发的社会风险具有全球性、跨界性等特征，超越了传统的地缘边界，因此全球更应形成责任共识，要不断完善"政府—企业—社会"等多元主体责任分配体系，以人类命运共同体为指导，跨越国别推动各责任主体有效合作，以构建"有组织地负责"的风险治理机制，实现科技成果的互惠共享。

图书在版编目（CIP）数据

重大风险防范化解研究/马宝成主编.--北京：社会科学文献出版社，2023.9
 ISBN 978-7-5228-1907-5

Ⅰ.①重… Ⅱ.①马… Ⅲ.①突发事件-公共管理-中国-文集 Ⅳ.①D630.8-53

中国国家版本馆 CIP 数据核字（2023）第 168549 号

重大风险防范化解研究

主　　编 / 马宝成

出 版 人 / 冀祥德
责任编辑 / 岳梦夏
责任印制 / 王京美

出　　版 / 社会科学文献出版社·政法传媒分社（010）59367126
地址：北京市北三环中路甲29号院华龙大厦 邮编：100029
网址：www.ssap.com.cn
发　　行 / 社会科学文献出版社（010）59367028
印　　装 / 三河市龙林印务有限公司
规　　格 / 开本：787mm×1092mm 1/16
印 张：15　字 数：247千字
版　　次 / 2023年9月第1版　2023年9月第1次印刷
书　　号 / ISBN 978-7-5228-1907-5
定　　价 / 98.00元

读者服务电话：4008918866

▲ 版权所有 翻印必究